Werner Thönnessen
Mein Tor zur Welt

Jens Becker, Politikwissenschaftler, ist wissenschaftlicher Mitarbeiter am Fachbereich Gesellschaftswissenschaften der Johann Wolfgang Goethe Universität Frankfurt am Main.

Oskar Negt, Jahrgang 1934, war bis zur Emeritierung 2002 Professor für Soziologie an der Universität Hannover.

Werner Thönnessen, Jahrgang 1929, politisch aktiv seit der Befreiung vom Nationalsozialismus, lebt seit Mitte 1989 als freier Schriftsteller und Journalist in Frankreich.

Werner Thönnessen

Mein Tor zur Welt

Ein Lebensweg als Gewerkschafter
und Intellektueller

Herausgegeben von Jens Becker

Mit einem Vorwort von Oskar Negt

VSA-Verlag Hamburg

Die Veröffentlichung erfolgt mit freundlicher Unterstützung der Otto Brenner Stiftung und der Hans und Traute Matthöfer Stftung.

www.vsa-verlag.de

Umschlagfoto: Werner Thönnessen als Pressechef der IG Metall

Druck- und Buchbindearbeiten: Idee, Satz und Druck, Hamburg
ISBN 3-89965-125-1

Inhalt

Oskar Negt

Zum Geleit

Was sind die Bedingungen, unter denen ein öffentlich gemachter Lebensbericht des absichernden Schutzes eines Geleitwortes bedarf? Das ist schwer zu sagen. Ich muss deshalb sogleich bekennen, dass ich unter dem parteilichen Blickwinkel eines Freundes einige Aspekte dieses Geleitschutzes für den Autor verfasse. Es ist eine ganz und gar ungewöhnliche Autobiografie, die Werner Thönnessen hier vorlegt; sie ist im Lapidarstil verfasst, so als ginge es hauptsächlich um eine aktenkundige Berichterstattung; aber unter der Oberflächenhärte der Feststellungen brodeln gleichsam die Gefühle. Keineswegs nur jene, die aus der Verachtungsquelle nichtswürdigen Handelns anderer stammen, sondern auch die der Liebe, dem Respekt vor der Aufrichtigkeit und Geradlinigkeit anderer, ja dem romantischen Erinnerungsempfinden.

Das Außergewöhnliche und Spektakuläre dieses biografischen Textes besteht vor allem, um es auf einen Punkt zuzuspitzen, darin, dass er von einem Gewerkschafter geschrieben ist, der seiner Organisation auf verschiedenen Arbeitsplätzen fast ein halbes Jahrhundert loyal gedient hat. Mit loyal meine ich etwas sehr Konkretes, man kann es als eine Art hippokratischen Eid eines Gewerkschaftsfunktionärs betrachten, der mit Leib und Seele dabei ist, einen Schwur abzulegen: »Handle nie so, dass du deiner Organisation gewollt oder durch ungewollte Nebenfolgen Schaden zufügst, selbst wenn du durch das Verhalten anderer allen Grund dazu hättest.« Diese Form der Loyalität mag ein Motiv dafür gewesen sein, dass Thönnessen mehr als ein Jahrzehnt nach der unerwarteten Kündigung seines Arbeitsvertrages hinreichend Mut und Kraft geschöpft hatte, eine Erfahrungsbilanz seines zutiefst vom Gewerkschaftsgedanken geprägten Lebens vorzulegen.

Gewerkschaftsbiografien und Lebenserinnerungen gibt es, wie man weiss, in nicht unbeträchtlicher Zahl. Mir ist jedoch keine Autobiografie bekannt, in der sich der Verfasser (übrigens ohne Netze der Ghostwriter oder vorformulierender Berater) auf eine derartige Höhe der persönlichen Selbstaussetzung begibt, wie dieser Text »Mein Tor zur Welt« von Werner Thönnessen. Es ist ja gerade das Problem von Gewerkschaftsfunktionären, dass sie den inneren Kampfplatz ihrer Persönlichkeit im Umgang mit dem angeblich zwingend Objektiven völlig verdrängen.

Die Rechte des Subjekts brechen bei Thönnessen eruptiv hervor. Jedenfalls im Rückblick auf die durchaus erfolgreiche Karriere eines geachteten und weltweit agierenden Gewerkschaftsfunktionärs. Ob er auch während seiner Amtszeit so deutlich Gefühle hätte äußern können, das bleibt offen. Gleichwohl: Auch in den nachträglichen Lebensbetrachtungen vieler Gewerkschaftsfunktionäre bleibt das Subjektive eingemauert. Es trifft genau das zu, was Sartre einmal ironisierend, aber durchaus nicht verächtlich von Marx gesagt hatte: Bei ihm beginne der Mensch erst, wenn er den ersten Lohn empfange. Privates gehört nicht in die Öffentlichkeit, und schon gar nicht die subjektiven Empfindungen und leidenschaftlichen Gefühlsregungen von Menschen, die sich der Erledigung historisch-objektiver Aufgaben mit ihrem Leben gewidmet haben.

Dass die Einwände und Angriffe gegen diesen autobiografischen Entwurf aus der Ecke jener kommen werden, die alles als unpassend und unlegitimiert betrachten, macht Geleitschutz erforderlich, den ich gerne übernehme.

Die Gewerkschaften sind heute in einer miserablen Situation. Sie stehen in ihrer Defensivstrategie mit dem Rücken zur Wand. An allen Frontabschnitten werden Rückschläge gemeldet. Die führenden Leute in den Gewerkschaften wissen das, aber nur wenige sind bereit, eine neue Selbstverständigungsdebatte zuzulassen oder gar zu eröffnen. Ein wesentliches Element dieser Selbstverständigungsdebatte ist die Aufarbeitung der eigenen Entwicklungsgeschichte, ist Erinnerungsarbeit. Der Autobiografieentwurf Werner Thönnessens, gleichsam eines Insiders des Gewerkschaftsgeschehens, könnte Anlasspunkt für eine Wiederaneignung der eigenen Brüche der gewerkschaftlichen Erfolgsgeschichte sein.

Das ist nicht so allgemein-unverbindlich gemeint, wie es klingt. Als ich Werner Thönnessen Ende der 1950er Jahre persönlich kennen lernte, war sein Name bereits mit der Aura eines Vermittlers von kritischer Gesellschaftstheorie und emanzipatorischer Gewerkschaftspraxis besetzt. Thönnessen kam 1957 zur IG Metall, zunächst für die Neuordnung der Bibliothek zuständig, dann immer stärker in ein besonderes Vertrauensverhältnis zu Otto Brenner eingebunden, hatte dieser von Adorno promovierte Industriellensohn Verbindungslinien markiert, die in den Köpfen der Jüngeren als Traumgeflecht auftraten: Philosophisch-soziologische Bildung durch die Kritische Theorie Horkheimers und Adornos, politische Arbeit im Sozialistischen Deutschen Studentenbund (SDS), Einbindung von beidem in den Handlungsspielraum der IG Metall, schon damals eine der größten Einzelgewerkschaften der Welt. Viele kompetente, politisch erfahrene und klassenbewusste Männer und Frauen bewegten sich damals im Umkreis dieser Metall-Gewerkschaft, von der charismatischen Führungspersönlichkeit Otto Brenners angezogen und gebunden. Aber niemand verkörperte dieses produktive Dreiecksverhältnis von kritischer Gesellschaftstheorie, politischer Charakterbildung und konkreter Gewerkschaftspraxis so entschieden und geradlinig wie Werner Thönnessen. Er war dann auch für gut anderthalb Jahrzehnte der Garant dafür, dass Gesellschaftsanalysen im Umkreis der Frankfurter Schule und politische Perspektiven, die im SDS-Zusammenhang entwickelt wurden, Eingang in gewerkschaftliches Handeln fanden und dann immer stärker auch Inhalt und Zielsetzung der gewerkschaftlichen Arbeit mit bestimmten.

Thönnessen selbst ist aufrichtig genug, in seinem autobiografischen Text auch jene zu benennen, denen er in diesem politischen Zusammenhang Förderung, Schutz und Kritik verdankt. Aber immer sind es in solchen Großorganisationen doch Einzelne, von denen das Gelingen riskanter Prozesse abhängt. Als auf dem Höhepunkt der Notstandsopposition Adorno mit einer kleinen Truppe von Mitarbeitern zum IG Metall-Vorstand marschierte, um den versammelten Gewerkschaftsfunktionären in seiner Sprache die Dringlichkeit von Massenaktionen zu verdeutlichen, war dem eine Entwicklung vorausgegangen, für die vor allem Thönnessen verantwortlich zeichnete. Das Komitee »Notstand der Demokratie« hatte seinen festen Sitz im IG Metall-Gebäude, hier wurden die Analysen einer Reihe von politischen Intellektuellen gebündelt. Jürgen Seiferts sehr schnell zum Bestseller gewordenes Buch »Notstand der Demokratie« wurde von hier aus in Tausenden von Exemplaren verteilt. Eine so intensive und wechselseitig produktive Verbindung zwischen kritischer Gesellschaftstheorie und Gewerkschaftspolitik hat es nach dem Weggang Thönnessens nie wieder gegeben; zu Beginn der Kampagne für eine 35-Stunden-Woche wurden auf mehreren Ebenen Versuche gemacht, Gewerkschaftspolitik wieder stärker in kritischen Wissenschaftspositionen zu begründen. Aber je deutlicher die Rückschläge im Zusammenhang dieser Arbeitszeitverkürzungspolitik eintraten, desto mutloser wurden viele Gewerkschaftsfunktionäre, kritische Gesellschaftstheorie in ihren jeweiligen Handlungsfeldern als Orientierungsmedium wieder aufzunehmen.

Aber es geht mir in diesem Geleitwort nicht in erster Linie um eine Bewertung vergangener und gegenwärtiger Gewerkschaftspolitik. Im Vordergrund steht die Persönlichkeit Werner Thönnessens. Als wir uns zum ersten Mal Auge in Auge und bewusst begegneten, befand ich mich gerade im hilflosen Zustand des Opfers einer politischen Intrige. In meiner Amtszeit als SDS-Vorsitzender der Frankfurter Gruppe, die sich nicht nur durch mich seit vielen Jahren in Konflikt mit dem SPD-Vorstand befand, hatte ich engere Beziehungen zu Hochschulen der DDR und natürlich auch, was damals unmittelbar damit verknüpft war, zur FDJ aufgebaut. Das reichte aus, mich in die Ecke eines Stalinisten zu rücken. Ich stellte mich im Frankfurter SDS zur Wiederwahl und wurde mit einer erdrückenden Mehrheit abgewählt. Dem vorausgegangen waren, wie ich später erfahren konnte, intensive Beratungen der Studierenden der Akademie der Arbeit, deren Jahrgänge praktisch Kollektivmitglieder des SDS wurden. Hier ist unter aktiver Mithilfe später führender Genossen die Entscheidung getroffen worden, mich abzuwählen. Nichts von dem hatte ich auch nur gerüchteweise gehört; die totale Überraschung ging deshalb in eine buchstäbliche Versteinerung über. Ich nahm das Ergebnis wortlos zur Kenntnis und es war augenblicklich eine völlig eisige Stimmung im Raum. Als erster meldete sich Werner Thönnessen und kritisierte dieses ungewöhnliche, auf Geheimabsprachen beruhende Verfahren scharf; aber mit dieser Kritik richtete er gleichzeitig den Blick auf einen Ausweg aus dieser Misere. Er schlug mir die Gründung eines Marx-Arbeitskreises vor, der der politischen Bildung von SDS-Mitgliedern dienen sollte. Die erstarrte Atmosphäre lockerte sich allmählich und es kam, nachdem auch ein anderer wichtiger Mentor des SDS, Gerhard Brandt, diese Idee unterstützte, zu einer lebendigen Diskussion über die theoretischen Grundlagen sozialistischer Politik und über die Notwendigkeit einer am Marxschen Denken orientierten Selbstverständigungsdebatte. Ich gründete diesen Arbeitskreis, und in der Friedrichstraße 7, wo ich wohnte, war für Studierende sehr verschiedener Fachrichtungen eine Art Bildungszentrum entstanden.

Ich muss erklären, warum mir diese Situation immer vor Augen trat, als ich die autobiografischen Aufzeichnungen Thönnessens las. Abgewählt zu werden ist bestimmt immer ein harter Akt von Persönlichkeitskränkung; viel schlimmer war jedoch für mich die plötzliche Wahrnehmung eines intriganten Geheimspiels, dessen Regeln mir nicht bekannt waren und die ich auch nie erlernen wollte. Es bedarf einer Menge Energie, um in einer derart gestörten Balance im Umgang mit Menschen, die offiziell als solidarische Genossen auftreten, Unbefangenheit und Vertrauen wiederherzustellen. Thönnessens noble Haltung mir gegenüber hatte mich wieder aufgerichtet. Es muss eben Menschen geben, die sich öffentlich für andere einsetzen.

Davon gibt es im Leben Werner Thönnessens eine große Zahl; in Kurzportraits bedankt er sich bei ihnen, manchmal in geradezu bewegenden Worten. Wären sie nicht als hilfreiche Freunde dagewesen, hätte er gut auch in seiner Gewerkschaftskarriere zerbrechen können; denn das Gestrüpp von gebrochenen Zusagen, verletzenden Kompetenzbeschränkungen, misstrauischen Kontrollen und dem, was man heute wohl mit Recht Mobbing-Taktiken nennen könnte, ist riesengroß gewesen. Nennt man diese Unterwelt von Intrigen, so muss man um so mehr die gradlinige Gewerkschaftstreue und die Leistung dieses Menschen, nicht nur in der Brenner-Ära (da war er ja geschützt), sondern vor allem als stellvertretender Generalsekretär des Internationalen Metallarbeiterbundes mit Respekt und Bewunderung einschätzen. Auf diesen Posten, der in Absprache mit Otto Brenner wohl nur als Übergangsstation zum Generalsekretär vorgesehen war, ist er, unter Aufbietung trickreichen Ausgrenzungsaufwandes von Brenners Nachfolgern (gewiss auch anderer Einflussfunktionäre im Genfer Apparat des IMB), bis zur vorzeitigen Beendigung seines Dienstes festgenagelt worden. Das ist eine Verletzungslinie in seinem biografischen Bericht, der Trauer und Bitterkeit anhaftet. Plausible Gründe dafür sind schwerlich ausfindig zu machen; er selbst verweist auf die Blockade durch die besondere Konstruktion des Generalsekretariats in Genf: Nie sollte der Generalsekretär aus dem selben Land stammen, aus dem der Präsident als repräsentative Figur kommt. Warum nun aber über Jahrzehnte der deutsche IG Metall-Vorsitzende Präsident des Internationalen Metallarbeiterbundes sein musste, lässt sich kaum begreifen. Denn selbst in der Sozialistischen Internationale sind diese symbolischen Präsidentenposten regelmäßig und in kürzeren Abständen ausgewechselt worden. Wie immer das gewesen sein mag, eines scheint mir klar zu sein: Werner Thönnessen ist, weder als Charaktertyp noch im politischen Zuschnitt seiner Persönlichkeit, ein gleichsam normaler Gewerkschaftsfunktionär.

Eigensinnig und unbotmäßig im Führungsstil und mit organisatorischer Kompetenz ausgestattet, mag dieser Sohn eines Grubeningenieurs und Arbeitgeberpräsidenten genügend Eigenschaften in seiner Person angesammelt haben, denen allen der Stallgeruch einer üblichen Arbeiterkarriere fehlte. Alois Wöhrles ironisch distanziert Werner Thönnessen zugewandter Satz: Was suchst du exotischer Vogel in unseren grauen Gemächern? bezeichnet offenbar genau die Gefühlslage, mit der vielleicht auch viel weniger wohlgesinnte Aufstiegsfunktionäre diesen Vogel betrachteten. Aber auch die Antwort Thönnessens ist für ihn charakteristisch: Wenn es schon mit dem exotischen Vogel seine Richtigkeit haben sollte, dann stelle ich mein Leben darauf ab zu beweisen, dass ich der richtige Mensch in den richtigen Gemächern bin.

Werner Thönnessen öffnet sich in diesem biografischen Bericht in einer für einen Gewerkschaftsfunktionär völlig unüblichen Weise; das wird ihm auch nachträglich nicht nur Zustimmung und Freunde einbringen. Dass er sich diesem Risiko von erneuten Verletzungen aussetzt, ist Ausdruck von Charakterstärke und ungebrochenem Kampfgeist. Das Buch ist ein Zeitdokument. Der Autor lebt seit langem in Frankreich, auch das ein Hinweis auf kulturelle Prägungen, die deutsch-französischen Grenzgebieten entspringen. Beachtung und Erfolg wünsche ich diesem Buch, das in redlicher Gesinnung geschrieben ist und die eigenen Erfahrungszusammenhänge als Türöffner zum Weltverständnis begreift.

Hannover, im Januar 2005 *Oskar Negt*

Jens Becker

Emanzipatorische Gewerkschaftspolitik als Daueraufgabe

Vorbemerkungen zu einer überfälligen Autobiographie

»Objektivistische Darstellungen lassen das subjektive Engagement, den auf die ständige produktive Änderung der gegebenen Zustände und Verhältnisse gerichteten Willen des Darstellenden außer acht und geben Abbildungen, welche der Änderung und Entwicklung keine Impulse verleihen.«

Bert Brecht

Als Werner Thönnessen 1953 mit seinem Soziologie-Studium an der Johann Wolfgang Goethe Universität Frankfurt a.M. begann, war noch wenig von jenem gesellschaftspolitischen Aufbruch zu spüren, der das restaurative Klima der Adenauer-Ära nachhaltig verändern sollte. Seiner Sozialisation und Erziehung nach bürgerlich-katholisch geprägt, sollte er in die Fußstapfen seines Vaters treten, der seine Karriere 1927 als Hochofenassistent bei dem Stahlriesen ARBED in Saarbrücken begann und sie nach dem Zweiten Weltkrieg bei den zur »Régie des Mines de la Sarre« gewordenen Saargruben fortsetzte. Doch anders als die große Mehrheit der Jahrgangskohorte 1929, die man auch als Bestandteil der Wiederaufbaugeneration der durch Westintegration und Wirtschaftaufschwung sich entwickelnden Bundesrepublik Deutschland bezeichnen kann, wählte Werner Thönnessen einen anderen Weg.

Anstelle der – vom Vater anvisierten – Karriere in der »freien« Wirtschaft trat er in den Dienst der IG Metall, deren damaliger Erster Vorsitzender, Otto Brenner[*], Wert auf den Rat von kritischen Intellektuellen legte und diese in die engsten Führungszirkel der IG Metall integrierte. Diese, damals in der Praxis der deutschen Gewerkschaften unübliche Kombination aus Facharbeitern und Intellektuellen, wurde zu einem der vielen Erfolgsfaktoren der IG Metall auf dem Weg zur zeitweilig größten Industriegewerkschaft der »freien« Welt.

[*] Zu Otto Brenner liegt noch keine wissenschaftlichen Ansprüchen genügende Biografie vor. Der Verfasser plant eine entsprechende Publikation für 2007, den 100. Geburtstag Brenners.

Zuvor – während seines nicht vollendeten Medizinstudiums in Paris und Mainz – engagierte sich Thönnessen in katholischen Studentenorganisationen, deren befreiungstheologischer Impetus eine gewisse Nähe zu einer Vision des demokratischen Sozialismus durchaus erahnen lässt. Der Bruch mit diesem Milieu vollzog sich nach Thönnessens Umsiedlung nach Frankfurt am Main. Hier trat er dem Sozialistischen Studentenbund (und später der SPD) bei, hörte Vorlesungen bei den Anfang der 1950er Jahre aus dem US-amerikanischen Exil zurückgekehrten Max Horkheimer und Theodor W. Adorno, den führenden Köpfen der als kritische Gesellschaftstheorie bekannten »Frankfurter Schule«. Seine Konfrontation mit Adornos kritischer Gesellschaftstheorie scheint einer Offenbarung gleich zu kommen. Werner Thönnessens Darlegungen aus jenen Frankfurter Tagen, Studium, innerorganisatorische Auseinandersetzungen im SDS und sein Weg zur IG Metall – oft waren es Personen, aber auch Glück und Intuition, die ihm weiterhalfen. Dies ist freilich auch der Dynamik, dem Esprit und der Vitalität eines Mannes geschuldet, der 1957 mit dem damals noch weitgehend ignorierten Thema »Frauenemanzipation – Politik und Literatur der deutschen Sozialdemokratie zur Frauenbewegung, 1863-1933« bei Adorno promovierte.

Von großer Bedeutung waren aber auch die sozioökonomischen und politischen Rahmenbedingungen, unter denen Thönnessen insbesondere seit Beginn seiner Tätigkeit bei der IG Metall 1957 agierte. Wiederholt verwies sein Lehrer Adorno mit Marx auf jene Gesetzmäßigkeit, der sich die kapitalistische Ökonomie bei Strafe ihres Untergangs nicht entziehen kann und die auch politisches und gewerkschaftliches Handeln bis heute prägt: »Und es gilt insgesamt (...), dass die kapitalistische Wirtschaft und damit die kapitalistische Gesellschaft in dem Augenblick, wo sie stagniert, wo sie sich nicht ausbreitet, in unmittelbarer Gefahr der Krise und damit in unmittelbarer Gefahr ihres eigenen Untergangs ist, dass im Kapitalismus – das ist geradezu ein Wesensgesetz – das was ist, sich überhaupt nur dadurch erhalten kann, dass es sich erweitert und dass es sich ausbreitet.«[1]

Welche Lehre lässt sich daraus für die Praxis ziehen? Eine – meines Erachtens bis heute – wichtige gewerkschaftspolitische Prämisse hat Fritz Opel folgendermaßen formuliert: »Und die Gewerkschaften können unter den Verhältnissen der spätkapitalistischen Periode, die denen der frühkapitalistischen,

[1] Theodor W. Adorno: Einleitung in die Soziologie (1968), in: Ders.: Nachgelassene Schriften, hrsg. vom Theodor W. Adorno Archiv, Abteilung IV: Vorlesungen, Bd. 15, Frankfurt am Main 1993, S. 72.

in der sie entstanden, in vielem so unähnlich und in den Grundfragen doch so gleich ist, ihre geschichtliche Aufgabe nur dann erfüllen, wenn sie das richtige theoretische Verständnis für Gegenwart und Zukunft finden.«[2]

Dies müsse – im Bunde mit kritischen Wissenschaftlern – als praktisch-theoretische Aufgabe begriffen werden, damit die Gewerkschaften in der Lage seien, »die Entwicklung in die Bahnen einer demokratischen Integration zu lenken.« Im Grunde spielt Opel mit dieser anspruchsvollen Formulierung auf die schrittweise Transformation der bestehenden Herrschafts- und Produktionsweise an. Diese Zielsetzung findet sich implizit in den Beschlüssen der diversen Gewerkschaftstage. Damit gab es Anknüpfungspunkte zu den Neuen Sozialen Bewegungen, respektive zur Studentenbewegung, die sich im Kampf gegen die Notstandsgesetze 1967 manifestierten. Die Nähe der IG Metall zur kritischen Wissenschaft offenbaren auch die diversen Zukunftskongresse, etwa zur Automation, auf die Thönnessen ebenfalls eingeht.

Die erste Nachkriegsrezession markiert eine Zäsur. Schien sich die Expansion des Kapitalismus in der Prosperitätsphase der 1950er und frühen 1960er Jahre eindrucksvoll zu bestätigen, verdeutlichten die darauffolgenden Krisen seine Instabilität. So hatte sich beispielsweise in Deutschland zunächst der von Ludwig Erhard und Vertretern der neoklassischen Theorie verbreitete Trugschluss durchgesetzt, dem zufolge in der sozialen Marktwirtschaft »Wohlstand für alle« in Reichweite sei.[3] Dagegen setzte sich in der Großen Koalition (1966-1969) – sehr zum Verdruss der Ordoliberalen, die weiterhin das einzelne Wirtschaftssubjekt ins Zentrum rückten und den Staat lediglich als Hüter des Wettbewerbs betrachteten – die Erkenntnis durch, die Finanz- und Wirtschaftspolitik des Staates könne dazu beitragen, ein hohes Beschäftigungsniveau zu sichern.

Von nun war die auf Keynes zurückgehende Bedeutung einer staatlichen Nachfragepolitik und eines staatlichen deficit spending im Krisenfalle hegemonial. Sowohl bei der Sozialdemokratie als auch bei den Gewerkschaften »entstand Stabilitätsoptimismus«,[4] der sich im deutschen Stabilitätsgesetz

---

[2] Fritz Opel: Gewerkschaften zwischen Integration und Evolution, in: Festschrift für Otto Brenner. Zum 60. Geburtstag, hrsg. von Peter von Oertzen, Frankfurt am Main 1967, S. 61.

[3] Wolfgang Abelshauser: Wirtschaftsgeschichte der Bundesrepublik Deutschland 1945-1980, Frankfurt am Main 1980.

[4] So Werner Meißner und Karl Georg Zinn: Der neue Wohlstand. Qualitatives Wachstum und Vollbeschäftigung, München 1984, S. 21.

(1967) und dem Konzept der »Globalsteuerung« widerspiegelte.[5] Somit schien die Dynamik der kapitalistischen Ökonomie, eingehegt durch den interventionsbereiten Staat und starke Gewerkschaften, dauerhafte Verteilungsspielräume zu garantieren. Entsprechende Organisationserfolge – die IG Metall erreichte in den 1960er Jahren bei den abhängig Beschäftigten ihrer Branchen einen Organisationsgrad von bis zu 43% – und tarifpolitische Fortschritte (40-Stunden-Woche, Lohnfortzahlung im Krankheitsfall etc.) kennzeichneten die starke Gestaltungsmacht der deutschen Gewerkschaftsbewegung.

Bekanntlich stieß die »sozialdemokratisch-keynesianische Symbiose« mit den Ölpreisschocks und der »Stagflation« der 1970er Jahre, jener Mischung, aus Nullwachstum, Inflation und Unterbeschäftigung, an ihre Grenzen.[6] Letztlich ebnete die eher schwache Konjunkturentwicklung der 1980er Jahre, begleitet von hohen Unternehmensprofiten, Rationalisierung, struktureller Arbeitslosigkeit selbst bei steigenden Wachstumsraten und der Entstehung eines neuen, auf Tertiarisierung und Computerisierung basierenden, kurz: »postfordistischen« Produktionstyps den Weg für die neoliberale Wende in der Wirtschaftstheorie und notabene in der Wirtschaftspolitik.[7]

Gleichwohl waren sich Otto Brenner und seine engsten Mitarbeiter Fritz Opel und Werner Thönnessen, der zu Brenners Pressechef avancierte und dem es gelang, die biedere Pressearbeit der IG Metall zu revolutionieren (s. u.), darüber im Klaren, dass die Bäume nicht in den Himmel wachsen konnten. Von daher setzte die IG Metall insbesondere in der Ära Brenner (1954-1972) nicht nur auf die Tarifpolitik, sondern auch auf das politische Mandat der Gewerkschaften. Letzteres unterstrich Brenner, wenn er in einem der vielen von Opel oder Thönnessen vorbereiteten Beiträge zur »Wirtschaftsdemokratie« festhielt: »In einer Privatwirtschaft wie der unseren erscheint die betriebliche Mitbestimmung als Abschlagszahlung auf die ausgebliebene demokratische Umgestaltung der gesamten Wirtschaft. Die überbetriebliche Mitbestimmung fehlt. In einer Wirtschaftsdemokratie dagegen wären betriebliche und überbetriebliche Mitbestimmung untrennbar zu einem Ganzen zu verbinden.«[8]

---

[5] Vgl. Werner Rittershofer: Das Lexikon Wirtschaft, Umwelt, Gewerkschaften, Köln 1987 (5. Aufl.), S.192.

[6] Vgl. zusammenfassend: Fritz W. Scharpf: Sozialdemokratische Krisenpolitik in Europa, Frankfurt/New York 1987, S. 42ff.

[7] Vgl. hierzu Hansgeorg Conert: Vom Handelskapital zur Globalisierung. Entwicklung und Kritik der kapitalistischen Ökonomie, Münster 1998, S. 288-303.

[8] Otto Brenner: Gewerkschaftliche Dynamik in unserer Zeit, Frankfurt am Main 1966, S. 104.

Man sieht, selbst in Zeiten großer gewerkschaftlicher Einflussmöglichkeiten war den Verantwortlichen klar, dass mehr getan werden müsste, als – wie im Falle der IG Bau Steine Erden oder anderer »gemäßigter« Gewerkschaften – sozialpartnerschaftlich zu agieren. Letztlich ging es der von Brenner geprägten Gewerkschaftspolitik um die Demokratisierung der Gesellschaft – ein langfristig gesehen durchaus revolutionär zu nennendes Ziel, das auf einen langen Atem angewiesen ist: Das Bohren dicker Bretter im Sinne Max Webers.

Die vorliegende Autobiographie lebt von Thönnessens Insiderwissen über die deutsche und internationale Gewerkschaftsbewegung. Sie berichtet von gewerkschaftlichen Transformationsstrategien, tarifpolitischen Konflikten und Thönnessens Arbeit als Pressechef. Am Beispiel des »Bonner Kompromisses« von 1963 und der »Konzertierten Aktion« von 1967 verdeutlicht Thönnessen exemplarisch Konfliktlinien zwischen Politik (Ludwig Erhard bzw. Karl Schiller) und Gewerkschaften. Vieles ließe sich hinzufügen. Deutlich wird bei der Lektüre, wie Brenners Charisma die IG Metall prägte. Thönnessens Verhältnis zu Brenner geht über die organisationsübliche Loyalität hinaus. Wie viele eher »linke« Gewerkschafter, die mit dem 1. Vorsitzenden zu tun hatten, kennzeichnet Verehrung das Verhältnis zu Brenner.

Dort, wo es Thönnessen für nötig hält, etwa bei der offenbar von Eugen Loderer hintertriebenen Zusage, ihn zum Generalsekretär des Internationalen Metallarbeiterbundes (IMB) zu ernennen, bestimmt der Zorn des Geschädigten die Textführung. Als Pressechef hatte Thönnessen auch viel mit dem verunsicherten, weil im Schatten Brenners stehenden Zweiten Vorsitzenden der IG Metall zu tun.[9] So ist es nicht verwunderlich, gleichwohl jedoch unredlich, wenn Brenners Vertrauensmann von Loderer und seinen Beratern nach Brenners überraschendem Tod 1972 brüskiert wurde. Thönnessens Distanz zu Brenners Nachfolger ist unübersehbar. Das ist nachvollziehbar und spricht für die Glaubwürdigkeit des Zeitzeugen. Überhaupt verdeutlicht der Abschnitt Vier (»18 Jahre im Dienst der Eisernen Internationale«) einmal mehr die Relevanz internationaler Gewerkschaftspolitik. Thönnessen glänzt hier mit biografischen Darstellungen und reflexiver Deutung, um sozusagen post festum den Phänomenen »Internationalisierung« und »Globalisierung« aus Gewerkschaftssicht auf die Spur zu kommen. Einer innerhalb und außerhalb von Gewerkschaftskreisen leider wenig bekannten

[9] Vgl. hierzu auch Klaus Kempter: Eugen Loderer und die IG Metall. Biographie eines Gewerkschafters, Filderstadt 2003, S. 205-223, hier besonders S. 212.

Organisation wie dem IMB widerfährt durch Thönnessen die notwendige Würdigung!

Was bleibt? Thönnessens subjektives Engagement ist einer emanzipatorischen Gewerkschaftspolitik gewidmet, die darauf abzielt, über das Bestehende hinaus zu denken und zu handeln. Objektive Tatsachen vermischen sich mit subjektiven Deutungsangeboten und dem Appell, aktiv einzugreifen, latente oder manifeste Konflikte offensiv auszutragen. Dies mag seit geraumer Zeit unmodern erscheinen, bleibt aber gerade angesichts der ungelösten sozial-ökologischen Frage merkwürdig modern.[10] Thönnessen schildert seinen facettenreichen Lebensweg in einem Zeitalter, in dem der flexible Agenda-Mensch die Tagesordnung bestimmt, in dem, frei nach Adorno, die meisten mit dem Stachel löcken, um sich anzupassen, in dem Wirtschaft und Politik mit der Parole hausieren gehen »Sozial ist, was Arbeit schafft«, was impliziert: Arbeit für jeden Preis.

Mit 75 Lebensjahren und rund 50 wechselvollen Jahren gelebt für die Arbeiterbewegung ist Thönnessens Stachel wider eine zunehmend unmenschlich werdende Welt gerichtet. Es sind ihm dabei zahlreiche Leser zu wünschen!

---

[10] Das in der Ära Brenner institutionalisierte Bündnis zwischen kritischen Wissenschaftlern und Gewerkschaften zeigt sich auch an zwei neuen, von der Otto-Brenner-Stiftung geförderten Publikationen, die sich mit der ungelösten ökologisch-sozialen Frage und möglichen Handlungsoptionen befassen. Vgl. Joachim Beerhorst, Alex Demirovic und Michael Guggemos (Hrsg.): Kritische Theorie im gesellschaftlichen Strukturwandel, Frankfurt am Main 2004; Jens Becker/Heinz Brakemeier (Hrsg.): Vereinigung freier Individuen. Kritik der Tauschgesellschaft und gesellschaftliches Gesamtsubjekt bei Theodor W. Adorno, Hamburg 2004.

Werner Thönnessen

Mein Tor zur Welt

An Elly, meine Frau
Du hast mich in der sich über Jahre hinziehenden Arbeit an meiner Lebensbeschreibung geduldig und unermüdlich unterstützt – weit über meine Erwartung hinaus. Ich durfte dir diktieren, wenn mir das gleichzeitige Denken, Formulieren und Schreiben zu schwer fiel. Du hast mir deine Meinung gesagt, lobend oder kritisch. Du hast vieles korrigiert, mich an Vorkommnisse erinnert. Du hast Ergänzungen oder Streichungen vorgeschlagen und mich davor bewahrt, mir Blößen zu geben. Manche deiner Bemerkungen lehnte ich spontan ab und später berücksichtigte ich sie doch.

Dafür kann ich dir nicht anders danken, als dass ich dir diese Schrift widme.

Für Jens Becker
Bei der Befragung von Otto Brenners Mitarbeitern und Mitarbeiterinnen hast du auch Deinen Weg nach Cuvat gefunden. Viele Stunden haben wir in anregenden Gesprächen, Berichten und Erzählungen miteinander verbracht. Du hast Notizen gemacht und Tonbandaufzeichnungen, die in deinem Buch über Otto Brenner einen Platz finden werden. Wir empfanden für dich spontan Sympathie – sowohl für deine Person wie für deine Vorgehensweise. Aus dieser Sympathie entstand eine Freundschaft, die andauert.

Du hast dir viel Zeit genommen, den Rohentwurf meiner Autobiografie kritisch durchzulesen. Viele E-Mails und Faxe gingen zwischen dir und mir hin und her, über ein Jahr lang. So, wie der endgültige Text nun vorliegt, wäre er ohne deinen Rat nicht geworden. Alles Gute für deinen weiteren Weg.

Dankbar bin ich auch einer Reihe guter Freunde, die mich im Laufe der Entstehung dieser Autobiografie immer wieder zum Weiterarbeiten ermutigt und mit sachkundigen Hinweisen und Anregungen unterstützt haben.

Cuvat, November 2004 *Werner Thönnessen*

Einleitung

»A quoi tient la naissance d'un livre?« (aus »Nouvel Observateur«)
oder: warum setzt man eigentlich ein neues Buch in die Welt?

Fast alle bekannten Politiker und Schriftsteller fühlen sich im Alter zur Rückbesinnung auf ihren Lebensweg gedrängt und beschreiben ihr Leben, vielleicht zunächst ohne Rücksicht auf eventuelle öffentliche Verbreitung.

Die schiere Menge des bereits Gesammelten und ständig neu Erscheinenden (ganz zu schweigen vom Ungelesenen) sollte mich schon davor warnen, noch Eigenes zu Papier zu bringen.

Wozu soll es dienen? Ist es der Mühe des Schreibens wert? What is my message? Wer wird das lesen?

Welche gewichtigen Gründe können mich angesichts solcher Fragen noch dazu veranlassen, die nötige Zeit zu opfern, die Sorgen, Qualen, aber hoffentlich auch Glücksmomente dieses Unternehmens, das einer Geburt gleicht, aber viel länger dauert, auf mich zu nehmen?

Weniger das Bedürfnis der Selbstdarstellung als vielmehr die Hoffnung treibt mich, es könnten Jugendliche, die – so sagt man wenigstens – unter Geschichtsverlust und Perspektivlosigkeit leiden, daraus Lehren für sich selbst ziehen und eine gewisse Orientierung gewinnen.

Dieses pädagogische Motiv erweist sich als stärker als alle Bedenken.

Schließlich habe ich mein Leben nach 1945 darauf eingestellt, ohne mir zunächst dieses Mottos der Arbeiterbewegung in dieser Formulierung bewusst zu sein: Aus der Geschichte lernen! Otto Brenner, der zu einem meiner großen Lehrer wurde, drückte es so aus: »Wer den Weg nicht kennt, der kann das Ziel nicht finden.«

Vor dem Entschluss, meine durchreflektierte Vita zu Papier zu bringen, lagen auch 33 Jahre des anonymen Denkens und Schreibens von Aktennotizen, Berichten, Artikel- und Redeentwürfen. Nur mein Auftraggeber und die Sekretärin sowie meine Kollegen aus dem Brennerteam wussten, dass ich der Autor war. Und selbst der einmalige Versuch, unter Pseudonym aus der Anonymität herauszutreten, scheiterte, weil meine Beiträge zum DGB-Organ »Welt der Arbeit« so großen Ärger verursachten, dass mir der Chefredakteur Richard Becker nahe legen musste, meine Kolumne einzustellen, weil er bedrängt wurde, den Namen des Autors preiszugeben, was er kollegialerweise ablehnte. Ich nannte mich »Heinrich Eschweiler«. Heinrich war der Vorname meines Großvaters väterlicherseits und Eschweiler sein Geburtsort.

Diese Vorgeschichte zu berichten erscheint mir wichtig, um anderen verständlich zu machen, weshalb ich mich nun, bald dreiundsiebzig, in das Abenteuer einer Autobiografie einlasse.

1. Prägende Erfahrungen der frühen Jahre

Ich war kaum sechs Jahre alt, da befiel mich eine schwere Krankheit. Ich litt an undefinierbaren Schmerzen in den Beinen und im Kopf, wurde viel warm gebadet und wartete ängstlich auf das Kommende. Mein Vater gewann auf unerklärliche Weise die Überzeugung, ich litte an spinaler Kinderlähmung. Nachdem diese Diagnose von anderen Ärzten bestätigt wurde, brachte man mich schnellstens ins 30 Kilometer entfernte Landeskrankenhaus.

Dort lag ich in einem mit Glasscheiben isolierten Zimmer und konnte meine Eltern nur hinter den Scheiben sehen und mich mit ihnen in Zeichensprache verständigen. Ich war sehr traurig und weinte, wenn sie gehen mussten. Ich fühlte mich armselig und verlassen. Als ich nach vielen Wochen das Krankenhaus verließ, waren meine Beine gelähmt. Ich musste getragen oder im Kinderwagen gefahren werden. Allein konnte ich mich nur in Bauchlage mit den Ellenbogen fortbewegen. Ich wurde massiert und elektrisiert. Ich hasste den Arzt, der mich elektrisierte. Auf meine Klage, ich könne dies nicht aushalten, schrie er zurück: »Ich kann nicht, heißt, ich will nicht« – ein Satz, über den ich mein Leben lang nachgedacht habe.

Eines Tages beschloss ich, der Quälerei ein Ende zu machen und mir selbst zu helfen. Nach einigem Training gelang es mir, wieder auf meinen eigenen Beinen zu stehen. Ich empfand zum ersten Mal in meinem Leben das Gefühl, etwas für mich Wichtiges aus eigenem Willen und aus eigener Kraft vollbracht zu haben. Meinen Eltern bereitete ich damit eine große Freude.

Aber mit den körperlichen Lähmungserscheinungen blieb ich mein ganzes Leben geschlagen. Später lernte ich dafür den Fachausdruck »Organminderwertigkeit« und den dazu gehörigen Begriff »Kompensation« kennen. Dies war mein wichtigster Antrieb, bis ich gelernt hatte, meine Behinderung völlig in mein Leben zu integrieren und mich auch durch den Spott Gleichaltriger nicht beleidigt, sondern zur Gegenwehr provoziert zu fühlen.

Bei der Hitlerjugend jedoch wollte man mich meiner Muskelatrofie in den Beinen wegen nicht haben. Diese Zurücksetzung konnte ich nicht ertragen und spannte meinen Vater ein, um mich bei den »Pimpfen« unterzubringen.

Nichts ahnend betrat ich die unterste Stufe des NS-Terror- und Vernichtungsapparates und blieb bis zum 8. Mai 1945 ein zwar verführter, aber williger Junghelfer der großen Verbrecher. Zum »Jungzugführer« befördert, bekam ich Macht über Gleichaltrige und genoss es. Die nationalsozialistischen Werte: Disziplin, Gehorsam, Gefolgschaft, der Glaube an den Führer und an den Endsieg, verinnerlichte ich vollkommen.

Nur wenige Ereignisse erschütterten meine politische Standfestigkeit. Zum Beispiel führte mein Vater ein langes Gespräch über die Überlegenheit unserer »Feinde« und prognostizierte auf dieser Grundlage, dass Deutschland den Krieg verlieren müsse. Ich konnte es nicht fassen!

Ein anders Mal erhielten wir den Besuch eines Verwandten, der als Oberstabsarzt an der »Ostfront« gedient hatte. Er war an die »Westfront« versetzt worden, musste aber auf der Reise dorthin Auschwitz besichtigen. Als gläubigen Nationalsozialisten erschütterte ihn das dort Gesehene tief. Ich konnte seinen Erzählungen nicht glauben und sprach mit Niemandem darüber. Jedes Nachdenken hätte meine Weltanschauung zerstört.

Eine nachwirkende Erfahrung meiner Kindheit waren die Ferien auf dem Bauernhof des Großvaters. Er gehörte seit mehr als 300 Jahren der Familie. Für mich als Städter brachte das Landleben eine überaus erfreuliche Abwechslung – den Umgang mit Pferden, Kühen, Hühnern, Landmaschinen und endlose Wandermöglichkeiten auf eigenem Grund und Boden.

Der Verlust dieser Welt in Folge des Kriegsausgangs war für mich eine weitere prägende Erfahrung. Von den alliierten Bombenangriffen – trotz der Konzentration der Schwerindustrie in Oberschlesien – verschont, musste ich mit meiner Familie in den letzten Kriegsmonaten das Schicksal aller in diesem Gebiet lebenden Deutschen teilen. Wir ergriffen die Flucht vor der russischen Großoffensive und erhielten durch die Beziehungen meines Vaters Plätze in einem nach Süden fahrenden Zug. Die Strecke war mir geläufig, sie führte zu meinen Großeltern mütterlicherseits nach Mährisch-Schönberg. Dort verlebten wir noch einige friedliche Wochen.

Mein Vater erschien, um uns mit sich nach Sachsen zu nehmen, wo eine Ausweichstelle für sein Unternehmen errichtet worden war, aber meine Mutter war partout nicht dazu zu bewegen, mit ihm zu gehen. Sie hatte sich in den Kopf gesetzt, nur bei ihren tschechischen Freunden in ihrem Heimatort Kladno, unweit von Prag, Sicherheit vor den anstürmenden Russen finden zu können. Ich befand mich deswegen in einem Gewissenskonflikt: Vernunft und Neigung drängten mich, dem Vater zu folgen. Am Ende jedoch trennte ich mich unter Qualen von ihm und folgte, mit dem zehn Jahre jüngeren Bruder, der Mutter. Schon der Empfang bei ihren Freunden aus Kindertagen zeigte, dass sie das Falsche getan hatte. Kaum hatte sie angeklopft, verschlossen sich die Türen wieder mit dem entsetzten Ausruf: »Was um Gottes Willen stellt du dir vor? Sieh zu, dass du weiterkommst!«

Es folgte der 8. Mai. Der Einmarsch sowjetischer Panzer, von der Bevölkerung jubelnd begrüßt, die Erklärung der Deutschen zu Staatsfeinden, die Beschlagnahme dessen, was wir noch hatten mitnehmen können, und die Einweisung in ein in der Nähe von Kladno gelegenes Nazi-Konzentrationslager, in dem zuvor Tschechen gefangen gehalten wurden. Dort verbrachte ich, von meiner Mutter und dem jüngeren Bruder getrennt, sechs Hungermonate. Ein unwahrscheinlicher Zufall führte zu unserer frühzeitigen Entlassung: Ein neuer Lager-Kommandant fand in den Akten den Mädchennamen meiner Mutter und fragte sie, ob sie vielleicht mit dem Oberingenieur Watzke verwandt sei. Als meine Mutter erklärte, dies sei ihr Vater, sagte der Tscheche: »Das war ein guter Mann. Er hat uns wie Menschen behandelt. Verlassen Sie sich darauf, Sie werden mit Ihren Kindern bald hier herauskommen.«

Der Kommandant hielt Wort. Nach zwei Wochen wurden wir entlassen und erhielten die Erlaubnis, dorthin zurückzukehren, wo dieser Irrweg begonnen hatte, an den Wohnort der Eltern meiner Mutter. Dort beging mein geliebter Großvater im März 1946 Selbstmord, indem er sich erhängte. Von allen Katastrophen, die ich vor und nach dem Ende des Krieges erlebt hatte, war dies die größte.

Als geborener Österreicher war er vom Einmarsch der deutschen Truppen in Österreich ebenso wie im Sudetenland begeistert. Das Leben im Sprachgebiet der deutschen Minderheit unter tschechischer Oberhoheit hatte er als bedrückend empfunden. Als Bauernsohn hatte er in dem Gedanken geschwelgt, aus seinem Hof einen Erbhof nach NS-Vorbild zu machen, d.h. ihn unter Ausschaltung anderer Erben dem ältesten Sohn zu hinterlassen.

Nun drohte binnen kurzer Zeit die »Aussiedlung«. Dies zu überleben, fehlten ihm einfach die Kräfte, zumal er weder an seiner Frau noch an seiner Tochter irgendeinen Rückhalt hatte. Der Tod war sein Ausweg, und ich verstand ihn, so groß mein Entsetzen auch war.

Beim Zusammenleben in der engen Wohnung in Mährisch-Schönberg – heute Sumperk – war mir nicht entgangen, was der »Zusammenbruch« des Dritten Reiches und seine unmittelbaren Folgen für ihn, den Edelnazi, bedeuteten: Das Ende seiner Illusionen über den Nationalsozialismus, den er, wie viele Sudetendeutsche, aus Verblendung für die Lösung aller ihn bedrückenden Fragen hielt.

Obwohl er ganz ohne äußeren Zwang der Partei beigetreten war und ihr Abzeichen immer am Revers trug, besuchte er niemals eine Parteiveranstaltung. Es gab in seinem Haus keine Naziliteratur, er war nie an einer Schandtat der Braunen beteiligt.

Aber seine Gesinnung war großdeutsch, völkisch und bodenverhaftet. Er war dem Rattenfänger erlegen, weil der predigte, was Großvater – im Großen und Ganzen – für wahr hielt. Bis zuletzt glaubte er an den deutschen »Endsieg«. Über das Ende mit Schrecken war er untröstlich, ja gebrochen. Für seine menschliche Integrität spricht, was ich 50 Jahre nach seinem Tod beim Studium der Familiengeschichte herausfand:

Der in Troppau, heute Opava, als Schulrektor lebende Großvater meiner Mutter verbannte seine Tochter Maria nach ihrer Heirat mit einem Juden aus seinem Haus und verbot seinen anderen Kindern jeden Umgang mit ihr. Auch als dieser ungeliebte Schwiegersohn als österreichischer Soldat gefallen war, was er in seiner nationalistischen Gesinnung als Heldentod, ja als »Rehabilitation« hätte betrachten müssen, änderte der eingefleischte Antisemit seine Einstellung zur Tochter nicht.

Die Kinder aus dieser Ehe, »Halbjuden« im Sinne der Nürnberger Rassengesetze, retteten sich vor der Verfolgung durch die Emigration. Einem von ihnen, Guido, war mein Großvater besonders zugetan. Er unterstützte sein Studium in Wien und lud ihn oft auf seinen Bauernhof ein. Dort lernte ich Onkel Guido kennen und freundete mich mit ihm an. Von seiner jüdischen Abstammung hatte ich keine Ahnung, auch nicht davon, dass er 1938 mit Hilfe einer jüdischen Organisation nach Palästina auswanderte. Keiner erklärte mir, wohin und weshalb er auf einmal verschwunden war.

Vernünftigerweise hätte mein Großvater aus dem Schicksal unserer jüdischen Verwandten lernen müssen. Aber dazu war er zu verblendet. Er war außerstande, zwischen der Judenverfolgung und der Naziherrschaft einen Zusammenhang herzustellen. Gewiss ist ihm nie der Gedanke gekommen, dass er sich selbst durch seine Hilfe für Guido strafbar gemacht hatte.

Mein zweites Leben in Saarbrücken

Bei meiner Rückkehr in die Stadt meiner Geburt hatte ich nur wenige Erinnerungen an den Ort, den ich vor 10 Jahren verlassen hatte. Die ersten Kinderfreundschaften beim Sandkastenspiel, die mit Pomp inszenierte Saar-Abstimmung, die liebevolle Fürsorge der Großeltern väterlicherseits, alles überschattet vom schrecklichen Erlebnis meiner Krankheit. Das von schweren Bomben zerstörte Wetzlar, in dem sich unser Aufnahmelager nach der Vertreibung befand, hatte ich zwar wahrgenommen, war aber davon nicht sonderlich erschüttert.

Die gleichen Kriegsschäden in Saarbrücken zu sehen, bewegte mich viel stärker. Der Schock begann bereits bei der Ankunft am Bahnhof. Um die wenigen funktionsfähigen Schienenstränge breiteten sich, soweit ich sehen konnte, Trümmer aus. Intakte Häuser waren nicht zu sehen. Zwischen Bergen von Gebäuderesten hatte man Pfade und enge Gassen geschaufelt. Auf einer von ihnen bewegte sich das Pferdefuhrwerk fort, das uns mit unserer geringen Habe aus dieser bedrückenden Landschaft in die wenig zerstörte »bessere« Wohngegend brachte, in der das Haus stand, das mein stets auf Zukunftssicherung für die Familie bedachter Großvater 1927 erworben hatte. Zwar waren die meisten bewohnbaren Räume – das Dachgeschoss hatte einen größeren Schaden von einer Luftmine, wie man mir erklärte – von fremden Leuten belegt, aber das störte mich wenig.

Zu meiner neuen Schule, einem »Realgymnasium«, hatte ich einen langen, für mich beschwerlichen Fußweg zurückzulegen. Ein wirkliches Problem für mich war jedoch die Tatsache, dass dort seit fast einem Jahr Französisch als Hauptfach und dritte Fremdsprache neben Latein und Englisch unterrichtet wurde. Die Kenntnisse meiner Mitschüler waren bereits so fortgeschritten, dass ich keine Aussicht hatte, sie mit eigener Anstrengung einzuholen. Dazu brauchte ich privaten Nachhilfeunterricht. Ich fand dafür einen pensionierten, freundlichen Studienrat in unserer Nachbarschaft. Er entdeckte meine Sprachbegabung, auch die Verwertbarkeit meiner Lateinkenntnisse für das Erlernen des Französischen. Nach sechs Monaten bedurfte ich seiner Hilfe nicht mehr. In der Klasse konnte ich mich nun selbst behaupten und gehörte ein Jahr nach meiner Ankunft schon zu den Besten, ein Niveau, das ich bis zum Abitur im Frühjahr 1950 halten konnte.

Von der Familie wurde ich dazu bestimmt, einen Beitrag zur Linderung der Lebensmittelknappheit zu leisten: Ich hatte die Kaninchen zu versorgen, die in einem Bretterverschlag hinter dem Haus untergebracht waren. Sie wurden mit Gemüse ernährt, das wir auf einem gepachteten Grundstück anbauten. Es befand sich in etwa zwei Kilometer Entfernung und konnte nur durch Überschreiten von Bahngleisen erreicht werden.

Mit einem kleinen Leiterwagen, den ich unter Aufbietung aller Kräfte über die Gleise zog, immer auf herannahende Züge achtend, brachte ich die Ausscheidungen der Tiere zu unserer Pflanzung und die spärliche Gemüseernte zurück zum Haus.

Diese Aufgabe erschien mir weniger beschwerlich als abenteuerlich. Dagegen war das mir ebenfalls obliegende Töten der Tiere für mich eine Qual, der ich mich vielleicht hätte entziehen können. Dies wäre aber in meinen Augen eine Schwäche gewesen, die ich keinesfalls eingestehen wollte. Ich verlangte von mir, auch hierbei nicht zu versagen.

Die schmalen Lebensmittelraten auf Karten und das Kaninchenfleisch blieben nicht lange unsere einzige Nahrung. Mein Vater erhielt als Grubeningenieur Kohlen- und Kokszuteilungen, die unseren Bedarf weit überstiegen. Da er über ein Auto verfügte, um die weit auseinander liegenden Schächte zu besuchen, führte er stets einen Sack Kohle mit sich, den er Bauern zum Tausch anbot. Auf diese Weise bereicherte sich unser Speisezettel erheblich.

Vergangenheitsbewältigung und »Französisierung«

Als vierte Säule des Bedarfs betätigte sich die französische Besatzungsmacht. Sie verteilte reichlich Maisbrot. Was machte schon aus, dass dieses Brot gelblich war und eigenartig roch und schmeckte. Sehr willkommen waren auch die Datteln aus Algerien.

Selbst wenn wir damals schon verstanden hätten, dass diese Gaben den Zweck verfolgten, die Bevölkerung in Vorbereitung der für 1955 vorgesehenen Saarabstimmung zu Gunsten Frankreichs zu beeinflussen, wäre uns das völlig gleichgültig gewesen.

Für die jungen Saarländer waren nicht die Datteln und das Maisbrot Faktoren der wachsenden Frankophilie, sondern die französische Kulturpolitik. Unsere Generation war in der nationalsozialistischen Isolierung von allem, was nicht deutschen und »arischen« kulturellen Ursprungs war, erzogen worden. Die Franzosen öffneten uns in einer großzügig ausgestatteten Offensive die Augen und Ohren für ihre reiche Kultur. Das Orchester des saarländischen Rundfunks veranstaltete jahrelang sonntags Jugendsymphoniekonzerte mit den Werken französischer klassischer und moderner Komponisten. Die Franzosen gründeten ein Konservatorium, an dem die berühmtesten Solisten Frankreichs unterrichteten. Sie eröffneten eine Universität mit allen Fakultäten.

Der Französischunterricht an meiner Schule nahm größeren Raum ein als jedes andere Fach. Es gab jeden Tag eine Stunde Französisch und dazu noch einmal in der Woche zwei Stunden französische Konversation. Auch qualitativ stand dieser Unterricht auf höchster Stufe. Wir lernten nicht nur Literatur zu lesen, Aufsätze und Diktate zu schreiben, sondern wir erlernten die Umgangssprache, konnten französische Zeitungen lesen und über Philosophie und Politik diskutieren.

Der deutsch-französische Schüleraustausch bot zusätzliche Gelegenheit, uns sprachlich zu perfektionieren, gleichaltrige Menschen und die Familien, aus denen sie stammten, kennen zu lernen. Ich kam auf diese Weise zu einem vierwöchigen Aufenthalt nach Bayeux und später nach Paris. Es erwies sich, dass meine Befürchtungen, in Diskussionen über deutsche Verbrechen während der Besatzung verwickelt zu werden oder mich gar gegen deutschfeindliche Ressentiments wehren zu müssen, gänzlich unbegründet waren. Davon war einfach nie die Rede. Ich hätte wissen können, dass Familien, die einen deutschen Schüler zu sich einluden, nur freundschaftliche Gefühle hegten, wohl auch eine gewisse Neugier auf einen jungen Menschen, der in der Nazizeit groß geworden war. Mein Enthusiasmus für Paris war grenzenlos. Ich verzichte auf eine nähere Beschreibung, viele andere Deutsche vor und nach mir haben das in vollendeter Weise besorgt. Paris wurde seit meinem ersten Aufenthalt im Jahr 1947 die Stadt, die mein Leben am stärksten geprägt hat.

Neben der Bewältigung von Versorgungs- und Schulschwierigkeiten war für mich allerdings die Bewältigung der Vergangenheit, wie man diesen Prozess heute zu nennen pflegt, die bei weitem größte Aufgabe.

Ich musste verstehen, was der Nationalsozialismus eigentlich war, welche Rolle ich darin gespielt hatte und welche mein Vater, wie es zum Krieg und seinem katastrophalen Ende gekommen war mit allen Folgen für meine Familie und mich selbst.

Kenntnisreiche Gesprächspartner standen mir nicht zur Verfügung – von meinem Vater abgesehen, der in meiner Vorstellung jedoch Mitschuldiger war; das Maß und die Gründe seiner Verwicklung wollte ich aufklären.

Zunächst musste ich lesen, was immer bei der herrschenden Papierknappheit über Vorgeschichte, Verlauf und Ergebnisse des Krieges publiziert wurde. Im Herbst 1947 erschien die erste Ausgabe von Eugen Kogons »SS-Staat«. Dieses Buch war für mich das wichtigste, denn es stellte, wie Kogon im Vorwort schrieb, fest: »Es war in der Tat ein SS-Staat geplant, und die Konzentrationslager waren ein grausiges Hohlmodell – die Probekammern rings um den Zirkus Maximus des tausendjährigen Reiches, auf dessen großdeutscher Rennbahn, im Angesicht einer teils begeisterten, teil gezwungenen Volksgemeinschaft, die zum Tode bestimmte Freiheit unter die Hufe jenes entsetzlichen Viergespanns geworfen wurde, das als Führeranbetung, Rassenwahn, Nationalismus und Militarismus dieser Zeit die blutigen Spuren eingestampft hat.«[11]

Vor der heute massenhaft angebotenen Rechtfertigungsliteratur schützte damals die unumgängliche Lizenzierung jedes Druckerzeugnisses durch die Militärregierung. Unsere Schulbücher unterlagen selbstverständlich der Zensur, aber ich wundere mich heute noch, mit welcher Objektivität in ihnen

[11] Eugen Kogon: Der SS-Staat, Frankfurt am Main 1946, S. V.

deutsche Geschichte dargestellt wurde. Bemerkenswerterweise behandelten sie nicht, was im 20. Jahrhundert geschah, und waren also zur Aufklärung der jüngsten Vergangenheit nicht hilfreich, wenn auch die Entstehung des deutschen Imperialismus verständlich gemacht wurde, aber durchaus im Kontext mit anderen europäischen Großmächten.

Gebannt folgte ich den Radio- und Zeitungsberichten über den im November 1945 beginnenden Nürnberger Prozess gegen die Hauptverantwortlichen des Naziregimes und seiner Kriegsmaschinerie. Ich dachte lange über die Worte des amerikanischen Hauptanklägers nach: »Wir möchten klarstellen, dass wir nicht beabsichtigen, das deutsche Volk zu beschuldigen. Wenn die breite Masse des deutschen Volkes das nationalsozialistische Programm willig angenommen hätte, wäre die SA nicht nötig gewesen, und man hätte auch keine Konzentrationslager und keine Gestapo gebraucht.«

In der in Saarbrücken anlaufenden Entnazifizierung konnte ich nichts Unrechtes entdecken. Der Begriff Siegerjustiz war mir völlig fremd. Wer – wenn nicht die Sieger – hätten über die Nazis zu Gericht sitzen sollen? Wenn im Familienkreis über deutsche Beisitzer bei der »épuration« – so nannte man die im Saarland, entsprechend den in Frankreich gegen französische Kollaborateure durchgeführten Prozesse – die Rede war, dann hieß es häufig, diese Deutschen seien Kommunisten oder Juden, und sie urteilten noch strenger als die Besatzungsmacht. Im einen Fall war es ungerecht, weil, so sagte man, die Sieger nun Recht sprächen, im anderen Fall war man der »Rache« der Opfer des Naziregimes ausgeliefert!

Ich fand derartige Reden suspekt, abscheulich und verlogen und wurde ein aufmerksamer Zuhörer, als Pastor Niemöller in Saarbrücken die Kirchen füllte.

Wie alle Deutschen nach Kriegsende waren auch die Saarländer verpflichtet, in den Kinos Dokumentarfilme über die bei der Befreiung der Konzentrationslager entdeckten Zustände anzusehen.

Gerade bei uns Jugendlichen entwickelte sich daraus geradezu ein Hass gegen das NS-Regime und seine Schergen.

Meine Resozialisierung

Wenn ich überlege, wie ich den Prozess nennen soll, den ich ganz bewusst nach dem Ende des Krieges und meiner Rückkehr an meinen Geburtsort begann, so erscheint mir der Begriff der Resozialisierung der passendste.

Ich war zwar kein Krimineller, der in eine geordnete Gesellschaft zurück zu finden hatte. Aber ich stand doch vor dem totalen Zusammenbruch meines bisherigen Lebenszusammenhangs. Ich hatte erlebt, dass alles, woran ich fest geglaubt hatte, meine Wertewelt, meine Heimat, die geliebten Stätten meiner Kindheit, wichtige Bezugspersonen, die Geborgenheit, in Trümmer gefallen waren. Wie sollte ich aus dem Chaos wieder herausfinden, wie mir einen neuen Standort bestimmen?

Bei diesem Versuch hatte ich keine Hilfe von anderen zu erwarten, am wenigsten noch von meinen Eltern. Sie waren ebenso wie ich von der Katastrophe betroffen. Ich hatte sogar zu prüfen, ob sie nicht eine Mitschuld daran trügen. Es bedurfte der Klärung, wer für die Zerschlagung meiner alten Welt die Schuld trüge. Diese Arbeit, so war mir klar, musste ich leisten, bevor ich mir neue persönliche Beziehungen, neue Wertvorstellungen, einen neuen Standort suchen konnte.

Beim Stöbern in unversehrt gebliebenen Bibliotheken von Freunden der Familie stieß ich zum ersten Mal auf die Originale der »theoretischen« Grundlagen des Nationalsozialismus, Hitlers »Mein Kampf«, eine Sammlung seiner frühen Reden aus den zwanziger Jahren und auf Rosenbergs »Mythos des zwanzigsten Jahrhunderts«.

Mein Abstand zu diesen krausen Gedanken war inzwischen derart, dass ich es überhaupt nicht fassen konnte, wie daraus eine politische Bewegung mit Massenzulauf hatte werden können. Klar wurde mir allerdings, dass in diesen Standardwerken des Nationalsozialismus bereits die verbrecherischen Pläne enthalten waren, die Eugen Kogon mit den Stichworten Führeranbetung, Rassenwahn, Nationalismus und Militarismus bezeichnet hat.

Ich war gezwungen, über die Bedingungen der Wirksamkeit dieser Ideologie nachzudenken. Ich stieß auf die verheerenden Folgen des Versailler Friedensvertrages, des Kampfes der Großmächte um die Weltherrschaft, auf den deutschen und ausländischen Revanchismus und Chauvinismus. Auch wurde mir klar, dass das Ende der Weimarer Republik und der Sieg der Nazis nicht nur auf ein Versagen der demokratischen Institutionen, sondern auch auf ihre Ohnmacht gegenüber der Wirtschaftskrise zurückzuführen war.

Zum ersten Mal entwickelten sich bei mir Ansätze von Kapitalismuskritik, aber auch Ahnungen von den Auswirkungen der Pervertierung des Sozialismus durch die Sowjetunion.

Die Auseinandersetzung mit dem Vater

Eine Auseinandersetzung besonderer Art hatte ich mit meinem Vater zu führen. Mir war rätselhaft geblieben, warum er sich bei seiner Erwartung der sicheren Niederlage der Nazis im Kriege, zu der ihn seine Vergleiche der deutschen mit der alliierten Stahlproduktion schon Anfang der vierziger Jahre gezwungen gesehen hatten, dennoch weiter als Rüstungsspezialist hatte missbrauchen lassen.

Ich erinnerte mich an die Umstände seines Eintritts in die NSDAP noch vor Kriegsbeginn. Eines Sonntagmorgens waren in unserer Wohnung zwei uniformierte SA-Leute erschienen und hatten folgendermaßen auf ihn eingeredet: »Herr Thönnessen, Ihre beruflichen Leistungen als Oberingenieur der Bobreker Julien-Hütte sind uns wohlbekannt, ebenso wie das Ansehen, das Sie bei der Gefolgschaft genießen. Sie erfreuten sich bisher der Protektion des Generaldirektors, der aber ebenso wie Sie kein Parteimitglied ist. Wir lassen Ihnen vierzehn Tage Zeit, um zu überlegen, ob Sie Ihren weiteren beruflichen Aufstieg und die Entwicklung Ihrer Familie durch Ihren Eintritt in die Partei fördern oder gefährden wollen.« Diese erpresserische Unterhaltung erfolgte in zivilem Ton. Als Jungnazi fand ich es völlig in Ordnung, dass ihn die Partei des Führers zum Eintritt in ihre Reihen bewegen wollte.

Nach Ablauf der Bedenkfrist, in der er sich, wie ich wusste, mit Freunden beriet, entschloss er sich zum Parteieintritt. Je mehr ich 1946 und später darüber nachdachte, desto besser verstand ich seine Beweggründe. Natürlich war er sich seiner Qualitäten bewusst. Sollte er sie, seine Karriere, aber auch die Interessen der Familie vernachlässigen und mit allen Konsequenzen seine bessere Einsicht vertreten, dass Deutschland den Krieg verlieren müsse und er, gewissermaßen aus rein technischen Gründen, diesem Regime nicht dienen könne?

Was wäre die Folge gewesen? In den Jahren meiner Vergangenheitsbewältigung fehlte es mir nicht an Phantasie, mir vorzustellen, was geschehen wäre, hätte er nein gesagt. Dass er dies sowohl aus egoistischen wie aus familiären Gründen nicht tat, konnte ich begreifen. Aber aus Gründen meiner neugewonnenen moralischen Überzeugung war es mir dennoch unmöglich, ihn von jeder Schuld freizusprechen. Hatte er mir nicht 1939 zum Eintritt in das Jungvolk der Hitler-Jugend verholfen? Hatte er es nicht, trotz besserer Einsicht und humanistischer Bildung, unterlassen, mich gegen Naziideologie zu immunisieren?

Und schließlich: Hatte er nicht bei der »épuration« bereitwillig seine Einstufung als Mitläufer akzeptiert, obwohl sie seiner wahren Rolle in der Rüstungsindustrie nicht entsprach? Wenn ich ihn zur Rede stellte, berief er sich sogar auf das Wohlwollen seiner französischen Vorgesetzten, die unter der Vichy-Regierung ähnliche Funktionen wie er, mit ähnlichen Konflikten ausgeübt hatten? An dieser Stelle endete mein Einverständnis.

Bei dem, wie mir damals schien, rein politischen Konflikt mit dem Vater war mir die tiefenpsychologische Dimension noch nicht bekannt. Ich erkannte sie erst während meines Psychologiestudiums in Frankfurt. Es war der Ödipuskomplex, wie ihn Freud darstellte.[12] Aufschlussreich war für mich weniger, was er dazu in seiner Vorlesung sagt – dies hätte mich wegen der Implikation der Mutterliebe sogar unberührt gelassen.

Ich fand jedoch einen Aufsatz »Zur Psychologie des Gymnasiasten«,[13] der bis ins kleinste Detail schilderte, was mir widerfahren war.

»Der Knabe«, so heißt es dort, »beginnt aus seiner Kinderstube in die reale Welt draußen zu schauen, und nun muss er die Entdeckung machen, welche seine ursprüngliche Hochschätzung des Vaters untergräbt und seine Ablösung von diesem ersten Ideal befördert. Er findet, dass sein Vater nicht mehr der Mächtigste, Weiseste, Reichste ist. Er wird mit ihm unzufrieden, lernt ihn zu kritisieren und sozial einordnen und lässt ihn dann gewöhnlich schwer für die Enttäuschung büßen, die jener ihm bereitet hat. Alles Hoffnungsvolle, aber auch alles Anstößige, was die neue Generation auszeichnet, hat die Ablösung vom Vater zur Bedingung.«

Es trug diese Begegnung mit der psychoanalytischen Deutung des Sohn-Vater-Konfliktes als einer notwendigen Phase des Erwachsenwerdens allerdings keineswegs dazu bei, die Substanz meiner Kritik am Vater zu relativieren.

Außer dem Ödipuskomplex in der Freudschen Version stieß ich beim Studium noch auf einen anderen Begriff, der mir das Verhalten des Vaters während der Nazizeit verständlicher machte. Es war der Terminus »Technokrat«.

Vergeblich suche ich heute nach einer verbindlichen Definition. Außer einem vagen Verweis auf den Soziologen Helmut Schelsky, so wurde mir von Freunden, die in der Frankfurter Bibliothek nachgeforscht hatten, gesagt, gäbe es keine spezielle Literatur.

Also schlug ich den Brockhaus auf und fand dort eine Begriffsbestimmung, die mir durchaus zu passen schien. Als Technokraten bezeichnet der Brockhaus einen Menschen, der einer mechanistischen Weltanschauung anhängt und der die Vorherrschaft der Technik über die anderen Wissenschaften und auch über die Politik behauptet.

---

[12] Vgl. Sigmund Freud (1972): Untergang des Ödipus Komplexes, in Studienausgabe Band V, Frankfurt am Main, S. 245-251.

[13] Vgl. Sigmund Freud (1970): Zur Psychologie des Gymnasiasten, in Studienausgabe Band IV, Frankfurt am Main, S. 237-240.

Der Schlüsselbegriff der technokratischen Ideologie ist der so genannte »Sachzwang«. Darunter ist zu verstehen, dass es auf Grund technischer oder natürlicher Gegebenheiten für Entscheidungen des freien Willens kaum Raum gibt, weil die vorgegebenen Daten den Lauf der Dinge bestimmen.

Diese Definition traf präzis das Verhalten und die Denkweise meines Vaters, so wie ich ihn erlebte. Andererseits machte sie mir auch klar, was für ein widersprüchlicher Charakter er war: Er lehnte die nationalsozialistischen Ideen ab, hing an seiner humanistischen Bildung, hielt den Krieg von vorneherein für verloren und gab sich dennoch dazu her, in der Rüstungsindustrie eine nicht unbedeutende Rolle zu spielen.

Die Darstellung meines Vaters und seiner Bedeutung für mein Leben wäre unvollständig, würde sie sich auf die »Vergangenheitsbewältigung« beschränken. Ich muss wenigstens zwei, für das Bild, das ich von ihm in mir trage, entscheidende Verhaltensweisen hinzufügen: Seine finanzielle Großzügigkeit, die es mir ermöglichte, ein von materiellen Sorgen völlig unbelastetes Studentenleben zu führen – immerhin verbrachte ich sieben Jahre an den Universitäten von Paris, Mainz und Frankfurt und konnte zwei Jahre vor der Promotion heiraten und einen Hausstand gründen.

Aber auch nach dem akademischen Abschluss hielt die väterliche Fürsorge an. Seiner Neigung entsprechend, versuchte er, mich in der Firma unterzubringen, bei der bereits sein Vater und er lange Zeit gearbeitet hatten, der Luxemburger Arbed. Ich hatte ihn keineswegs darum gebeten. Meine Pläne waren andere, aber ich stellte mich ihm zuliebe vor und ließ mich über die angebotene Stelle eines Industriepsychologen informieren. Von diesem Job hatte ich eine klare Vorstellung, was ich aber nicht zu erkennen gab.

Bei meiner Lebenserfahrung und auf Grund meines Studiums dachte ich nicht im Entferntesten daran, einen Part im Soziodrama der immer raffinierteren Ausbeutung menschlicher Arbeit zu spielen. Nach der Rückkehr sagte ich dies meinem Vater deutlich. Er war enttäuscht, dass ich die Familientradition in diesem Unternehmen nicht fortsetzen wollte. Im Gegenteil, ich strebte ein berufliches Engagement im gegnerischen Lager, bei den Gewerkschaften, an. Er stellte sich rasch darauf ein und begann mit der praktischen Ausführung meines Planes. Dabei kam mir zugute, dass er als Präsident des saarländischen Metall-Arbeitgeberverbandes mit seinem Kontrahenten von der IG Metall, dem Bezirksleiter Hans Eick, aus Tarifverhandlungen bekannt war. Mit ihm brachte er mich zusammen und öffnete mir dadurch die Tür für meinen späteren Lebensweg. Dabei wäre ihm nie in den Sinn gekommen, dies als Verrat seiner Klasseninteressen zu betrachten. Diese Kategorie war kein Bestandteil seines Bewusstseins. Gewerkschaften, Betriebsräte und Mitbestimmung waren für ihn nicht nur legitime Bestandteile der Demokratie, sondern Elemente seiner täglichen Erfahrung in der Industrie.

Als ich wenige Jahre danach beim Vorstand der IG Metall eine gewisse Prominenz erlangte und an »Spitzengesprächen« zwischen dem Gesamtverband Metallindustrieller Arbeitgeberverbände, deren Vorstand er angehörte, und dem Vorstand der IG Metall teilnahm, vergewisserten wir uns telefonisch, ob er oder ich dabei sein würden und vermieden es, jemals auf den entgegengesetzten Seiten des Verhandlungstisches zu sitzen.

Ein einziges Mal waren wir nicht aufmerksam genug: Bei einer großen Arbeitgeberkonferenz in Bonn setzten wir uns nebeneinander und wurden prompt fotografiert. Das Foto erschien mit entsprechenden Unterschriften im »Industriekurier«. Beide bekamen wir dazu in unseren Lagern sarkastische Kommentare. Geschadet hat es keinem von beiden, aber wir gestanden uns ein, dass wir uns in Zukunft in dieser Weise besser nicht in der Öffentlichkeit zeigen sollten.

Auch der »Spiegel« (Nr. 23, 1963) ließ es sich nicht entgehen, den »Generationenstreit« unter dem Titel »Manager« zu thematisieren und mit Fotos von Brenner, meinem Vater und mir zu illustrieren (s. Kasten).

Dennoch konnten wir nicht verhindern, dass sich die Presse ab und zu mit dem außergewöhnlichen Paar befasste, das wir – er als Arbeitgeberpräsident, ich als Vorstandssekretär und Pressesprecher der IG Metall – darstellten. Wir trugen es mit Fassung und unsere Leute mit Humor. Für meinen Chef Otto Brenner waren weder meine Herkunft noch diese Publizität ein Problem. Seine Einstellung zu mir beruhte auf dem Vertrauen in meine Fähigkeit und auf der Loyalität, die ich ihm gegenüber stets bewies. Bei meinem Vater war es ebenso, womit ich seine Darstellung abschließe.

Manager
Generationenstreit – Schmerz und Stolz

Bei den jüngsten Lohnauseinandersetzungen in der Metallindustrie kämpften Vater und Sohn in verschiedenen Lagern: Werner Thönnessen, 32, Pressechef der Industriegewerkschaft Metall, sieht seine Lebensaufgabe in der »Gewerkschaftlichen Opposition gegen die herrschende Klasse«, die sein Vater Ferdinand Thönnessen, 61, in der Führungsspitze der Arbeitgeber repräsentiert.

Vater Thönnessen ist Vorstandsmitglied der »Pohlig-Heckel-Bleichert Vereinigte Maschinenfabriken AG« in Rohrbach (Saar) und wirkt als Präsident der Vereinigung der Arbeitgeberverbände des Saarlandes sowie im Vorstand der Bundesvereinigung der Deutschen Arbeitgeberverbände (BDA) für den ungehinderten Fortbestand der liberalen Wirtschaftsordnung, die sein Filius bekämpft.

Sohn Werner hat sich für diesen Kampf die richtige Position erwählt: Der Doktor der Philosophie sitzt im Frankfurter Hauptquartier der Industriegewerkschaft Metall Tür an Tür mit Otto Brenner, dem radikalsten westdeutschen Arbeiterführer. Er ist politischer Berater des Metaller-Chefs, der den Unternehmern nicht nur fortlaufend höhere Löhne und kürzere Arbeitszeiten abpresst, sondern ihre Werke am liebsten noch in Gemeineigentum überführen möchte.

Während der letzten Lohnkämpfe in der Metallindustrie behaupteten Brenner und sein Pressechef Thönnessen, eine Erhöhung der Löhne um acht Prozent sei »berechtigt und wirtschaftlich vertretbar«. Vater Thönnessen, der Arbeitgeber, klagte hingegen nach dem Abschluss: »Selbst fünf Prozent sind zuviel. Wir können sie nicht verkraften. Schon heute führen, trotz knapper Kalkulation, nur sechs Prozent aller unserer Angebote zu Aufträgen.«

Erste Anzeichen dafür, dass der Unternehmer-Abkömmling aus der Art geschlagen war, zeigten sich schon, als sich der Gymnasiast der Kampagne des so genannten Weltbürgers Nr. 1 Garry Davis anschloss. Das Medizinstudium in Paris und Mainz gab er auf, weil er zu erkennen glaubte, dass die Gesellschaft mit Kampfer und Skalpell nicht zu kurieren sei. Außerdem hielt er nichts von seinen Mainzer Professoren, die »wie Militärärzte in einem Ton dozierten, der mich anwiderte«.

An der Seine hatte sich der katholische Student mit dem sozialreformerischen Bazillus infiziert: Er begeisterte sich für den modernen französischen Katholizismus, der die Arbeiterpriester hervorbrachte und die Anhäufung großer Vermögen in den Händen weniger Unternehmer beseitigen will. Beim anschließenden Studium im goldenen Mainz, wo er Regionalsprecher der Katholischen Deutschen Studenten-Einigung war, predigte er indes tauben Ohren. Thönnessen: »In die Sozialarbeit der deutschen

Katholiken war nicht der revolutionäre Schwung der Franzosen zu bringen.«

Enttäuscht wechselte der Student aus Mainz ins sozialistische Frankfurt hinüber, wo er bei den extrem fortschrittlichen Professoren Adorno und Horkheimer die Lehren zeitgenössischer Philosophie, Soziologie und Psychologie aufsog. Folgerichtig trat er in die SPD ein und agierte als Frankfurter Spitzenfunktionär des Sozialistischen Deutschen Studentenbunds (SDS).

Nach zehn Semestern promovierte er mit dem Thema »Die Frauenemanzipation in Politik und Literatur der deutschen Sozialdemokratie« zum Dr. phil. und widmete die Arbeit »in Dankbarkeit meinen lieben Eltern«.

Der mittlerweile misstrauisch gewordene Vater versuchte, den politischen Tatendrang seines Sprosses zu neutralisieren und ihn aus der Linkskurve zu ziehen. Aber der Sohn war nicht gewillt, als Werkpsychologe beim Eschweiler Bergwerks-Verein oder beim Kölner Industriekonzern Felten & Guilleaume Carlswerk AG zu arbeiten, wo ihn der Vater empfohlen hatte.

Auch ein letzter Versuch des Seniors, seinen Sohn wenigstens bei der konservativ-reaktionären Meinungsfabrik der Unternehmer, dem Deutschen Industrieinstitut in Köln, unterzubringen, schlug fehl. Thönnessen: »Vater war nicht sehr glücklich, dass er mir auf seiner Seite nichts Besseres bieten konnte.« Bekannte aus Frankfurter Studientagen konnten Besseres bieten: Eine Volontärsstelle in der Bücherei der Frankfurter IG Metall-Zentrale. Dr. Thönnessen begann in der untersten Gehaltsetage (550 Mark), stieg aber bald auf. Otto Brenner holte den Akademiker in sein Team, das den Gewerkschaftstag 1958 in Nürnberg vorbereitete. Werner Thönnessen: »Dabei stellte sich meine Brauchbarkeit heraus.«

Thönnessens Talent, politische Vorgänge zu zerlegen und gut formuliert zu komprimieren, beeindruckte den Metallarbeiterführer, der seine Laufbahn als Nietenwärmer begann. Brenner gab ihm einen Platz in seinem Sekretariat, wo Thönnessen hinter dem Historiker Dr. phil. Fritz Opel, einem Schüler des marxistischen Marburger Professors Abendroth, als zweiter Sekretär tätig ist. Arbeitsgebiete: Leitung der Pressestelle der IG Metall und Material sammeln für Entwürfe Brennerscher Reden und Artikel.

Viele der von Thönnessen konzipierten Brenner-Reden befremdeten die Unternehmer wegen ihrer radikalen Thesen und unbeirrt marxistischen Tendenzen. Brenner verlangte die Verstaatlichung der Schlüsselindustrien sowie die Umverteilung des Volksvermögens und sprach sich gegen die Atombewaffnung aus. »Mein Vater«, so Werner Thönnessen, »betrachtet mein Tun mit einer Mischung von Schmerz und Stolz.«

Der Familienkreis der Thönnessens hingegen genießt den Status einer neutralisierten Zone. Vater Ferdinand: »Da sprechen wir nur über allgemeine Dinge.«

[Spiegel Nr. 25/63]

2. Mein Weg in die Zukunft

Am Ende meines großen Nachdenkens über die Vergangenheit fühlte ich festen Boden unter meinen Füßen. Ich versuchte, ganz persönliche Schlussfolgerungen aus dem Erlebten und Erforschten zu ziehen und schrieb eine Art Glaubensbekenntnis nieder:

1. Ich verpflichtete mich, von nun an nie wieder meinem Herdentrieb zu folgen, um Sicherheit zu gewinnen.
2. Ich verpflichtete mich zu vorsichtigem Umgang mit meinen erkannten Schwächen der Anlehnungsbedürftigkeit und zur Suche nach einer eigenen, unabhängigen Identität, die auf rationaler und humanitärerer Basis beruhen sollte.
3. Nach der Entdeckung der Unterscheidung zwischen Gesinnungs- und Verantwortungsethik entschied ich, dass für mich der Begriff der Gesinnung nationalsozialistisch belastet war und ich mich stattdessen an die Verantwortungsethik zu halten hatte.
4. Ich wurde ein Anhänger der Aufklärung, die nach Kant im Austritt aus der selbstverschuldeten Unmündigkeit besteht. Ich wollte in Zukunft mündig sein.
5. Ich nahm mir vor, Ausbildung und Beruf in diesem Sinn zu orientieren.

Dieses Credo, dafür verbürge ich mich, ist keine nachträgliche Schönfärberei meiner Vergangenheitsbewältigung, sondern exakt das, was ich 1947 mit 18 Jahren in mein Tagebuch geschrieben habe.

Mehr als fünfzig Jahre später bei der Feier meines siebzigsten Geburtstages, sagte mein Freund Michael Schumann, ich sei tatsächlich meinen »Werten mit einer hohen Authentizität von Denken und Handeln ein Leben lang gefolgt. Wem dies gelingt, hat allemal viel erreicht.«

Welch schöneres Geschenk hätte ich mir wünschen können als diese Bewertung durch einen Freund, der mich genau kannte!

Nach dem Bruch mit der Vergangenheit, der Bestimmung meines neuen Standortes und meines Weges in die Zukunft führte ich ein ziemlich normales Schülerleben. Ich ging, ganz bürgerlich, in die Tanzstunde, nahm Klavierunterricht, trat aber auch einer politischen Gruppierung bei, die sich »Citizens of the World« nannte und von einem amerikanischen Bomberpiloten aus dem Zweiten Weltkrieg in Amerika gegründet worden war. Er hatte sich einem radikalen Pazifismus verschrieben, dem ich damals auch anhing. Ich beschäftigte mich mit Gandhi und begeisterte mich für seine gewaltlose Revolution.

Leiter des Zirkels, in dem ich damals verkehrte, war der Direktor der von den Franzosen gegründeten Werk-Kunst-Schule Henry Gowa, ein Maler mit französischer Prägung in der Tradition von Manet und van Gogh, ein überaus kultivierter, angenehmer Mann mit antifaschistischer Vergangenheit. Er schenkte mir eine Mappe mit Drucken seiner Bilder, von denen eines, eine Landschaft der Côte d'Azur, noch heute in meinem Arbeitszimmer hängt. Ich kann nur schwer rekonstruieren, was mich veranlasste, dieses angenehme Milieu zu verlassen. Ich vermute, es war die Erkenntnis der Ohnmacht der radikal-pazifistischen Weltanschauung. Gerade durch die Alliierten vom Nazismus befreit, konnte ich letzten Endes nicht glauben, dass die unbedingte Ablehnung eines jeden Krieges die politisch machbare Lösung der Weltprobleme sei. Auch die Methoden Mahatma Gandhis erschienen mir im Nachkriegsdeutschland ganz und gar undurchführbar. Ich geriet in den Bannkreis eines Zirkels der Universität Saarbrücken, der sich *Jeunesse Etudiante Chrétienne* (JEC) nannte.

Es war dies der deutsche Ableger einer französischen katholischen Studentenorganisation, die sich dem »Laienapostolat« gewidmet hatte, so wie es von den berühmten Sozialenzyklen Quadragesimo Anno und Rerum Novarum definiert worden war. Im Mittelpunkt dieser Theologie steht ein als Veränderung der konkreten Lebensbedingungen der Menschen verstandener Gottesdienst, zu dem jeder Katholik in seiner familiären, sozialen und beruflichen Umwelt berufen ist.

Spiritus Rector der Gruppe war ein vor den Kommunisten geflüchteter Jugoslawe, der an der Universität Saarbrücken einen Lehrauftrag für Publizistik erhalten hatte. Seine Vorlesungen hatten auf die Studenten eine große Anziehungskraft, sowohl des Inhalts, wie der Art des Vortrags wegen. Das Zustandekommen und die Manipulation der öffentlichen Meinung waren von hohem Interesse für die junge Generation, die den überwältigenden Einfluss der Nazipropaganda erlebt hatte.

Dieser Jugoslawe – sein Name war Fedor Cicak – beschränkte sich nicht auf den Vorlesungsbetrieb, sondern filterte aus der Schar seiner aufmerksamen Zuhörer katholische Studenten heraus, die mit der traditionellen Frömmigkeit und mit dem Zustand ihrer Kirche nicht zufrieden waren. Aus ihnen bildete Cicak einen Kreis, der sich teils an der Uni, teils in seiner Wohnung regelmäßig zusammenfand. Dabei wurde die Bibel gemeinsam gelesen und interpretiert. In die Diskussion wurden die Lebens- und Arbeitsverhältnisse der Studenten einbezogen, ebenso wie die Situation an der Uni und die politische Lage.

Ich wurde bald ein aktives Mitglied dieser Gruppe und betrachtete es nach einiger Zeit als Selbstverständlichkeit, meine Studienpläne in den Dienst der JEC zu stellen. Deswegen verzichtete ich darauf, das Medizinstudium in Heidelberg zu beginnen, wo ich mich bereits immatrikuliert hatte. Außerdem überraschte mich die französische Militärregierung, auf Grund meiner guten Leistungen in Französisch beim Abitur, mit dem Angebot eines Stipendiums für zwei Semester an der Pariser Sorbonne.

Daraufhin legte mir die Gruppe nahe, nach Paris zu gehen und dort mit dem internationalen Büro der Jeunesse Etudiante Chrétienne zusammenzuarbeiten. Dies erschien mir als ideale Kombination meiner Entscheidung für die Medizin, der Nutzung des Stipendiums und meines studentenpolitischen Engagements. Damit waren die Weichen gestellt, und ich bereitete meinen Abschied von meinem Geburtsort vor.

Zwei »Rückgliederungen« des Saarlandes

Bevor ich mich mit Paris befasse, muss ich eine kurze Betrachtung des Schicksals des Saarlandes einschieben, wie es von den Siegermächten des Ersten und Zweiten Weltkrieges entschieden worden war. Als gerade Sechsjähriger hatte ich die im Versailler Vertrag vorgesehene Volksabstimmung der Saarländer erlebt. In meiner Erinnerung ist davon allerdings nur die prächtige Illuminierung der Stadt geblieben.

Sehr viel später erst fand ich Aufzeichnungen meines Großvaters Heinrich Thönnessen, der sich in aller Stille seine eigenen Gedanken über dieses Ereignis gemacht hatte. Ich zitiere daraus:

»Die Geschäfte dekorierten ihre Schaufenster zum Protest schwarz-weiß-rot: roter Hintergrund, schwarze Kleider und Gegenstände, weiße Schildchen; Leere Bilderrahmen in tannengrün mit der Aufschrift: ›Reserviert bis 13.1. Tag der Abstimmung für H + H‹ (Hitler und Hindenburg). In einem Schaufenster hatten sieben Kinderfiguren und eine Lehrerin Fahnenstangen ohne Tuch in der Hand. An den Häusern waren die leeren Fahnenstangen mit Tannenbüscheln, Kränzen und Bändern geziert. Die Polizei verlangte das Zukleben der zwei deutschen Fähnchen auf einem Emaille-Schild der Fürther Fahnenfabrik in der Beethovenstraße ... Polizeistunde in den Städten 12 Uhr (nachts), auf dem Land 11 Uhr.«

»Der englische Polizei-Officer of Justice verlangte in Erbach nicht nur Entfernung der Aufschriften ›Deutsch ist die Saar‹, sondern auch der Bretter hiervon. Nach einer nächtlichen Tour fuhr er ›in Gesellschaft‹ im Auto auf dem Bürgersteig Leute an, es gab Schlägereien und Justice wurde abgesetzt.«

»100 Italiener marschierten teils ohne Badezeug ins städtische Schwimmbad ohne Anmeldung.«

»Die Engländer beschwerten sich über die Polizeieskorte beim Einmarsch. In ihrer Heimat seien sie blamiert. Sie könnten sich selbst schützen.«

»Überall singt man das ›Saarlied‹ von Karl Maria Lux (Saarländer) nach der Melodie: ›Bergleut' zu Hauf, rufen Glück auf! Und rüsten weil sie wollen zur Schicht ihr Grubenlicht.‹«:

»Deutsch ist die Saar, Deutsch immerdar,
Und Deutsch ist unseres Flusses Strand
Und ewig Deutsch mein Heimatland.

Deutsch bis in Grab, Mägdlein und Knab'
Deutsch ist das Lied und Deutsch ist das Wort
Und Deutsch der Berge schwarzer Hort.

Deutsch schlägt das Herz, stets sonnenwärts;
Deutsch schlugs als uns das Glück gelacht,
Deutsch schlägt es auch in Leid und Nacht.

Reicht Euch die Hand, schlinget ein Band
Und junges Volk, das Deutsch sich nennt,
In dem die Deutsche Sehnsucht brennt,
(Nach Dir, oh Mutter, nach Dir!)

Ihr Himmel hört, jung Saarvolk schwört:
Lasset uns in den Himmel schrei'n:
› Wir wollen niemals Knechte sein,
Wir wollen ewig Deutsche sein‹.«

Beim Lesen dieses schwülstigen, von Nationalismus und sprachlicher Ohnmacht triefenden Textes dreht sich mir der Magen um, aber ich weiß, dass damals zigtausende diese Worte mit Inbrunst gesungen haben. Bemerkenswert ist daran noch, dass von Hitler, dem Führer keine Rede war, was ihn nicht daran hinderte, das pro-deutsche Votum der Saarländer als Ja zum Nationalsozialismus zu feiern.

Die zweite Volksabstimmung fand genau zwanzig Jahre später statt. Auch sie war das Ergebnis eines Krieges, auch sie entschied über den Status des

Saarlandes und seine Zukunft. Mendès-France und Adenauer hatten sie miteinander vereinbart.

Ich erlebte sie nicht als Kind, sondern als 26-jähriger, der seine Lehren aus der Vergangenheit gezogen hatte. Stark von der französischen Kulturpolitik und von meinem Pariser Jahr beeinflusst, gehörte ich zu der kleinen Minderheit, die sich für einen »Anschluss« an Frankreich aussprach. Die Alternativen waren eine Europäisierung oder die Rückkehr der Saar nach Deutschland.

Es war mir klar, dass sich die große Mehrheit, wie 20 Jahre zuvor, für Deutschland entscheiden würde. Die Anhänger des »Rattachement« standen auf verlorenem Posten. Dennoch ließ meine politische Überzeugung nichts anderes zu, als das Ja für Frankreich. Heute würde ich für Europa votieren!

Ich studierte in Mainz und hatte mit der Mehrheitsentscheidung keine besonderen Schwierigkeiten. Ich empfand lediglich ein gewisses Bedauern, dass sich mein Traum nicht erfüllen konnte.

Student in Paris

In Paris war ich zuvor nur besuchsweise gewesen, über Wohnungsfragen brauchte ich mir da keine Gedanken zu machen. Das war nun ganz anders, ich war nicht Gast, sondern Zimmersuchender. Zunächst nahm ich mir ein kleines Zimmer in einem bescheidenen Hotel, von Freunden empfohlen. Dann begab ich mich zur studentischen Zimmervermittlung, musste aber nach wenigen Tagen entdecken, dass man dort schlecht organisiert und ineffizient war.

Die mir zur Verfügung gestellten Adressen erwiesen sich regelmäßig als bereits vermietet oder aus anderen Gründen nicht frei. Weder der Vermieter noch der Zimmersuchende hielten es für nötig, der Zimmervermittlung Bescheid zu geben. Mit wachsendem Unmut berichtete ich von meinen Misserfolgen, worauf man gleichmütig antwortete, so sei das eben, ich solle mich nicht aufregen, die französischen Studenten täten das auch nicht. Es gebe ja noch zahlreiche andere Adressen, die ich ausprobieren könne. Also machte ich mich wieder auf den Weg, fuhr mit der Metro in alle Stadtteile, bis nach acht Tagen meine Kraft verbraucht war und mein Portemonnaie sich leerte.

Ich beriet mich mit den Freunden und erwog, in ein noch billigeres Hotel zu ziehen. Ich dachte sogar daran, einfach alles aufzugeben und wieder nach Hause zu fahren. Am letzten Tag der zweiten Woche der Suche wurde ich fündig. Die Qual war zu Ende, die Blamage, unverrichteter Dinge ins Elternhaus zurückzukehren, wurde mir erspart.

Das Zimmer befand sich in günstiger Lage. Das Büro der JEC konnte ich zu Fuß erreichen. Und zur Uni konnte ich mit dem Bus fahren. Das alte Haus stand in der Nähe des Observatoire im 14. Arrondissement, hatte einen großen Torbogen, durch den wohl früher die Kutschen in den kopfsteingepflasterten Innenhof gefahren waren. Mein Zimmer lag im ersten Stock. Ich hatte zwar keine eigene Toilette, sondern musste die im Treppenhaus benutzen. Dafür gab es ein Waschbecken mit kaltem und warmem Wasser, zwei große Fenster mit Blick auf den Innenhof und das im Jugendstil errichtete Nachbarhaus. Auch das Mobiliar sorgte dafür, dass ich mich von Anfang an wohl fühlte.

Hätte es nicht eine verschlossene Tür in einer Ecke gegeben, durch die von Zeit zu Zeit amerikanische Stimmen und die Geräusche leidenschaftlicher Liebesakte zu mir drangen, so hätte ich mir einbilden können, allein im Hause zu sein. Begegnungen mit anderen Bewohnern gab es nicht, abgesehen von meinen amerikanischen Nachbarn.

Einen von ihnen lernte ich kennen, nachdem ich aus Neugier einmal an die Tür geklopft hatte. Er war ein homosexueller Maler, sanft, freundlich und melancholisch. Wir schlossen rasch Freundschaft und sprachen des Öfteren miteinander. Vor dem Abschied schenkte er mir ein selbstgefertigtes Holzkreuz, eine kleine Statue von Christus mir blutendem Herz und zwei seiner Ölbilder mit Pariser Szenen. Wohin das Kreuz und die Statue gekommen sind, weiß ich nicht, aber das eine Bild habe ich verschenkt, das andere hängt heute über meinem Bett.

Nach der erfolgreichen Zimmersuche konnte ich mich endlich dem Studium zuwenden. Ich schrieb mich an der Sorbonne ein. Meine Vorlesungen und Praktika fanden jedoch nicht dort, sondern in einem davon einige Kilometer entfernten Gebäudekomplex am Jardin des Plantes statt. Dort hatte ich jeden Tag außer Samstag mindestens vier Stunden zu tun. Einschließlich meiner Wegezeit und der Lektüre im Zimmer oder in der Bibliothek musste ich täglich zwischen sechs und sieben Stunden dem Studium widmen, hatte aber als Frühaufsteher und Nachtvogel viel freie Zeit.

Das, was man in Deutschland die vorklinischen Semester nennt, hieß in Frankreich PCB, also Physik, Chemie und Biologie. Trotz meiner relativ guten Sprachkenntnisse hatte ich damit erhebliche Probleme. Auf dem Realgymnasium waren mir die naturwissenschaftlichen Fächer, mit Ausnahme der Biologie, eher schwer gefallen. Diese Hürde musste ich überwinden, wenn ich Mediziner werden wollte. Das hatte ich zuvor nicht genügend bedacht. Mit der Fachterminologie im Französischen kam ich noch zurecht, weil sie, ebenso wie im Deutschen, auf lateinischen oder griechischen Wurzeln gebildet ist. Es wurde aber im Unterricht so schnell gesprochen, dass ich Mühe hatte mitzukommen. Und was ich im Deutschen nicht begriffen hatte, das verstand ich nun auch nicht besser.

Die Praktika wurden deshalb zur ständigen Frustration. Wenn die anderen Studenten bereits an die Arbeit gingen, war ich noch mit dem Entziffern der gestellten Aufgaben beschäftigt und befand mich deswegen fast immer im Hintertreffen. Trotz einer gewissen Besserung im Lauf der Zeit, bewiesen mir die schlechten Noten bei den Praktika, dass ich auch auf die Dauer nicht zu ausreichenden Leistungen gelangen würde. Die Hoffnung, den notwendigen Mindeststandard zu erreichen, erwies sich als Wunschdenken. Ich begriff, dass ich das PCB-Abschlussexamen nicht bestehen würde.

Merkwürdigerweise bedrückte mich das nicht und vermochte es auch nicht, mich von meiner Berufsentscheidung abzubringen. Ich tröstete mich damit, dass man in Deutschland bei Fortsetzung des Medizinstudiums die beiden in Paris verbrachten Semester anrechnen würde, was auch zutraf.

Später musste ich allerdings Konsequenzen ziehen und die Medizin ganz aufgeben, aus den genannten und noch anderen Gründen, von denen noch die Rede sein wird. Vorderhand entzog ich mich dem Misserfolgserlebnis durch außerkurrikulare Aktivitäten.

Reformtheologie

Das Internationale Zentrum für Dokumentation und Information (Centre International de Documentation et d'Information – CIDI) war das Verbindungsbüro der Studentischen Katholischen Aktion (JEC). Eingerichtet worden war es in Paris, weil die katholische Studentenarbeit in Frankreich besonders fundiert, intensiv und erfolgreich war, und zwar bereits seit den zwanziger Jahren. Die JEC war der theologisch fortgeschrittenste Teil der katholischen Studentenbewegung.

Umso erstaunlicher fand ich die nationale Zusammensetzung des CIDI-Personals. Es bestand bei meiner Ankunft im Herbst 1950 aus der 28-jährigen US-Amerikanerin Patricia (Pat) Groom und zwei Kanadiern, Real Michaut und Marie Tessier-Lavigne, beide etwa dreißig Jahre alt. Dazu kam nun ich als Deutscher. Ich war nicht nur der Jüngste, sondern auch der am wenigsten Erfahrene. Das Einzige, was mir die Tür öffnete, war meine Empfehlung von Professor Cicak.

Pat Groom war die überragende Figur, nicht nur in unserem Team, sondern auch auf dem internationalen Feld. Sie war sehr intelligent, gebildet, erfahren, abwägend und auf unaufdringliche Weise richtungsweisend, ohne sichtbare Anstrengung fügte sie unsere Gruppe zusammen und holte aus jedem das Beste heraus.

Ihre Arbeitsfähigkeit war ebenso unbegrenzt wie ihre Selbstaufopferung trotz Krankheit; wir wussten, dass sie litt, aber nicht woran. Wir erlebten und verehrten sie, nicht wie eine Heilige, sondern wie unsere Schwester. Sie trug die Hauptlast der Arbeit und gab die entscheidenden organisatorischen, geistigen und strategischen Impulse.

Die Aufgaben des CIDI wurden von der Hochburg der Studentischen Katholischen Aktion Frankreichs vorgegeben, um von dort aus in alle Gruppen international auszustrahlen.

Wir hatten über die laufenden Aktivitäten der JEC in aller Welt informiert zu sein und unsererseits zu informieren. Wir pflegten die Beziehungen zu den Gruppen, zu ihren Anführern und zu den geistlichen Beratern. Diese stammten aus den Orden der Jesuiten und Dominikaner. Zu ihnen hatten wir persönlichen Kontakt und kannten die Werke der von ihnen vertretenen Reformtheologie.

Von herausragender Bedeutung waren für uns die Jesuiten Jean Danièlou und Yves Congar. Congar war der Autor der fundamentalen Bücher »Vraie ou Fausse Réforme de l'Eglise« und »Jalons pour une Theologie du Laicat«.

Die Auseinandersetzung mit dieser Theologie brachte mir eine erhebliche Vertiefung dessen, was ich in meiner Saarbrücker Zeit bei Fedor Cicak und in der Gruppe gelernt hatte. Unsere geistigen Zentren waren die Zeitschriften »Esprit« und »La vie spirituelle«, der Verlag »Economie et Humanisme«, die Berichte der französischen Arbeiterpriester, die von den »Editions du Cerf – Recontres Paroisse, Communaute Missionaire« publiziert wurden.

Anstatt diese komplizierte Materie mit meinen eigenen Worten darzustellen, resümiere ich den damals sehr populären und verständlich schreibenden Pater Lebret. Er stellt die Katholische Aktion zwar folgsam in den Dienst der Kirche, legt die Lehre aber so aus, dass sie stets auf den in der konkreten Welt lebenden Menschen bezogen wird. Auch bei ihm haben Spiritualität, Glaube, Gebet, Gottesdienst und Andacht ihren Platz, dennoch steht der Mensch im Mittelpunkt dieser Theologie.

Klar kommt dies im Vorwort seines Buches »Action, marche vers Dieu« (Aktion, Weg zu Gott) zum Ausdruck: »Dieses Buch will zeigen, dass die aus Liebe unternommene Aktion für unsere Brüder kein Hindernis für die Einigkeit mit Gott ist. Es verhält sich sogar ganz umgekehrt. Wenn man seine Brüder genug liebt, um sie dem Unglück zu entreißen, dann handelt man im Sinn des Evangeliums nicht dem Buchstaben nach, sondern in seiner ganzen Fülle. Man bereitet sich schon darauf vor, die Zuwendung Gottes in Überfülle zu erlangen, direkt von Gott und mittelbar durch unsere Brüder.«[14]

»Wenn in einem etwas Menschliches ist, ist er mein Bruder. Daher sind alle bis zum letzten meine Brüder: Dieser Jude, dieser Deutsche, dieser Russe, dieser Amerikaner, ebenso wie dieser Neger und dieser Vietnamese ... Uns gemeinsam gehört die Welt. Auf jedem von uns liegt der gleiche Aufruf Gottes. Wir sind nebeneinander geboren, um uns zu helfen, zu lieben, die Gerechtigkeit zu errichten, die Erde zu erneuern, Passagiere des gleichen Schiffes, mit dem gleichen Schicksal, solidarisch ... weil ich sie liebe, muss ich furchtbar unter ihrem Unglück leiden, dessen Ursachen ansprechen, damit sie Freiheit, Würde, Wohlstand und Frieden und die Wahrheit wieder finden, ebenso wie die Großzügigkeit, Toleranz, damit sie sich selbst und damit Gott wieder finden.«[15]

»Das Zeitliche ist nicht unrein, ganz und gar nicht. Gott hat die Zeit erschaffen, als eine unserer Dimensionen, ebenso wie die Materie, als unverzichtbaren Bestandteil unserer Natur. Es ist die Sünde, die unsere Welt unrein macht. Es handelt sich also darum, sie der Sünde zu entreißen. Ich weiß nicht, wie das gelingen kann, wenn man das Zeitliche und das Materielle verachtet.«[16]

Im gleichen Sinn Yves Congar: Die Kirche sei ständig damit beschäftigt, sich zu reformieren. Bald seien es die religiösen Orden, die ihre Schwächen korrigierten, bald nähmen die Konzile die nötigen Reformen vor. Das Leitwort der neueren Reformbewegung nennt Congar »omnia instaurare in Christo« – alles an Christus festmachen. Daraus seien die liturgische Bewegung, die missionarische Berufung der Laien und die Katholische Soziallehre entstanden, ebenso wie die Wiederbelebung der intellektuellen Initiative und jene Freiheit des Denkens, die in dem Satz gipfelt: »Liebe und tue, was du willst« – ama et fac quod vis. Congar hat auch die Notwendigkeit bewiesen, Katholische Aktion im Team zu leisten, weil dieses auf Wirksamkeit ausgerichtet ist. Dem ordne sich die Zusammenarbeit unter.

»Sie ist die normale Form der gegenseitigen Unterstützung von Erwachsenen mit entwickelter Persönlichkeit, die das Beste von sich selbst in einem

---

[14] Louis-Joseph Lebret: Action, marche vers Dieu, Paris, les Éditions ouvrières, 1949. Deutsche Übersetzung unter dem Titel: Aufbruch zu Gott, Colmar/Freiburg 1957, S. 9.

[15] Ebd., S. 39f.

[16] Ebd., S. 55

Bemühen eingesetzt haben, das ihre individuellen Kräfte moralischer, intellektueller und physischer Art übersteigt.«[17]

Von diesen Quellen gespeist, lebte und arbeitete das CIDI-Team in Harmonie miteinander und mit den zugehörigen Laien und Klerikern und in missionarischem Geist – bei den Reisen von Pat Groom, bei den in- und ausländischen Kontakten und Partnern. Meine Aufgabe bestand in der Verbindung zu den Saarbrücker Freunden und zu anderen deutschen Katholiken, die sich der Katholischen Aktion verschrieben hatten.

Wir waren in der Pfarrei Saint Séverin im Quartier Latin verankert, die ganz im Sinne der neuen Reformen arbeitete. Ihr Aktionsradius übertraf den einer traditionellen Pfarrei bei weitem. Dort erlebte ich zum ersten Mal jene Kombination von Fröhlichkeit, Brüderlichkeit und Glauben, die den Urchristen nachgesagt wird.

Neben Studium und CIDI-Arbeit blieb mir noch Zeit, einige Vorlesungen an der katholischen Universität »Institut Catholique« zu hören und dabei die »offizielle« Linie kennen zu lernen. Ich fand das eher erheiternd als beeindruckend.

Im Juli 1951 endete mein Studium in Paris. Beim Abbruch meiner Zelte und beim Abschied von den Freunden war mir schwer ums Herz. Ich wusste, einen solchen Kreis von gleichgesinnten, aktiven Menschen und ein solches geistiges Klima würde ich nicht wieder finden. Ich hatte dort eine bleibende Prägung erhalten, auch wenn ich meinen Glauben später verlor.

Fortsetzung in Mainz?

Als ich im Sommer 1951 nach Saarbrücken zurückkehrte, stand nur eines fest: Ich wollte trotz aller aufgetretenen Schwierigkeiten das Medizinstudium fortsetzen. Zu klären war die Frage des Ortes und die der nun schon drei Jahre währenden räumlichen Trennung von meiner Freundin. Für uns beide wäre noch am leichtesten zu ertragen gewesen, ich hätte in Saarbrücken weiterstudiert, genauer gesagt in Homburg-Saar, denn dort befand sich die medizinische Fakultät.

In der Praxis erwies sich jedoch alles weit komplizierter, als ich es mir gedacht hatte: Homburg lag in 30 Kilometern Entfernung. Ich hätte mit dem Zug täglich hinfahren müssen, wovor mir graute. Dort ein Zimmer zu nehmen, konnte ich mir nicht leisten – außerdem hätte das nichts an der räumlichen Trennung von meiner Freundin geändert. Im Elternhaus in Saarbrü-

[17] Supplément Vie spirituelle, No. 20, 15.02.1952, S.41.

cken zu wohnen widersprach meinem Verlangen nach Selbständigkeit. Dies alles besprach ich mit ihr und mit der Gruppe. Meine Freundin sah ein, dass ich unter diesen Umständen nicht bei ihr bleiben konnte. Wir waren einander so zugetan, dass wir eine weitere Trennung auf uns nehmen konnten.

Aus der Diskussion mit der Gruppe ergab sich, dass Professor Cicak eine Verbindung zum Mainzer Studentenpfarrer Dr. Strasser hatte. Von ihm waren schon Versuche unternommen worden, an der Mainzer Universität eine JEC-Gruppe zu bilden. Strasser stützte sich auf einen Jurastudenten, Rudi Peter, und auf die Theologiestudentin Brunhilde Danz. Sie heirateten später und spielten eine bedeutende Rolle in der Katholischen Aktion der Studenten und in meinem Leben. Mit beiden bin ich noch heute freundschaftlich verbunden. Sie machten Karriere im Saarland. Brunhilde wurde Minister für Arbeit und Soziales in der Saar-Regierung und Mitglied des Parteivorstandes der SPD. Er schloss nach Ablegung der juristischen Staatsprüfungen ein Soziologiestudium an, das er mit der Promotion beendete. Rudi baute im Saarland ein soziologisches Forschungsinstitut auf und wurde schließlich ein gefragter Spezialist für Solarenergie.

Die Gruppe überzeugte mich davon, dass es für die Katholische Aktion nützlich wäre, wenn ich nach Mainz ginge, um dort weiter zu studieren und die Katholische Aktion zu verstärken. Es lief aber in Mainz alles anders, als wir es uns vorgestellt hatten – allerdings entsprach Strasser ganz unserer Erwartung. Aber das genügte nicht. Er stand uns in seiner pastoralen Praxis und seinem Kirchenverständnis sehr nahe, obwohl er in der deutschen katholischen Tradition zu Hause war und nicht in der französischen Reformtheologie. Er war ein lebendiges Beispiel dafür, dass man von ganz verschiedenen Ausgangspunkten zum gleichen Ergebnis kommen kann.

Je weiter mein Engagement in der katholischen Studentenpolitik voranschritt, desto schmerzlicher wurde meine Erkenntnis von den Unterschieden, ja Widersprüchen zwischen dem, was ich in Frankreich kennen gelernt hatte und dem »real existierenden deutschen Katholizismus«. Bei dieser Wortwahl impliziere ich, dass dieser ebenso unterzugehen verdammt ist wie der »real existierende Sozialismus«. Zwar gelang es uns, eine kleine Schar von Sympathisanten zu sammeln, nicht aber, daraus eine Gruppe zu bilden, die ähnlich gearbeitet hätte wie die in Saarbrücken oder Paris. Es fehlte uns ein Mann wie Professor Cicak. Kurz: Das gesamte Umfeld war ungünstig. Ich selbst konnte mich darüber mit Strasser, Brunhilde und Rudi aussprechen, aber sie waren nicht so frustriert wie ich. Die durch sie vermittelte Bekanntschaft mit dem deutschen Reformkatholizismus, mit Walter Dirks und Eugen Kogon, den Herausgebern der »Frankfurter Hefte«, mit Romano Guardini, Josef Piper und Reinhold Schneider, machte mir bewusst, dass ich auch in Deutschland Quellen für meine Aktivität finden konnte. Die von Strasser im Mainzer Dom zelebrierte Liturgie sprach mich ebenfalls an.

Also wagte ich mich weiter vor: Ich wurde Mitglied der Redaktion der Studentenzeitung »Nobis«, des Mainzer Studentenparlaments, und ich kandidierte erfolgreich für das Amt des »Regionalsprechers« der offiziellen, von der Kirche geführten Studentenorganisation »Katholische Deutsche Studenteneinigung« (KDSE). Strasser hatte mich zu dieser Kandidatur ermutigt und dafür vorgeschlagen. Gewählt wurde ich ohne Nachfrage wegen meiner Position in der Kirche.

Als Regionalsprecher war ich für die katholischen Studenten an den Universitäten Mainz, Frankfurt am Main und Marburg, an den Technischen Hochschulen Gießen und Darmstadt und an der Dolmetscherschule Germersheim zuständig. Ich musste mich also mit Hochschul- und Studentenpolitik im Allgemeinen und mit der speziellen Lage an diesen Hochschulen beschäftigen. Ich musste an die genannten Orte reisen, die Studentenpfarrer und die Vertreter der KDSE kennen lernen. Sehr bald wusste ich, zwischen Freund und Feind zu unterscheiden. Zu den ganz wenigen Freunden gehörte der Frankfurter Studentenpfarrer Dessauer. Als ich ihm offenbarte, dass ich beabsichtigte, die Lehren der französischen Reformtheologie und die Praxis der JEC nach Deutschland zu übertragen, warnte er mich ebenso offen wie freundlich, aber ich war außerstande, auf ihn zu hören, zumal mir ein Teil meiner Aktivität ungetrübte Freude bereitete. Dies war die Mitwirkung in der Redaktion der Studentenzeitung. Redaktionsmitglieder waren unter anderen Heinz Theo Risse, später Redakteur der katholischen Wochenzeitung »Michael«, Barthold C. Witte, später ein bekannter FDP-Politiker, Ministerialdirigent im Auswärtigen Amt, für die auswärtige Kulturpolitik verantwortlich, heute wie ich pensioniert, Redakteur des FDP-Organs »Liberal«, und schließlich Ernst-Otto Czempiel, später Universitätsprofessor, Politologe und einer der bekanntesten deutschen Friedens- und Konfliktforscher. Mit ihm ebenso wie mit Witte habe ich nach fünfzig Jahren wieder guten Kontakt – wenigstens per E-Mail.

Diese Studenten und einige andere, an die ich mich kaum erinnere, bildeten die Redaktion. Wir machten eine Zeitung, mit der ich mich vollständig identifizieren konnte, was mir eine Kompensation für andere weniger erfolgreiche Unternehmungen verschaffte. »Nobis« kümmerte sich systematisch um Mainzer Studentenprobleme, um allgemeine Fragen der Studentenschaft wie Stipendien, Wohnungsmangel, Prüfungsordnungen, Vorlesungsbetrieb und Hochschulreform, also um die materiellen und geistigen Probleme der Studierenden.

Wir bezogen aber auch progressive politische Positionen in der Absicht, auf die eher konservative Mehrheit der Studenten einen aufklärenden Einfluss auszuüben. Wir schrieben gegen Neo-Nazis, studentische Korporationen, Antisemitismus und Remilitarisierung. Proteste gegen diesen Kurs gab es wohl. Das Anzeigengeschäft blühte nicht gerade. Es wurde auch vorgeschlagen, die Zeitung solle nicht mehr kostenlos verteilt, sondern verkauft werden, wozu es nicht kam. Im Ganzen konnten wir uns aber daran erfreuen, eines der beachteten und über Mainz hinaus bekannten, ausschließlich von Studenten für Studenten geschriebenen Blätter zu machen.

Dagegen verlief meine Betätigung in der KDSE geradezu katastrophal. Mir war bewusst, dass ich unter der Aufsicht des Klerus meine Version von Katholischer Aktion mit einer gewissen Vorsicht zu vertreten hatte. Ich versuchte, offene Konflikte zu vermeiden, vermochte aber nicht vorauszusehen, in welchem Maße die Amtskirche mich beobachten ließ. Sie verfügte über einen ausgezeichneten Nachrichtendienst, der Material gegen mich sammelte. Das hatte nach weniger als einem Jahr zur Folge, dass ich vom zuständigen Bischof nach Marburg vorgeladen wurde.

Dort machte man mir strenge Vorwürfe wegen meiner ausländischen Importe – ich befände mich nicht in Frankreich, sondern in Deutschland und hätte mich der deutschen Hierarchie unterzuordnen. Dass ich in ehrlichem Glauben und guten Gewissens handelte, wie ich sagte, erleichterte meine Lage keineswegs.

Die hohen Kleriker ließen sich auf keine Diskussion ein. Sie beendeten meine »Ketzerei« mit dem herrischen Spruch, ich sei als KDSE-Regionalsprecher abgesetzt. Bevor ich ging, sagte ich, in früheren Zeiten wäre ich auf dem Scheiterhaufen gelandet. Von diesem Vorgang drang nichts nach draußen. Ich hielt den Mund und ging einen anderen Weg – zunächst gewissermaßen in die innere Emigration, um alles zu verarbeiten. Mit der kirchentreuen katholischen Laienbewegung in Deutschland hatte ich nichts mehr im Sinn. Eine Spätfolge dieses Intermezzos war, dass ich ungläubig wurde, ohne mich aber von meinen alten Freunden abzuwenden.

Ade Mainz, Ade Medizin

Nach meinen Pariser Erfahrungen war ich gespannt, wie es mir mit dem Medizinstudium in Mainz ergehen würde. Erleichtert stellte ich fest, dass mich niemand fragte, ob ich denn meine PCB-Prüfung bestanden habe. Die Pariser Semester wurden angerechnet, sodass ich trotz meiner spärlichen Kenntnisse in Physik, Chemie und Biologie keinen Rückstand hatte. Nun, in Deutschland, gab es wenigstens keine Schwierigkeiten sprachlicher Art mehr, den Vorlesungen und Praktika zu folgen. Jedoch tauchte eine neue Belastung auf; die Assistenten an der medizinischen Fakultät pflegten einen militärischen Umgangston, den sie aus ihrem Kriegsdienst mitgebracht hatten und der mir geradezu unerträglich war. Die Professoren störte dies offensichtlich nicht, sonst hätten sie das abgestellt. Wahrscheinlich waren sie im gleichen Milieu zu Hause gewesen. Nur der berühmte Anatom Dabelow, bei dem ich mich beschwerte, zeigte Verständnis, sagte aber, das sei nun einmal so, er könne es nicht ändern.

Während der Semesterferien machte ich Bekanntschaft mit den saarländischen Krankenhäusern in Fischbach und Sulzbach. Sie gehörten zur Grubenknappschaft, und mein Vater verschaffte mir den Zugang, obwohl es für einen Anfänger wie mich ungewöhnlich war, zu famulieren. In Fischbach durfte ich in jeden Winkel des großen Krankenhauses schauen, am Schwanz der Chefvisite mitgehen, bei Operationen zusehen und überall zuhören. Es war sehr instruktiv, aber ich mochte den ganzen Betrieb nicht und wollte auch nie Krankenhausarzt werden. Dabei waren es nicht die Leiden und der Tod von Patienten, die mich abschreckten – ich fühlte mit ihnen, wurde aber dadurch nicht von meiner Berufswahl abgebracht.

Bei meiner zweiten Famulatur in Sulzbach war es nicht anders. Durch einen personellen Engpass bekam ich die Chance, im Labor zu arbeiten. In diesen Wochen kam ich nie in Verlegenheit, wenn ich alle vorkommenden Arbeiten, nachdem sie mir erst gezeigt worden waren, selbständig erledigte. Es gab nur eine einzige Beanstandung, worauf ich nicht wenig stolz war.

Mein unverändert positives Verhältnis zum Arztberuf und meine Selbstbestätigung in beiden Krankenhäusern trugen indessen nicht dazu bei, mit dem Studium besser fertig zu werden. In dem Maße, wie die Bedeutung der Chemie, besonders der physiologischen, wuchs, steigerten sich auch meine Schwierigkeiten. Obwohl ich Anatomie leicht lernte, verbesserte sich meine Gesamtsituation nicht, da meine Noten in den anderen Fächern schlecht waren.

Ich konnte nicht hoffen, mit derartigen Zensuren das Physikum zu bestehen. Ich verstand, dass ich ohne perfekte Kenntnisse speziell der Chemie nur ein schlechter Arzt werden konnte. Damit war ich an dem Punkt angelangt, den ich bei gewissenhafter Prüfung schon in Paris hätte erreichen können. Die Erkenntnis wurde unausweichlich, dass ich mein geliebtes Berufsziel aufgeben musste.

Eine Alternative hatte ich nicht parat. Ich versank erst einmal in Trauer, war am Rande einer Depression und Erstarrung. Auch im fünften Semester belegte ich noch Medizin, besuchte aber Vorlesungen und Praktika in meinem Fach nicht mehr. Ich sah mich in einigen Fächern der philosophischen Fakultät um, hörte bei Karl Holzamer, dem späteren ZDF-Intendanten, der mir überhaupt nichts bieten konnte. Auch der von Professor Mühlmann gelehrten Ethnologie konnte ich wenig abgewinnen, obwohl dieses Fach erneut mein Interesse weckte. Die einzig erfreuliche Erfahrung in dieser Zeit waren die graphologischen Übungen bei Dr. Knobloch. Daraus nahm ich praktisch verwertbare Kenntnisse mit.

Aus meiner Sackgasse fand ich keinen Ausweg, konnte mir selbst nicht helfen. Also fuhr ich zuerst nach Hause, sprach mit meiner Freundin Elly, mit der ich mich 1952 verlobt hatte, und mit meinen Eltern, mit meinen KA-Freunden, aber dabei erfuhr ich keinen wirklich brauchbaren Rat. Als Letztem ging ich zu Dr. Georg Strasser. Er kannte einen Mann, an den ich mich wandte. Es war der Autor eines Buches über die Ehe, das wir in der Saarbrücker KA-Gruppe mit Gewinn gelesen hatten, also kein Unbekannter, im Gegenteil. Ernst Michel war sein Name. Er lehrte an der Frankfurter Universität Soziologie und hatte eine psychotherapeutische Praxis. Mit ihm nahm ich Kontakt auf, bat um seinen Beistand und erhielt ihn.

Ich fuhr mit dem Zug nach Frankfurt und lernte ihn in seiner Wohnung kennen. Er war ein kleiner untersetzter Mann, weißhaarig, mit einem vom Rauch gelblich gefärbten Schnurrbart. Von Anfang an hatte ich Vertrauen zu ihm. Er hörte mir mit blitzenden Augen aufmerksam zu, stellte verständnisvolle Fragen und brachte mich zum Erzählen meiner Leidensgeschichte. Ausführlich wurden meine Begabungen und Mängel erörtert. Michel bestätigte mir die Richtigkeit meines Entschlusses, die Medizin aufzugeben. Er verhalf mir zur Einsicht, dass meine Krise nicht nur studienbedingt war, sondern ebenso auf dem unverheilten Bruch mit der Kirche und der andauernden Trennung von meiner Verlobten beruhte.

Im Verlauf der Therapie besserte sich meine Gefühlslage, klärte sich mein Kopf wieder. Ich wusste nach einiger Zeit, dass ich mit Michels Hilfe den Ausweg finden würde, den einzigen, der mir angemessen war. Nach nur zwei Monaten hatten wir zusammen aus der Fülle der Geisteswissenschaften drei

Fächer herauskristallisiert, die mich stark anzogen und deren Lehrstühle an der Frankfurter Uni gut bis hervorragend besetzt waren: Soziologie, Philosophie und Psychologie. Michel beließ es nicht bei dieser Beratung, er besorgte für mich auch eine kleine Einführung und Vorbereitung auf die Professoren, bei denen ich lernen sollte: Adorno, Horkheimer und Rausch. Er selbst gehörte selbstverständlich auch dazu, denn bei ihm wollte ich, wenn auch nicht mehr als Patient, sondern als Student bleiben. Ich dankte ihm bewegt und voll Freude für die neue Orientierung und die Wiederherstellung meiner Kräfte.

Hinwendung zur Kritischen Theorie

Mit der Beratung durch Ernst Michel und dem ersten Anhören von Vorlesungen von Adorno und Horkheimer war für mich die Entscheidung für die neue Studienrichtung gefallen. Anfangs belegte ich jedoch nicht nur die Fächer Soziologie, Philosophie, sondern begann mein eigenes Studium generale. Ich hörte Sozialpolitik, sozialpädagogische Probleme, Gesellschafts- und Geistesgeschichte des zwanzigsten Jahrhunderts, Soziologie der industriellen Arbeitswelt, Völkerpsychologie und allgemeine Volkswirtschaftslehre und besuchte Übungen zur Soziographie.

Ein Jahr danach konzentrierte ich mich dann auf meine Themen und verringerte die wöchentliche Stundenzahl um die Hälfte – von 20 auf 10. Mit dem Beginn der Doktorarbeit war eine weitere Reduktion verbunden. Ich brauchte ganze drei Jahre, um die Dissertation zu Ende zu führen.

Zur Verlängerung meiner Studienzeit hat, neben dem Wechsel der Fakultät, die erneute Teilnahme an der Studenten- und Parteipolitik beigetragen. Gleichzeitig mit der Zuwendung zu den Sozialwissenschaften vollzog ich eine Zuwendung zum Demokratischen Sozialismus. Ich trat dem Sozialistischen Deutschen Studentenbund (SDS) und der SPD bei.

Ich arbeitete an der Frankfurter Studentenzeitung »Diskus« mit und beschäftigte mich eine Zeit lang mit einem Zeitungsprojekt, das von den Herausgebern der »Frankfurter Hefte« ausging und bei dem auch der DGB eine Rolle spielte. Aus Gründen der Finanzierung wurde nichts daraus, aber ich hatte eine Verbindung zu Walter Dirks und Eugen Kogon, die über Jahre anhielt und die für meine politische Bildung von Bedeutung war.

Ich spielte mit dem Gedanken, mich den Kriegsdienstverweigerern anzuschließen und an der Universität eine Gruppe zu gründen. Dies hing mit der durch die Wiederbewaffnung bedingten Polarisierung der Studentenschaft und der Renaissance der politisch belasteten Studentenverbindungen zusammen. So sehr wir uns dagegen wehrten: Mützen, Bänder, ja das Säbel- und Degenfechten und die Mensurennarben der »schlagenden« Studenten und ihrer »alten Herren« waren Symptome des vorherrschenden reaktionären Klimas in der Bundesrepublik. Wir kritischen Studenten sahen diese Erscheinungen im Zusammenhang der allgemeinen Restauration, die wir total ablehnten, gegen die aber unsere Versammlungen und Straßendemonstrationen wenig ausrichteten. Erst allmählich setzte ein Wandel in der öffentlichen Meinung ein – bis hin zum Rücktritt Adenauers, zur Großen Koalition und zur Kanzlerschaft Willy Brandts.

Auch die Professoren wurden in diesen Richtungsstreit hineingezogen. Horkheimer und Adorno bezogen Position gegen die Reaktionäre, wahrten aber eine Zurückhaltung, die uns enttäuschte. Bei den hessischen Landtagswahlen im November 1954 gab ich zum ersten Mal der SPD meine Stimme. Im gleichen Jahr lernte ich Werner Sörgel, den Geschäftsführer des Frankfurter Studentenhauses, kennen. Er stellte dem SDS nicht nur Räume für Zusammenkünfte zur Verfügung, sondern sympathisierte mit unserer Politik. Als wir uns angefreundet hatten, konnten wir ihn bewegen, das Abitur zu machen, zu dem er aus familiären Gründen nicht gekommen war. Er promovierte bei Carlo Schmid mit einer ausgezeichneten Analyse des Einflusses der Verbände auf die Bonner Politik, entschied sich aber gegen eine ihm offen stehende akademische Laufbahn. Er trat in das Münchner Markt- und Meinungsforschungsinstitut Infratest ein. Danach gründete er sein eigenes Institut, das sich unter den Konkurrenten und Kunden einen guten Namen erwarb und auch für die SPD und die IG Metall arbeitete. Eine Nebenstelle wurde in Moskau eingerichtet.

Im März 1955 heirateten meine Verlobte und ich. Mit Unterstützung der Eltern konnten wir im Frankfurter Stadtteil Ginnheim eine kleine Dachwohnung beziehen. Von dort gab es eine Straßenbahnverbindung, mit der ich in wenigen Minuten die Universität erreichte.

Die Spaltung des Sozialistischen Deutschen Studentenverbandes (SDS)

Anders als die meisten befreundeten Studenten, die nur über ein Zimmer verfügten, hatten meine Frau und ich eine Wohnung. Dorthin verlagerte sich ein Teil unserer politischen Zusammenkünfte. Aus einigen uns besonders nahe stehenden SDS-Freunden bildete sich der so genannte Mittwochskreis, der regelmäßig bei uns zu Hause tagte. Daraus gingen die späteren Universitätsprofessoren Kurt Lenk und Fritz Vilmar hervor. Einmal hatten wir den berühmten Chef-Ökonom des DGB, Viktor Agartz, zu Gast. Er war zuvor

Oskar Negt hat eine kleine, aber bezeichnende Begebenheit überliefert: Als er, vor dem Abschluß seines Studiums stehend, vom Gewerkschaftsfunktionär Hans Matthöfer dem damaligen stellvertretenden Vorsitzenden der IG Metall, Alois Wöhrle, als künftiger Lehrer an einer Gewerkschaftsschule vorgeschlagen wurde, lautete dessen eindeutig-lapidare Antwort: »Soziologen brauchen wir in dieser Gewerkschaft nicht.« Diese Reaktion entsprang zweifellos dem beinahe instinktiven Mißtrauen des altgedienten Funktionärs, der dem jungen Intellektuellen (Jg. 1934) den Zutritt ins »Herzstück« der Arbeiterbewegung, den Apparat, verwehrt. Aber es steckte darin auch ein Seitenhieb gegen den Vorsitzenden der IG Metall, Otto Brenner: Dieser war gleichsam von Soziologen umringt und beschäftigte einen »linken Gehirntrust«, dem u.a. Fritz Opel, Werner Thönnessen und Olaf Radke angehörten. Es waren die einflußreichsten gewerkschaftlichen Repräsentanten einer kleinen untypischen Funktionärsgruppe, die man vielleicht am ehesten der »heimatlosen Linken« zurechnen kann. Mit Otto Brenner, der selbst aus der SAP stammte, hatten sie zwar den mächtigsten Gönner und Förderer, ansonsten wurden sie nicht nur vom IG Metall-Apparat kritisch beäugt: Auch andere DGB-Gewerkschaften und große Teile der SPD beargwöhnten die Aktivitäten der meist aus bürgerlichen Häusern stammenden Intellektuellen, deren Einfluß auf den IG Metall-Vorsitzenden ihnen äußerst suspekt war.

Hinzu kam, daß diese untypischen Gewerkschaftsfunktionäre der jüngeren Generation (Opel, Jg. 1912; Radke, Jg. 1922; Thönnessen, Jg. 1929)

wegen angeblicher Ostkontakte entlassen worden und wollte uns als Mitarbeiter für seine neue wirtschafts- und sozialpolitische »Wiso-Korrespondenz« gewinnen. Bereit waren wir alle, aber nur einer von uns trat in die Redaktion von Agartz' Zeitschrift ein. Agartz wurde vom Verfassungsschutz beobachtet und vor dem Bundesgerichtshof der Spionage angeklagt. Der bloße Kontakt mit ihm genügte, um mich als Zeugen vorzuladen. Die Verteidigung übernahm Diether Posser, der später in Nordrhein-Westfalen Bundesrats-, Justiz- und Finanzminister gewesen war. Ich konnte nur über den Besuch in unserer Wohnung berichten und ihn damit weder be- noch entlasten. Agartz wurde freigesprochen. Mit Diether Posser sind meine Frau und ich bis heute befreundet. Wir gratulierten ihm kürzlich zum achtzigsten Geburtstag.

Die SDS-Gruppe wurde von unserem Kreis gemeinsam gesteuert. Und gemeinsam fochten wir auch den Konflikt aus, der 1955 wegen der schon damals von uns unterstützten Politik der Entspannung ausbrach, die später unter Willy Brandt und Egon Bahr als »Wandel durch Annäherung« zur SPD-Parteilinie wurde. Den Unwillen des Parteivorstandes der SPD teilten einige

zu den ganz wenigen Gewerkschaftern gehörten, die – vielleicht aufgrund ihres eigenen Lebenslaufs – nicht nur Verständnis für die aufbegehrenden Studenten aufbrachten, sondern sogar für eine Zusammenarbeit mit ihnen plädierten.

Nachdem die intensiven Kontakte und die politische Kooperation zwischen Gewerkschaften und Wissenschaftlern verschiedenster Richtung bei der Kampagne »Kampf dem Atomtod« in der zweiten Hälfte der fünfziger Jahre von der SPD zum Teil noch begleitet worden waren, sah sie die Ansätze zur Zusammenarbeit zwischen Gewerkschaften, insbesondere IG Metall, und außerparlamentarischer Opposition in der Notstandsfrage mit äußersten Vorbehalten.

Es war Fritz Opel, der »in den sechziger Jahren ... maßgeblich das außerparlamentarische Engagement der IG Metall in der Bewegung gegen die Notstandsgesetzgebung« beeinflußte. Schon 1959 war Opel als Hauptreferent (Thema: Antagonismen der kapitalistischen Gesellschaft) zu einem Bundesseminar des SDS geladen, damals zeichnete sich der schwere Konflikt mit der Mutterpartei SPD schon deutlich ab. Und an der ersten SDS-Delegiertenkonferenz nach der Trennung von der SPD (Mai 1960) nahm Fritz Opel zusammen mit Werner Thönnessen, Olaf Radke und Hans Matthöfer teil.

Hans O. Hemmer, Die Gewerkschaften und die 68er – ein Annäherungsversuch, in: Kritische Theorie und politischer Eingriff, hrsg. von W. Lenk, M. Rumpf, L. Hieber, Hannover 1999, S. 592-594

Mitglieder unserer SDS-Gruppe nicht, weil sie Kontakte zu »sowjetzonalen Organisationen«, etwa zu DDR-Jugend- oder Studentenorganisationen, für notwendig hielten, um wesentliche deutschlandpolitische Zielsetzungen, deutsche Wiedervereinigung als Beitrag zur Sicherung des Weltfriedens, durchsetzen zu können.[18] Der Konflikt in Frankfurt erregte Aufmerksamkeit, als sich der rechte Flügel der Gruppe von der Mehrheit trennte. Der damalige SDS-Bundesvorsitzende Ulrich Lohmar goss mit dem Segen der »Baracke«, wie man den Sitz des SPD- Vorstandes in Bonn nannte, Öl ins Feuer, indem er wider besseren Wissens darauf beharrte, die Frankfurter Gruppenmitglieder Fritz Vilmar, Karlheinz Messelken, Ludwig Keil und ich müssten wegen offizieller Ostkontakte aus dem SDS ausgeschlossen werden. Er schreckte nicht davor zurück, mich als Gruppenvorsitzenden beim Rektor der Univer-

---

[18] Vgl. hierzu Willy Albrecht, Der Sozialistische Deutsche Studentenbund (SDS). Vom parteikonformen Studentenverband zum Repräsentanten der Neuen Linken, Bonn 1994, S. 213.

sität zu denunzieren und meine Relegation zu verlangen. Damit war die Grenze des Erträglichen überschritten.[19]

Ich setzte mich mit einer gerichtlichen einstweiligen Verfügung gegen die Verleumdungen zur Wehr. Den Spaltern wurde untersagt, ihre falschen Behauptungen weiterzuverbreiten. Ich beantragte ein Verfahren nach der SPD-Satzung gegen mich selbst. Dies führte unter dem Vorsitz Walter Hesselbachs, des Chefs der gewerkschaftseigenen Bank für Gemeinwirtschaft (BfG), zu einem Tadel für die Spalter und zu meiner völligen Rehabilitierung. Mit Lohmar, der in der SPD Karriere machte und Politikwissenschaftler wurde, verband mich seitdem eine intime Feindschaft.

Um die Einheit der SDS-Gruppe wiederherzustellen, legte ich den Vorsitz nieder. In Achim Peter, dem späteren Leiter des Presse- und Informationsamtes der Stadt Frankfurt, fand ich einen Nachfolger, der von allen akzeptiert wurde. Ich zog mich nach diesem Eklat völlig aus der Studentenpolitik zurück, musste allerdings später erleben, dass der SPD-Vorstand die Unvereinbarkeit der Mitgliedschaft im SDS und in seiner Fördergesellschaft mit der SPD-Mitgliedschaft erklärte und einen eigenen, parteihörigen Studentenbund, den SHB, gründete. Gleichwohl unterstützte ich die von Heinz Brakemeier koordinierten Aktivitäten der SDS-Fördergesellschaft,[20] der sich neben Wolfgang Abendroth und Fritz Opel viele Linke anschlossen.[21] Ich war aber weiter politisch aktiv bei der Jugendorganisation der SPD. Im traditionell linken Bezirk Hessen-Süd übernahm ich die Verantwortung für die Bildungsarbeit der Jungsozialisten.

Ostkontakte

In meine Studentenzeit fiel ein Besuch an der Ostberliner Humboldt-Universität. Die monströse Stalin-Allee wurde uns voller Stolz vorgeführt. Bei den Diskussionen mit Ernst Bloch und seinem Assistenten Wolfgang Harich trafen wir auf damals noch orthodoxe Kommunisten, die wir in heftige Kon-

[19] Ebd., S. 215.

[20] Vgl. auch Jens Becker: Der Konflikt zwischen dem SDS und der SPD-Führung in den 50er und 60er Jahren, in: Iring Fetscher/Alfred Schmidt, Emanzipation als Versöhnung. Zu Adornos Kritik der »Warentausch«-Gesellschaft und Perspektiven der Transformation, Frankfurt am Main 2002, S. 21.

[21] Offenbar befürchteten namhafte Sozialdemokraten wie Fritz Erler, um den SDS-Förderverein könne sich eine »Fraktion« der Neuen Linken bilden, die von Otto Brenner und der IG Metall unterstützt werde. Vielmehr handelte es sich bei der IG Metall um indirekte Unterstützung. Vgl. aber auch Albrecht, a.a.O., S. 410f.

troversen verwickelten. Irgendeine Verständigung mit ihnen war unmöglich. Später ging Bloch in den Westen, während Harich in ein DDR-Gefängnis gesteckt wurde.

Meine politische Neugier ließ mich 1957 eine Einladung zu den Moskauer Weltjugendfestspielen annehmen. Fast 53 Jahre später erfuhr ich von einem kommunistischen westdeutschen Funktionär, dass es über meine Einladung eine innerparteiliche Auseinandersetzung gegeben hatte. Er behauptete mir gegenüber, er habe sich gegen den Widerstand der Tarnorganisation »Kulturbund« in Frankfurt durchsetzen müssen, wo man Einwände gegen meine Einladung hatte.

Ich lernte bei dieser Reise Moskau und Leningrad – heute wieder Petersburg – ein Jahr nach dem historischen Zwanzigsten Parteitag der KPDSU kennen. Beim Festival wurde eine Atmosphäre geschaffen, die auf die Jugendlichen aus aller Welt einen guten Eindruck machte. An der Lomonosow-Universität in Moskau kam es in kleinem Kreis zu erstaunlich offenen und regimekritischen Debatten. Ich bewunderte die Bildung der russischen Studenten und ihren Mut.

Erfreulich verliefen auch die gänzlich unideologischen Begegnungen mit jungen Menschen aus vielen Ländern und die prächtigen kulturell-folkloristischen Darbietungen. Sie bildeten die Hauptattraktion des Festivals und verbanden uns in Respekt für das Fremde, Ungewohnte und in allseitiger Friedensliebe. Offizielle, das heißt vom Programm vorgesehene, politische Diskussionsveranstaltungen jedoch gab es nicht. Dagegen legte die russische Seite größten Wert darauf, zur Schau zu stellen, was man für die Errungenschaften des Kommunismus ausgab: Prachtbauten, die U-Bahn, die Ausstellung industrieller und landwirtschaftlicher Produkte.

Auf die Teilnehmer aus Entwicklungsländern mag das ja gewirkt haben, aber auf die anderen hatte es eher einen ungewollt komischen Effekt: Was für sie selbstverständlich war, wurde als besondere Leistung des Kommunismus dargestellt. Gelegentlich war das sogar ein Versuch am untauglichen Objekt, zum Beispiel bei der Vorführung des »Moskwitsch«-Automobilwerks. Das Auto war die Kopie eines im Westen längst überholten Fiat-Modells.

Weit erfolgreicher waren die Vorführung klassischer russischer Kulturleistungen, etwa von Tschaikowskis »Schwanensee« im Bolschoitheater, oder die Ausstellungen russischer Malerei in den Moskauer und Leningrader Museen. Leningrad erscheint mir auch heute noch, nachdem ich vieles andere gesehen habe, als eine der schönsten Städte der Welt. Der Glanz der Vergangenheit überstrahlte bei weitem die so genannten Errungenschaften und erklärt die auch von den russischen Kommunisten fast unkritisch verherrlichte feudalistische Vergangenheit – Revolution hin oder her.

Die Besucher aus den industrialisierten Ländern mussten angesichts der Trostlosigkeit des russischen Alltags das Gefühl haben, das Land habe seine große Zeit hinter sich. Deshalb ist es zweifelhaft, ob die sowjetischen Organisationen ihr Ziel erreichten, die Festivalteilnehmer zum Kommunismus zu bekehren. Gelungen war die Veranstaltung aber insofern, als sie Tausende von jungen Menschen mit Enthusiasmus für die Völkerverständigung erfüllte und mit Respekt vor der organisatorischen Leistung auf den Feldern Transport vieler Tausender zu den zahlreichen täglichen Veranstaltungen, Verpflegung, Unterbringung und multilinguale Information über alle Programme. Alles war bis ins kleinste Detail geplant und wurde ohne sichtbare Anstrengung und Aufregung durchgeführt. In gewissen Teilen des Regimes konnte man offensichtlich organisieren – aber warum war die Bilanz von mehr als 40 Jahren Sowjet-Kommunismus dennoch abschreckend menschenfeindlich?

Auf diese selbst gestellte Frage, ob es nämlich an der Idee oder an der unzulänglichen Ausführung lag, wusste ich damals keine Antwort.

Lehrling in der Frankfurter Schule

Es herrscht kein Mangel an Darstellungen des zu meiner Zeit von Max Horkheimer und Theodor W. Adorno geleiteten Frankfurter Instituts für Sozialforschung und der »Frankfurter Schule«, die sie geschaffen hatten und an deren Ausbau zahlreiche namhafte Gelehrte verschiedener Disziplinen mitgewirkt haben. Ich will dem keine neue Darstellung hinzufügen, aber etliche Elemente hervorheben, die für mich die spezielle Bedeutung des Instituts ausmachten.

Da ist zunächst die Gründung selbst. Das Kapital wurde vom Frankfurter Unternehmersohn Felix Weil aus seinem Erbe gestiftet. 1924 erfolgte eine lockere Angliederung an die Universität Frankfurt. Trotz aller undogmatischen und von Anfang an interdisziplinären Ausrichtung galt das Institut im deutschen Wissenschaftsbetrieb als Hort des Marxismus. Eine gewisse Berechtigung dieses »Vorwurfs« nährte die Verbindung mit dem Moskauer Marx-Engels-Institut und die Mitarbeit an der MEGA, der Marx-Engels-Gesamtausgabe. Andererseits begann seit Mitte der zwanziger Jahre eine Gruppe junger Assistenten, das Institut von jeglicher Parteibindung freizuhalten. Friedrich Pollock, der bekannteste Ökonom der Frankfurter Schule, verfasste ein höchst kritisches Werk über »Die planwirtschaftlichen Versuche in der Sowjetunion – 1917-1927« (1929 erschienen im Verlag C.L. Hirschfeld, Leipzig). Auch in der institutseigenen »Zeitschrift für Sozialforschung« kam die Abgrenzung gegen den Kommunismus deutlich zum Ausdruck.

Erfreulicherweise hat der Deutsche Taschenbuchverlag (dtv) 1970/80 eine komplette Ausgabe der Zeitschrift herausgebracht. Sie erschien von 1932 bis 1941 und legt Zeugnis ab von allem, was mir an der Frankfurter Schule wesentlich erscheint: Solidarität mit den Unterdrückten und Unterprivilegierten, Verbindung von Theorie und Empirie, kritische Theorie, die sich in der Tradition der Aufklärung jederzeit der Nachprüfung durch die Fakten zu stellen bereit ist.

Um die Wiederauflage der Zeitschrift hat sich einer der großen Adorno-Schüler, Alfred Schmidt, den ich gut kannte, verdient gemacht. Die Aufzählung der Autoren der Zeitschrift liest sich wie ein »Who ist Who« der bedeutendsten Köpfe jener und auch noch unserer Zeit. Viele von ihnen sind bis heute weltbekannt und hoch geachtet. Ich nenne einige wenige: Raymond Aron, Walter Benjamin, Franz Borkenau, Erich Fromm, A.R. Gurland, Maurice Halbwachs, Otto Kirchheimer, Paul S. Lazarsfeld, Leo und Richard Löwenthal, Margaret Mead, Herbert Marcuse, Franz Neumann, Karl August Wittfogel.

Diejenigen von ihnen, die ich während meines Studiums am Frankfurter Institut persönlich kennen gelernt habe, ebenso wie jene, zu deren Werken mich Adorno und Horkheimer hinführten, haben mich als Menschen und Wissenschafter von höchster Qualität nachhaltig beeinflusst.

Nicht weniger radikal als die vernichtende Analyse des Sowjet-Kommunismus war die Ablehnung des Nationalsozialismus. Noch vor der »Machtübernahme« emigrierte Horkheimer in die Schweiz. Es folgte New York. In den USA setzte auch die »Zeitschrift für Sozialforschung« ihr Erscheinen fort. Dass die Emigration für alle Mitarbeiter des Instituts ohne all zu große Schwierigkeiten verlief, ist sowohl ihrem wissenschaftlichen Ruf, als auch den organisatorischen und kommerziellen Fähigkeiten Horkheimers und Pollocks zu verdanken. Die bekanntesten deutschen Gelehrten hatten es allerdings leichter als die jüngeren. Mehr als 200 von ihnen erhielten deswegen finanzielle Unterstützung vom Institut.

Von den Hauptwerken des Instituts, die in den USA entstanden, nenne ich nur zwei Titel: »Autorität und Familie – 5. Band der Forschungsberichte aus dem Institut für Sozialforschung«.[22] Die andere Publikation waren die

[22] Erschienen in der Librairie Félix Alcan, Paris 1936, Felix Weil, dem treuen Freunde gewidmet.

»Studies in Prejudice«,[23] worin in auffallendem Gegensatz zur Institutstradition als Antipode zum autoritären Charakter nicht mehr der »revolutionäre«, sondern der »demokratische« Typus akzentuiert wurde. Es stellt sich die Frage, ob darin bereits eine Hoffnung auf die Umerziehbarkeit der Deutschen zum Ausdruck kommt.

Weniger bekannt ist, dass sich Mitarbeiter des Instituts mit Antisemitismus und dem NS-Rechts- und Wirtschaftssystems beschäftigten und an der Vorbereitung der Politik der USA nach der Niederwerfung der Nazi-Herrschaft wissenschaftlich teilnahmen.

Sowohl seitens des US-Geheimdienstes, des militärischen Oberkommandos und anderer Regierungsstellen wie auch jüdischer Institutionen fand mit Hilfe dieser Gelehrten nach meiner Ansicht eine gründliche Vorbereitung der Okkupation Deutschlands, der Entnazifizierung und der »Reeducation« statt. Sie steht in auffallendem Gegensatz zu dem, was heutzutage seitens der US-Regierung nach der erfolgreichen Operation gegen Saddam Hussein an Ahnungs- und Planlosigkeit für die Zeit des »Friedens« allgemein sichtbar geworden ist. Über die Gründe will ich nicht spekulieren.

Stadt und Universität Frankfurt unternahmen nach Kriegsende vieles, um Horkheimer und Adorno zur Rückkehr zu bewegen. Neben der hohen Wertschätzung beider bestand ein ausgeprägtes Bedürfnis nach Wiedergutmachung – das muss zur Ehre beider gesagt werden – und auch vom Standpunkt meines eigenen Interesses: Ohne die Rückkehr meiner beiden späteren Lehrer wäre ich nicht geworden, was ich bin.

Das von Bomben zerstörte Institutsgebäude wurde neu erbaut. Horkheimer übernahm wieder die Leitung, Adorno seine Stellvertretung. Horkheimer wurde zum Dekan der philosophischen Fakultät und mit 56 Jahren zum Rektor der Universität gewählt. Damit war er der zweite naturalisierte US-Amerikaner und der erste Jude in dieser Funktion. Ich erlebte ihn. Er verstand die ihm zuteil werdenden Ehren als Geste jener Deutschen, die sich mit dem Widerstand gegen die Nazis verbunden fühlten.

Ich will nicht verbergen, dass auch ich mich dadurch geehrt fühlte.

Horkheimer wurde zum Ehrenbürger von Frankfurt ernannt und mit der höchsten Dekoration der Stadt, der Goethe-Plakette, ausgezeichnet. Nach seiner Pensionierung übernahm Adorno die Leitung des Instituts.

---

[23] Auf Deutsch »Der autoritäre Charakter« – 2 Bde., Schwarze Reihe Nr. 8, Vlg. de Munter, Amsterdam 1968.

Adorno starb schon 1969 – angeblich nach einer großen Aufregung wegen der »Institutsbesetzung« durch linke Studenten –, Pollock ein Jahr darauf, Horkheimer lebte in seinem Refugium Montagnola (Schweiz) bis 1973. Ich empfand den Tod meiner Lehrer als schweren Verlust, obwohl ich die Universität bereits nach der Promotion im Mai 1957 verlassen hatte.

Promotion bei Adorno

Die Wirkung meines Studiums bei Adorno und Horkheimer war tief und nachhaltig. Meine Abneigung gegen Konservatismus, Faschismus, Diktatur verstärkte sich, während meine Bindung an Humanismus und Aufklärung wuchs. Mein Interesse an einem unorthodoxen Marxismus und an seiner Entfaltung in Theorie und Praxis der Arbeiterbewegung intensivierte sich. All dies führte schließlich zur Wahl eines Themas für die Doktorarbeit bei Adorno. Seine Formulierung, in enger Abstimmung mit ihm, trug meinem starken Interesse an der gesellschaftlichen Rolle der Frau in der Familie und an der Entwicklung der Arbeiterbewegung Rechnung. Ich musste dabei Adornos hohem Anspruch an gedankliche Klarheit, sprachliche Stringenz und Wissenschaftlichkeit, wie er sie lehrte, gerecht werden. Dazu bedurfte es dreijähriger Arbeit in engstem Kontakt mit meinem Lehrer.

Die endgültige Formulierung lautete: »Frauenemanzipation – Politik und Literatur der deutschen Sozialdemokratie zur Frauenbewegung, 1863-1933«. Das Ergebnis meiner Forschung habe ich folgendermaßen zusammengefasst:

»Am Ende der siebzig Jahre umfassenden Periode, in der die theoretischen und politischen Äußerungen der Sozialdemokratie zur Frauenbefreiung untersucht wurden, steht die totale Vernichtung der sozialistischen Arbeiterbewegung in Deutschland, mit der auch die wichtigsten Errungenschaften der Frauenbefreiung zugrunde gingen. Die Niederlage von Arbeiterbewegung und Frauenbewegung bestätigt die Untrennbarkeit der Frauenemanzipation von der Emanzipation der ganzen Gesellschaft. Das Schicksal beider lässt sich auf eine einzige Ursache zurückführen: die Unfähigkeit, den Sozialismus zu verwirklichen.

Die Arbeiterbewegung konnte weder den Zusammenbruch der kapitalistischen Wirtschaft passiv abwarten und der Verelendung der Arbeiterschaft tatenlos zusehen, noch reichten ihre Kräfte aus, um einen Umsturz der alten Gesellschaft herbeizuführen. Durch dieses Auseinandertreten ihres Endziels und der aktuellen Möglichkeiten wurde die Arbeiterbewegung zu einer Reformpolitik auf dem Boden der bestehenden Ordnung gezwungen ... Der Weg zur wirtschaftlichen Selbständigkeit der Frau führte, nach der Überzeugung

Clara Zetkins, durch die ›Wüste der kapitalistischen Ausbeutung‹ hindurch. Andererseits sei die Möglichkeit der Teilnahme am proletarischen Klassenkampf für die Frauen erst gegeben, wenn dem Kapitalistenstaat der Achtstundentag und das freie Vereins- und Versammlungsrecht abgetrotzt seien ... Die Gewinnung der wirtschaftlichen Unabhängigkeit vom Mann ist die Voraussetzung der Befreiung der Frau. Die Proletarierin kann dazu nur durch eigene Erwerbsarbeit gelangen. Deshalb ist die kapitalistische Tendenz zur Vermehrung der Frauenarbeit zugleich eine Tendenz zur Befreiung der Frau von der Abhängigkeit vom Mann ... Damit die Frauenarbeit ... das Elend nicht vergrößert, muss eine Schutzgesetzgebung für die Arbeiterinnen eingeführt werden ... Die Frage, warum trotzdem die Frauenemanzipation nicht vollzogen ist, beantwortet die sozialistische Theorie selbst: Weil Frauenarbeit und Gleichberechtigung der bestehenden Gesellschaft sich integriert haben. Die Sprengkraft, die ihnen zugeschrieben wurde, hätte nur von einer revolutionären Arbeiterbewegung aktualisiert werden können. Diese ist jedoch dem gleichen Integrationsprozess verfallen. ... ›Hoffnung zielt nicht darauf, dass die verstümmelten Sozialcharaktere der Frau den verstümmelten Sozialcharakteren der Männer gleich werden, sondern dass einmal mit dem Antlitz der leidenden Frau das des tatenfrohen Mannes verschwindet; dass von der Schmach der Differenz nichts überlebt als deren Glück‹ (Adorno, Th. W., Prismen, München 1963, S.77).«[24]

Nach ihrem Studienabschluss wurden die meisten Freunde akademische Lehrer, ordentliche Professoren, Institutsdirektoren, viel beschäftigte und zitierte Autoren und Autoritäten in ihren Fächern. Ich dagegen verspürte keine Neigung zu solcher Laufbahn, sondern suchte einen Zugang zu praktischer Betätigung für meine Ideale. Ich schlug, aufgrund meiner Erfahrungen mit der SPD, auch ein Angebot aus, für meine Partei in einem sicheren Frankfurter Bundestagswahlkreis zu kandidieren. Vielmehr startete ich mein Berufsleben als Gewerkschaftsfunktionär und blieb es 33 Jahre lang.

---

[24] Werner Thönnessen: Frauenemanzipation – Politik und Literatur der deutschen Sozialdemokratie zur Frauenbewegung 1863-1933, Frankfurt am Main 1969, S. 170.

Mit Otto Brenner 1967

Hochzeit der Eltern am 27.12.1928

Mit Ehefrau Elly, Dezember 1970

Familie Thönnessen 1978: Fedor (12), Elly, Werner und Patrick (22)

Ein Adorno-Schüler, Werner und Elly Thönnessen, Adorno, Berlin Hilton, um 1966

Ellys und mein spiritus rector, Dr.Dr. Fedor Cicak, hier endlich wieder Professor of political Science, University of Indiana, gest. 30.10.2004

Brainstorming-Arbeitssituation, von links nach rechts: Karl Fred Zander, Otto Brenner, der Autor, Karl-Heinz Friedrichs (Chef-Ökonom). Im Hintergrund: Arno Schwarting tippt den Text so, wie ihn Brenner endgültig will, 1961

Brenners »Braintrust« von links nach rechts: Otto Brenner, Robert Lung, der Autor, Dieter Schneider, Fritz Opel, 1961

Berlin 1962, v. l. n. r.: Willy Brandt, Otto Brenner, rechts oben der Autor

Pressechef

Begrüßung des japanischen Arbeitsministers in Tokio, 1973

Besuch bei südkoreanischen Metallern, 1973

Erste Zusammenkunft des von Thönnessen gegründeten, »multiracial« zusammengesetzten IMB-Koordinierungsausschusses (IMF-SA-CC), Johannesburg, 1974

Besuch bei der pakistanischen Autogewerkschaft in Karachi, 1975

Afrikanische Arbeitsgruppe des IMB, Harare, Zimbabwe, 1978

Lateinamerikanische IMB-Konferenz für die Elektroindustrie, Bogotá, Kolumbien, Dezember 1982

Nach dem Sturz der griechischen Militärdiktatur 1979: Empfang beim Gewerkschaftsvorsitzenden Papagiorghiou (links). In der Mitte der neue Arbeitsminister Costas Lascaris, während der »Illegalität« Verbindungsmann zum IMB.

Bundeskongress der Jungsozialisten 1959 in Karlsruhe, v.l.n.r.: Heinz Brakemeier, (später Hochschullehrer Uni Frankfurt a.M.), Rudi Sölch (später Stadtkämmerer Frankfurt a.M.), unbekannter Delegierter aus Darmstadt, der Autor, Friedrich F. Sackenheim (später Redakteur des Hessischen Rundfunks), Rudi Rohlmann (?), (später Landtagsabgeordneter in Hessen)

Mit Jakob Moneta, etwa 1964

Mit Willi Bleicher, 1968

IGM-Gewerkschaftstag in Berlin 1989, Franz Steinkühler gratuliert dem Autor zum 60. Geburtstag

3. Die Ära Brenner aus meiner Sicht – 13 Jahre bei der IG Metall

Meine Einstellung

Mein Gönner Hans Eick, IG Metall Bezirksleiter Frankfurt, fragte beim 1. Vorsitzenden Otto Brenner an, ob wohl Verwendung für mich bestünde. Nachdem ich mich bei diesem kurz vorgestellt hatte, ließ er mich von seinen Leuten begutachten. Ich musste ein Examen bestehen, das in der schriftlichen Stellungnahme zu einem Aufsatz bestand. Er stammte von Brenners Widersacher Georg Leber, dem Vorsitzenden der Baugewerkschaft und behandelte dessen Lieblingsidee der »Vermögensbildung in Arbeitnehmerhand«.

Ich nahm Lebers Vorstellungen auseinander, indem ich nachwies, dass dadurch den Aktien besitzenden Arbeitnehmern zusätzlich zu ihrer Unterwerfung unter das Dispositionsrecht des Arbeitgebers das Risiko aller Kapitaleigner, nämlich das der Schwankungen der Aktien an der Börse, aufgebürdet würde, ohne dass sich am Wirtschaftssystem prinzipiell etwas ändert. Das gefiel Brenners Vertrauten, und ich wurde im November 1957 beim Vorstand der IG Metall eingestellt. Meine erste Aufgabe war eher eine Verlegenheitslösung: Ich sollte die Bibliothek der IG Metall in Ordnung bringen. Danach würde ich als Assistent in das für die Mitbestimmung in der Eisen- und Stahlindustrie zuständige »Zweigbüro« nach Düsseldorf versetzt und dann eventuell Arbeitsdirektor. So heißen die für Personal- und Sozialfragen verantwortlichen Vorstandsmitglieder in diesem Industriezweig, die nur mit Zustimmung der Gewerkschaften bestellt werden können.

Während meiner sechs Monate währenden Arbeit in der Bibliothek schloss ich Freundschaft mit drei Männern, die Brenner hoch schätzte und von denen später noch die Rede sein wird: Dr. Fritz Opel, Siggi Neumann und Josef Lang. Sie hatten mit Brenner gemeinsam, dass sie sich vor dem Ende der Weimarer Republik von SPD oder KPD losgesagt hatten, weil ihre Parteien nicht gemeinsam gegen die Nazis kämpfen wollten. Sie waren in oppositionellen politischen Kleinorganisationen wie der Sozialistischen Arbeiterpartei (SAP) oder der Kommunistischen Partei-Opposition (KPO) aktiv, die jedoch den Untergang ebenso wenig aufhalten konnten wie die verfeindeten Sozialdemokraten und Kommunisten. Alle vier waren Männer des Widerstandes. Von ihnen als Mitarbeiter akzeptiert zu werden, war mir viel wert.

Sie sorgten nach Erledigung meiner Aufräumungsarbeit in der Bibliothek dafür, dass ich nicht anderswo hingehen musste. Ich wurde auf Probe für ein Jahr in der Abteilung »Vorsitzender« angestellt, dann zum Vorstandssekretär ernannt und erhielt ein Büro in nächster Nähe Otto Brenners. Die folgende Bewährungsprobe hatte ich im Herbst 1958 zu bestehen: Beim Gewerkschaftstag in Nürnberg konnte Fritz Opel wegen einer schweren Erkrankung seines einzigen Sohnes nicht teilnehmen und Brenner übertrug mir dessen Aufgaben. Zum ersten Mal musste ich für Brenner Texte entwerfen, die von ihm während des Kongresses verwandt wurden. Ich musste rasch erfassen, was gebraucht wurde, die Reaktionen der Delegierten vorausahnen oder plötzlich notwendig werdende Änderungen, Erklärungen, Stellungnahmen mündlich oder schriftlich zu Brenners Verfügung stellen. Das war eine große Herausforderung und ungewohnte Belastung. Nach kaum einem Jahr kannte ich die Arbeitsweise des Vorsitzenden, den Ablauf eines Gewerkschaftstages und das Funktionieren dieser Riesenorganisation noch nicht genau und musste nach Gutdünken handeln. Offenbar fielen meine Leistungen zu Brenners Zufriedenheit aus, und ich besaß von da an sein volles Vertrauen.

Ich erlebte in Nürnberg zum ersten Mal Brenners überragende Fähigkeiten: Seine Art, Erkenntnisse zu vermitteln, auf das Kongressgeschehen zu reagieren, Führung zu zeigen, Konsequenzen aus einer kontroversen Diskussion zu ziehen und zwischen unterschiedlichen oder gegensätzlichen Positionen zu vermitteln und Angriffe abzuwehren. Er gab neue Impulse, konnte zusammenfassen und die Richtung bestimmen. Mit diesen Fähigkeiten beeindruckte er immer wieder Mitglieder, Funktionäre und Vorstandskollegen. Er besaß Autorität aufgrund seiner Vergangenheit, seines Mutes im Widerstand, seines nicht zuletzt im Gefängnis erworbenen Wissens und seiner Prinzipientreue. Für ihn zu arbeiten war eine Auszeichnung.

Westintegration gegen Neuordnung

Die Frauen und Männer, die nach dem Zusammenbruch der NS-Diktatur, den sie als Befreiung empfanden, Deutschland aufbauten, hatten klare Vorstellungen von einer neuen Ordnung: Entnazifizierung, Bestrafung der Verbrecher, freie Wahlen, Wirtschaftsdemokratie, soziale Gerechtigkeit, Entmilitarisierung, Völkerverständigung, Wiedergutmachung nationalsozialistischen Unrechts. Sie erwarteten nicht, dass die Besatzungsmächte dieses Konzept in einem entscheidenden Punkt nicht teilten: Im Kalten Krieg sollte Deutschland eine andere Rolle spielen als dies die Radikaldemokraten und

Demokratischen Sozialisten geplant hatten. Das betraf sowohl die Wirtschaftsordnung als auch das Militär und die Außenpolitik.

Die westlichen Besatzungsmächte integrierten ihre drei Zonen genauso in ihr System, wie dies die Sowjetrussen mit ihrem Teil Deutschlands taten. Die Westmächte ließen rasch von der Demontage wichtiger Industriezentren ab, die auch von den Gewerkschaften bekämpft wurde. Der von den Militärregierungen erlaubte Wiederaufbau der deutschen Wirtschaft vollzog sich nach den Grundsätzen des Kapitalismus.

Zwar sah die neue Verfassung der Bundesrepublik Deutschland noch die Sozialisierung von Produktionsmitteln vor. Sie kam selbst im Ahlener Programm der Christdemokraten vor, von SPD, KPD und DGB ganz zu schweigen. Aber in der Praxis wurde davon kein Gebrauch gemacht, sieht man einmal ab von der reichlich unbedeutenden Ausnahme Hessens. Auch die Enteignung des industriellen Besitzes von abgeurteilten Kriegsverbrechern war eine vorübergehende. Der Kalte Krieg besiegelte in jeder Hinsicht die Westintegration der zur Bundesrepublik vereinten amerikanischen, britischen und französischen Besatzungszonen. Die Hoffnungen auf Neuordnung wurden enttäuscht, für sozialistische Experimente war kein Platz. Das System erhielt den vom ersten Bundeswirtschaftsminister, Ludwig Erhard, geprägten Namen »Soziale Marktwirtschaft«. Zur besseren Unterscheidung vom puren Kapitalismus spricht man heutzutage vom »Rheinischen Kapitalismus«, der sich angeblich heute in einer Krise befindet.

Im Gegensatz dazu entstand in der sowjetischen Besatzungszone, der späteren DDR, eine Variante des in der Sowjetunion herrschenden »real existierenden Sozialismus«. Die Produktionsmittel befanden sich in der Hand des Staates mit Hilfe eines Planungssystems, das schon in den zwanziger Jahren als nicht sozialistisch und ineffizient charakterisiert worden war.

Diese verheerende Enttäuschung ihrer Hoffnungen hatten die Gewerkschaftsführer zu verarbeiten, ohne deshalb zu Konformisten zu werden und auf die autonome und gestaltende Kraft ihrer demokratischen Massenorganisationen zu verzichten. Die Mehrheit der Westdeutschen legte bei den ersten Bundestagswahlen die Macht in die Hände der wirtschaftskonservativen Christdemokraten. Unter deren Führung und massiver amerikanischer Wirtschaftshilfe in Form des Marshallplans erarbeitete die Bevölkerung das so genannte Wirtschaftswunder, die Überwindung von Rationierung und Mangel, Arbeitslosigkeit, Hoffnungslosigkeit und Zerstörung mit großem Erfolg. Vorher hatten für die Gewerkschaften die Nahrungsmittelversorgung der Bevölkerung, die Bekämpfung des Hungers Priorität. Es kam zu zahlreichen spontanen Arbeitsniederlegungen und organisierten Demonstrationen. Diese Aktionen zogen sich bis in das Jahr 1948 hin. Erst drei Jahre nach der bedingungslosen Kapitulation Deutschlands gestatteten die westlichen Alliierten eine 15prozentige Erhöhung der am 8. Mai 1945 geltenden Löhne und Gehälter, die aber infolge der Inflation kaum zu einer Kaufkraftverbesserung führte.

Nach Streikvorbereitungen in Bayern wurden die Löhne der Metallarbeiter von 69 Pfennig auf 1,09 DM angehoben. Der Lohnstopp fiel nach der Währungsreform vom 20. Juni 1948. Der DGB-Vorsitzende Hans Böckler, der aus der IG Metall kam, hatte im März 1948 die deutsche Delegation bei der Gewerkschaftskonferenz der Marshallplanländer geleitet und die amerikanische Initiative begrüßt.

Spitzenvertreter der deutschen Montanindustrie wollten Demontagen, Enteignungen und Konzernzerschlagungen abwenden und wandten sich Hilfe suchend an die Gewerkschaften. Am weitesten gingen Anfang 1947 die Klöcknerwerke. Sie boten an, den Aufsichtsrat nach dem Grundsatz der Gleichstellung von Kapital und Arbeit mit Beteiligung der öffentlichen Hand zu bilden. Die Gewerkschaften nahmen diese Offerte an – in vollem Bewusstsein dessen, damit nicht an der Herstellung der von ihnen angestrebten neuen Wirtschaftsordnung teilzunehmen, aber »ersatzweise« ein Mitbestimmungsrecht bei der Wiederherstellung der alten Macht- und Besitzverhältnisse zu erreichen – welch eine Alternative! Im Mai 1948 kam es zu einer massiven Streikdrohung wegen der Berufung des bei der IG Metall missliebigen Dr. Reusch in einen Ausschuss zur Förderung der deutschen Stahlproduktion. Daraufhin wurde der ganze Ausschuss von den Besatzungsmächten fallen gelassen.

Die Währungsreform befestigte die Vermögenskonzentration in den Händen weniger, während die Besitzer von Bargeld, Sparguthaben und Bankkonten 93,5% ihres Besitzes verloren. Die Verbraucherpreise stiegen um 70% über das Niveau vor der Währungsreform. Dadurch wurde eine weitere Geldentwertung von rund 40% bewirkt.

Auf dieser Grundlage begann überall im Nachkriegsdeutschland die »Normalisierung«, auch die Rekonstituierung der Gewerkschaften, unter den Auflagen der Besatzungsmächte. Die Organisationsform war, dementsprechend, ein Zwischending von Besatzungspolitik und Bestrebungen der Deutschen auf dem Gründungskongress des DGB im Oktober 1949. Ein langer Weg war seit Kriegsende zurückgelegt worden. Der Deutsche Gewerkschaftsbund setzte sich aus selbständigen Einzelgewerkschaften in den verschiedenen Wirtschaftszweigen auf der Grundlage »Ein Betrieb – eine Gewerkschaft« zusammen. Er war parteipolitisch unabhängig, überkonfessionell, nur den Mitgliedern verantwortlich. Ihm gehörten Arbeiter, Angestellte und Beamte an. Eine Ausnahme bildete die in der britischen Zone gegründete »Deutsche Angestellten Gewerkschaft« (DAG). Diese war das Produkt der Furcht der Engländer vor einer Machtzusammenballung in einer Einheitsorganisation und bestand bis zu der Großfusion von fünf Gewerkschaften zur »Vereinigten Dienstleistungsgewerkschaft« (ver.di) im Jahre 2001.

Bei der IG Metall wuchsen die drei Gewerkschaften der westlichen Besatzungszonen zusammen. Die Vereinigung zur IG Metall für die Bundesrepublik Deutschland erfolgte 1949. Dementsprechend hatte sie zunächst drei, dann zwei Vorsitzende: Hans Brümmer, der dem DMV (Deutscher Metallarbeiterverband) und zuvor dem Schmiedeverband schon seit 1907 gedient hatte und der nach 1933 von den Nazis verfolgt wurde, Walter Freitag, der Hans Böckler als DGB-Vorsitzender folgte, und Otto Brenner. Auf dem 4. Gewerkschaftstag der IG Metall, 1954, legte der 70-jährige Brümmer sein Amt nieder. Er hatte den Kampf gegen die Demontagen bis 1950 erfolgreich geführt.

Es begannen neue erbitterte Auseinandersetzungen: um die gesetzliche Regelung der paritätischen Mitbestimmung in der Montanindustrie und der mit der IG Metall bereits abgeschlossenen Vereinbarungen darüber. Dieser Kampf wurde gewonnen, weil es »nur« darum ging, einen de facto Zustand per Gesetz abzusichern. Anders beim Betriebsverfassungsgesetz, wo sich die Bundesregierung mit einer bloßen Drittelbeteiligung der Arbeitnehmer in den Aufsichtsräten durchsetzte. Der Versuch, diese Regelung auch auf die Montanindustrie zu übertragen, wurde von den Gewerkschaften abgewehrt, allerdings bedurfte es dazu einer Urabstimmung. 95,9% der betroffenen Arbeitnehmer stimmten für den Streik gegen dieses Vorhaben.

Da Adenauer zunächst nicht nachgab, die IG Metall jedoch Schadensersatzansprüche wegen eines Streiks zu befürchten hatte, empfahl sie den Arbeitnehmern bei Eisen und Stahl, ihre Arbeitsverhältnisse zu kündigen. Die IG Bergbau folgte diesem Beispiel, und der DGB solidarisierte sich. Der Streik war auf den 1. Februar 1951 angesetzt.

Nach langen, dramatischen Verhandlungen und unter Einschaltung Adenauers kam es am 25. Januar zu einer Einigung. Der Streik wurde abgeblasen. Am 30. Januar verkündete Hans Böckler im Radio den Sieg der Gewerkschaften und fügte hinzu, dass dies nur ein Anfang sei auf dem Weg zu einer Wirtschaftsverfassung, in der Menschen nicht mehr Untertanen seien.

Ist der Streik zeitgemäß? (1962)

Es ist zwar nicht zu bestreiten, daß sich die Verhältnisse in mancher Hinsicht geändert haben; der technische und wissenschaftliche Fortschritt hat neue, ungeahnte Möglichkeiten eröffnet, die soziale Lage der arbeitenden Menschen hat sich – zumindest in den fortgeschrittenen Industrieländern – erheblich gewandelt, vor allem durch die Aktivität der Gewerkschaften und ihr Eintreten für die Rechte der Arbeitnehmer. Aber die Struktur unserer Gesellschaft hat sich immer noch nicht so grundlegend verändert, daß wir sagen können, die sozialen Probleme seien gelöst und die Gewerkschaften hätten keine Aufgabe mehr. Der Begriff der »pluralistischen Demokratie«, mit dem man heute vielfach unsere Staats- und Gesellschaftsordnung umschreibt, drückt im Grunde nichts anderes aus, als daß wir nach wie vor in einer Klassengesellschaft leben, in der sich prinzipiell verschiedene soziale Schichten gegenüberstehen und ihre oft sehr gegensätzlichen Interessen in demokratischer Form durchzusetzen suchen.

Zu diesen demokratischen Formen der Auseinandersetzung gehört für die Arbeitnehmer und ihre Organisationen das Streikrecht. Es ist kein Zufall, daß Koalitions- und Streikrecht in den meisten demokratischen Verfassungen garantiert sind, wobei die Streikfreiheit immer auch als wesentlicher Bestandteil der Koalitionsfreiheit angesehen wird. Doch wir wissen auch, daß Verfassungsnormen und Verfassungswirklichkeit immer wieder auseinanderklaffen. Wenn zum Beispiel in Artikel 20 Absatz 1 des Grundgesetzes steht: »Die Bundesrepublik Deutschland ist. ein demokratischer und sozialer Bundesstaat«, so ist das lediglich ein Anspruch, ein Ziel, das noch keineswegs verwirklicht ist. Das aber ist gerade die wichtige Aufgabe der Gewerkschaften in unserer Zeit: die demokratische Form unserer Gesellschaft mit dem notwendigen sozialen Gehalt zu erfüllen, damit sie keine Proklamation bleibt. Unsere politische Demokratie muß durch die soziale Demokratie, durch die Mitbestimmung der Arbeitnehmer in der Wirtschaft und eine gemeinwirtschaftliche Neuordnung gesichert werden.

Diese Aufgabe können die Arbeitnehmer und ihre gewerkschaftlichen Organisationen nur dann erfüllen, wenn sie sich nicht der legitimen sozialen Druckmittel berauben lassen, die ihnen zu Gebot stehen. Niemand kann etwa den deutschen Gewerkschaften vorwerfen, daß sie seit ihrem Wiedererstehen nach dem Zweiten Weltkrieg zu oft gestreikt hätten. Aber die wenigen Streiks, die nach 1945 geführt werden mußten, machen auch klar, daß ein Verzicht auf dieses Kampfmittel katastrophale Folgen für die soziale Entwicklung in der Bundesrepublik gehabt hätte. Dafür einige Beispiele: Es bedurfte 1950/51 erst einer Urabstimmung, in der sich die Mitglieder der Industriegewerkschaft Metall und der Industriegewerkschaft Bergbau mit überwältigender Mehrheit für einen Streik aussprachen, um Bundestag und Bundesregierung zur Verabschiedung des Gesetzes über die Mitbestimmung der Arbeitnehmer in der Eisen- und Stahlindustrie und dem Kohlenbergbau zu bewegen. 1951 In Hessen und 1954 in Bayern konnte erst durch wochenlange Streikbewegungen der Widerstand der metallindustriellen Arbeitgeber gegen die maßvollen und berechtigten Forderungen der IG Metall zur Erhöhung der Löhne und Gehälter überwunden werden.

Besonders deutlich zeigte sich die Notwendigkeit, den Streik für den allgemeinen sozialen Fortschritt einzusetzen, bei dem Kampf um die Lohnfortzahlung im Krankheitsfall für Arbeiter. Sechzehn Wochen mußte 1956/57 in Schleswig-Holstein gestreikt werden, um diesem Ziel näherzukommen. Ohne diesen Streik wäre die gesetzliche Regelung der Lohnfortzahlung in der Bundesrepublik wahrscheinlich nicht erfolgt.

Allgemein läßt sich sagen: Je härter der Widerstand der Arbeitgeber gegen soziale Verbesserungen und die Vergrößerung des Anteils der arbeitenden Menschen am Wirtschaftsertrag wird, je deutlicher bestimmte Zeichen einer sozialreaktionären Gesinnung im Zuge einer jahrelangen Wirtschaftskonjunktur in Erscheinung treten, desto bedeutsamer wird die Erhaltung der Koalitionsfreiheit, der Tarifautonomie und des Streikrechts für die Gewerkschaften. Es ist wichtig, daß die Freiheit, sich zu organisieren und gegebenenfalls auch zu streiken, in den westlichen Ländern nicht nur dem Wort nach existiert, sondern als tatsächliches Recht der Arbeitnehmer erhalten bleibt. Darum müssen alle Bestrebungen, die auf eine Einengung des Streikrechts hinauslaufen – wie das Taft-Hartley-Gesetz in den USA oder eine Zwangsschlichtung –, von uns entschieden abgelehnt werden.

Otto Brenner, Gewerkschaftliche Dynamik in unserer Zeit, Frankfurt am Main 1966, S. 158/159

Diesen sehr weit reichenden Anspruch konnten die Gewerkschaften jedoch trotz größter Kraftanstrengung bisher nicht durchsetzen. Sie verloren 1952 nach einer Massenmobilisierung und Kundgebungen im gesamten Bundesgebiet den Versuch, das von der konservativen Bundestagsmehrheit 1951 verabschiedete Betriebsverfassungsgesetz zu verbessern.

Diese Niederlage besiegelte das vorläufige Ende der Hoffnungen auf eine demokratische Umgestaltung der Wirtschaft, wie sie der DGB forderte. Der Kampf zwischen Kapital und Arbeit war für die kommenden Jahrzehnte zugunsten des Kapitals entschieden. Die Gewerkschaften mussten sich auf die verfestigten ungünstigen Verhältnisse einstellen.

An die Stelle einer radikalen Reform trat die langfristige Perspektive der ständigen Auseinandersetzung mit den Arbeitgebern und ihren politischen Verbündeten. Dennoch wollten sie ihren Umgestaltungswillen nicht zugunsten ihrer Verteidigungs- und Schutzfunktion aufgeben. Sie mussten weiterhin jede sich bietende Gelegenheit ergreifen, Demokratie, Arbeitnehmer- und Gewerkschaftsrechte zu verteidigen und die Arbeits- und Lebensverhältnisse zu verbessern. Dazu bedurfte es immer neuer Prüfung ihrer Effizienz. Ihre Stärke hing von der Fähigkeit ab, in aller Öffentlichkeit, in erster Linie aber in den Augen ihrer Mitglieder und Funktionäre, tarifvertragliche Erfolge in der Lohn-, Gehalts- und allgemeinen Tarifpolitik zu erzielen, also auf dem Gebiet der direkten Konfrontation mit den Arbeitgebern.

Eine der größten Auseinandersetzungen während der Ära Brenner war die in der schleswig-holsteinischen Metall- und Werftindustrie vom 24.10.1956 bis 14.02.1957. Es ging dabei um die Forderungen nach Lohnausgleich (Lohnfortzahlung) bei Krankheit, Urlaubsverlängerung und ein zusätzliches Urlaubsgeld. Wenig später verabschiedete der Bundestag das Gesetz zur Verbesserung der wirtschaftlichen Lage der Arbeiter im Krankheitsfall. Das erstreikte Modell von Schleswig-Holstein wurde auf alle Arbeiter in der Bundesrepublik ausgedehnt. Die IG Metall hatte dem allgemeinen sozialen Fortschritt gedient, ihrem Ruf als »Speerspitze der deutschen Gewerkschaften«, Otto Brenner hatte seinen legendären Ruf weiter gefestigt.

Rückkehr der IG Metall in die Metall Internationale

Nur Monate später begann ich meine Tätigkeit bei der IG Metall. Zu dieser Zeit lagen bereits große Leistungen ihrer Führung und eindrucksvolle Erfolge der Organisation vor. Dazu zählt auch die Rückkehr in die internationale Metallgewerkschaftsbewegung (IMB). Auch vor 1933 hatte sich der Deutsche Metallarbeiterverband dort großen Ansehens erfreut. Nach Ende des Zweiten Weltkriegs lebte die Erinnerung daran fort. Der damalige Generalsekretär der Internationale, der diplomatische und weitsichtige Schweizer Konrad Ilg, bereitete die Annäherung an die Deutschen in Etappen vor. Dabei war sein stärkster Trumpf die antifaschistische Haltung und die Verfolgung der Gewerkschaften unter dem NS-Regime.

Schon im August 1946 schrieb Ilg an die baden-württembergische IG Metall, »dass die Zeit kommen wird, wo die Schuldlosigkeit und die großen Leistungen des früheren DMV gewürdigt werden müssen.« Ein Jahr später verlieh Ilg auf dem ersten Nachkriegskongress des IMB seiner Überzeugung Ausdruck, »dass eine internationale Gewerkschaftsbewegung ohne die gewerkschaftlich organisierte Arbeiterschaft des großen Industrielandes Deutschland auch für die Zukunft kaum denkbar sein kann.« An diesem Kongress in Kopenhagen nahmen bereits fünf Vertreter der IG Metall teil.

Im Mai des gleichen Jahres führte Ilg erste Gespräche mit Wilhelm Petersen und Oskar Schulze von der IG Metall und Vertretern der österreichischen Metaller über den Anschluss ihrer Verbände an den IMB. Danach bekräftigte der Interzonenausschuss der IG Metall »die Notwendigkeit und Dringlichkeit der internationalen Völkerverständigung und Zusammenarbeit« und dankte dem IMB »für die geistige und materielle Hilfe im Kampf gegen den Faschismus und beim Wiederaufbau der deutschen Gewerkschaften.«

Der IMB umfasste 1947 zwölf Organisationen aus neun Ländern mit 2,5 Millionen Mitgliedern. Danach setzte ein stürmisches Wachstum ein: 1963 waren es 8,2 Millionen, 2002 gar 25 Millionen weltweit. Der erste Deutsche im Genfer IMB-Sekretariat, mein Vorgänger Alfred Dannenberg, wurde Mitte der 50er Jahre zum stellvertretenden Generalsekretär gewählt. Er war Bezirksleiter der IG Metall von Hannover, in dieser Funktion Nachfolger Otto Brenners. Wie dieser und wie auch Willy Brandt gehörte er der SAP an, alle drei traten später der SPD bei. Dannenberg entzog sich 1933 der drohenden Verhaftung durch die Flucht nach England. Als gelernter Werkzeugmacher, die Elite der Metaller, arbeitete er dort in einem Betrieb. Nach Kriegsausbruch wurde er nach Australien deportiert. Nachdem die Behörden auf ihren Irrtum aufmerksam gemacht worden waren, wurde er wieder nach England zurück gebracht und arbeitete bei der BBC in der gegen Hitler-Deutschland gerichteten Radiopropaganda mit. Er erfüllte damit alle Voraussetzungen, um das Amt in der Internationale der Metaller in Genf zu übernehmen.

Brenner wurde 1961 in Rom zum Präsidenten des IMB gewählt. Die IG Metall wurde deshalb immer häufiger zum Gastgeber internationaler Gewerkschaftskonferenzen. Als Pressechef sorgte ich für die Publizität dieser Veranstaltungen. Die IG Metall lud zahlreiche internationale Gäste zu ihren Kongressen ein. Außerdem wurde sie aufgrund ihrer Mitgliederzahl und ihres wohlgeordneten Beitragswesens zum größten Geldgeber der Internationale – von 1962 bis 1969 überwies sie 2,2 Millionen DM an den IMB. Sie beschickte regelmäßig die Konferenzen des IMB und seiner Mitgliedsverbände in aller Welt.

Schauplatz Europa

Neben den globalen Aktivitäten konnten sich die europäischen durchaus sehen lassen. Vor Abschluss der Römischen Verträge über die Bildung der Europäischen Gemeinschaft für Kohle und Stahl (EGKS) im Jahre 1951 war im März 1949 ein ständiges Komitee der freien Berg- und Metallarbeitergewerkschaften Westeuropas gebildet worden. Seine Aufgabe bestand darin, gegenüber den zuständigen Regierungen und Arbeitgebern den Standpunkt der Arbeitnehmer des Bergbaus und der Eisen- und Stahlindustrie in wirtschaftlichen und sozialen Fragen, einschließlich der Reorganisation dieser Branchen, geltend zu machen. Dies war das erste europäische Sekretariat auf Industrieebene und bedeutete eine gewerkschaftliche Strukturerweiterung schon vor Inkrafttreten des Schumannplans. Bei der Hohen Behörde wurde die Position eines von den Gewerkschaften vorgeschlagenen Mitglieds eingerichtet. Allerdings ging dieser Posten nach dem Tod der ersten beiden Amtsinhaber wieder verloren – das politische Kräfteverhältnis hatte sich zuungunsten der Arbeitnehmer verändert.

Die Arbeitnehmer der metallverarbeitenden Industrie und ihre Gewerkschaften waren ebenfalls daran interessiert, ihre Interessen gegenüber den Behörden der Europäischen Gemeinschaft (EG) zu vertreten. Dazu gründeten sie 1963 den »Europäischen Metallausschuss« mit Sitz in Brüssel. Acht Jahre später ging daraus auf Drängen der IG Metall der »Europäische Metallgewerkschaftsbund« hervor. Sein erster und langjähriger Generalsekretär, Günter Köpke aus der IG Metall-Wirtschaftsabteilung, diplomierter Volkswirt, wurde von der ersten EMB-Generalversammlung gewählt.

Der EMB bildete auf Vorschlag von Köpke eine Reihe von Arbeitsgruppen: für Tarifpolitik, Werften, Luft- und Raumfahrt, Automobilindustrie sowie für etliche multinationale Konzerne, z.B. Philips, Fokker-VFW, Airbus Industries, AEG-Telefunken-Zanussi, Unidata und Thomson-Consumer-Electronics. Köpke entwickelte von Anfang an konkrete, gezielte und gut vorbereitete Programme, die einerseits den Anliegen der Mitgliedsverbände, andererseits den Arbeitsgebieten der Europäschen Kommission entsprachen. Dadurch machte er den EMB zum kompetenten gewerkschaftlichen Gesprächspartner und sicherte sich die aktive Teilnahme der EMB-Verbände.

Diese waren aktive Mitglieder des IMB, wo die europäische Regionalorganisation keinen ungeteilten Beifall fand. Bei den US-amerikanischen Vorstandsmitgliedern des IMB entstanden gewisse Befürchtungen, der EMB könnte zu einer Zersplitterung und damit zu einer Schwächung der Weltorganisationen führen. Auf Vorschlag seines Präsidenten, Otto Brenner, wurde daher 1972 eine kleine Kommission gebildet, um diese mögliche Gefahr zu untersuchen.

Ich erhielt den Auftrag, bei der Zentralkomitee-Sitzung des IMB Ende des Jahres in San Francisco über das Thema Regionalisierung zu referieren. Ich trug als Ergebnis der kleinen Kommission vor, dass der Einheit des IMB keinerlei Gefahr drohe. Angesichts der europäischen Integration dürfte es den europäischen Metallgewerkschaften nicht verwehrt werden, eine gewerkschaftliche Gegenmacht zu den kompetenz- und kenntnisreichen EG-Beamten und auch zu den ebenfalls europäisch operierenden Arbeitgeberverbänden aufzubauen.

Trotz meiner Bemühungen konnte ich nicht alle Skeptiker überzeugen. Die Kommission blieb deshalb bestehen. Sie legte 1974 einen Bericht vor, der zwar wiederum keine ungeteilte Zustimmung fand, die dort ausgesprochenen Empfehlungen wurden aber von einer breiten Mehrheit unterstützt. Wichtigster Punkt war die gewünschte größtmögliche Koordination und Kooperation des IMB mit den bestehenden regionalen Gruppierungen. Der EMB war in diesem Sinne keine Regionalorganisation des IMB, sondern eine Formation mit eigener Satzung, eigenen Beiträgen und Organen. Sein Generalsekretär nahm mit beratender Stimme an den Vorstandssitzungen des IMB teil und umgekehrt. Auf dieser Grundlage erfolgte die weitere Entwicklung, ohne dass es zu nennenswerten Reibungen gekommen wäre. Zu den Gründungsmitgliedern traten im Laufe der Zeit Dänen, Finnen, Österreicher und Schweizer hinzu, alle mit dem Willen, die fortschreitende europäische Integration durch gewerkschaftlichen Zusammenschluss zu begleiten. Die enge Verbindung kam auch darin zum Ausdruck, dass Brenner vor seiner Wahl zum IMB-Präsidenten Vorsitzender des Europäischen Metallausschusses gewesen war. Er kannte beide Organisationen genau und hätte die von manchen befürchtete Zersplitterung nie zugelassen. Es soll und kann jedoch nicht bestritten werden, dass die Beschränkung des EMB auf Europa zugleich seine Attraktivität ausmachte und immer noch ausmacht. Er hat in den europäischen Institutionen seine vorgegebenen Gegenspieler und Aufgaben, er ist erheblich kleiner als die Weltorganisation, damit aber auch überschaubarer und auf konkrete Ziele ausgerichtet. Das Kosten-Nutzen-Verhältnis ist aus strukturellen Gründen einsichtiger, und es ist schließlich leichter, persönliche Beziehungen aufzubauen und zu pflegen. Dieses erfolgreiche Modell blieb nicht ohne Rückwirkung auf den IMB, auch er verfügt mittlerweile über Regionalorganisationen.

Meine Arbeit für den IG Metall-Vorsitzenden und im Apparat

Ghostwriter, Berater, Mitglied von Brenners »Braintrusts«, Pressechef – ich hatte mich durch permanente Lektüre von Zeitungen und Zeitschriften, durch Radio- und Fernsehsendungen und persönliche Kontakte über wirtschaftliche, soziale und politische Ereignisse und Entwicklungen auf dem Laufenden zu halten und über alle Fragen nachzudenken, die für die IG Metall von Belang waren. Bei wichtigen Anlässen hatte ich eine Information mit meinem Kommentar an den Vorsitzenden und die engsten Mitarbeiter weiterzuleiten. Das galt auch für Neuerscheinungen von Büchern. Über diese Vorgänge diskutierte ich stets mit meinen Kollegen, ebenso wie sie mich in ihre Diskussionen einbezogen.

Vom Vorsitzenden erhielt ich Aufträge zum Entwurf von Briefen, Artikeln und Reden. Brenner schrieb in der Regel den Leitartikel für die alle 14 Tage erscheinende Gewerkschaftszeitung. Da er innerhalb und außerhalb der IG Metall häufig zu Referaten eingeladen wurde, fertigte Fritz Opel meist den ersten Entwurf an, vor seiner Ablieferung an Brenner wurde er im Braintrust gründlich erörtert und von Fritz Opel überarbeitet. Die vorläufige Endfassung nahm sich Brenner vor. Er las sie sehr sorgfältig, brachte Veränderungen, Zusätze und Streichungen an, manchmal noch in letzter Minute. Dann wurde von uns erneut am Text gefeilt. Redepassagen, die zum Beifall herausfordern sollten, und Pausen wurden markiert, und Brenner achtete selbst darauf, ob der geplante Effekt auch eintrat. Er hatte seine eigene Methode, bestimmte Textstellen für den Vortrag in verschiedenen Farben, rot, grün und blau anzustreichen. Alles, was er sagte, war überlegt, seine Rhetorik war routiniert und einprägsam.

Immer öfter forderte mich der Vorsitzende auf, ihn auf Dienstreisen zu begleiten, meist im Auto mit seinem vertrauten Fahrer. Er arbeitete während der Fahrt ununterbrochen, ich saß neben ihm, las oder sprach gelegentlich mit ihm. Bei Veranstaltungen, in denen er als Redner auftrat, hatte ich die Reaktion der Zuhörer zu vermerken und ihm zu berichten, obwohl er das meiste schon wusste. Aus diesen Reaktionen wurden Konsequenzen für die folgenden Ansprachen gezogen. Entsprechend der jeweiligen Lage und Themenstellung wurden ökonomische, juristische oder andere Spezialisten der Vorstandsverwaltung zu Beiträgen aufgefordert, die dann von unserem Team in die Redemanuskripte integriert und Brenner vorgelegt wurden. Auch auf den Gewerkschaftstagen der IG Metall fiel ihm als Vorsitzenden der Löwenanteil der Reden zu. Zuerst kam sein Bericht über die Tätigkeit seiner Abteilung. Darunter fielen: Allgemeine Gewerkschaftspolitik, Koordinierung, EMB, IMB, Internationale Beziehungen, Abteilung Wirtschaft, Abteilung Automation und Kernenergie, Justitiariat und seit 1962 Öffentlichkeitsarbeit-Pressestelle. Dieser mündliche Bericht dauerte 45 Minuten. Im Anschluss an die Berichte der übrigen geschäftsführenden Vorstandsmitglieder erfolgte die Diskussion der Delegierten. Hierbei ergriff Brenner das Wort, wenn es ihm erforderlich erschien. Das tat er auch bei der Aussprache über die zur Beratung und Abstimmung vorliegenden Anträge und Entschließungen zur Gewerkschaftspolitik, die vor der Tagung in der Antragskommission diskutiert und mit deren Stellungnahmen versehen worden waren. Ein vollständiges Dokument hierüber wurde den Delegierten lange vor der Tagung zugestellt. Bei kontroversen Beratungen ließ Brenner die Antragskommission wissen, welchen Standpunkt er einnahm und griff notfalls auch auf dem Gewerkschaftstag in die Diskussion ein. Der Höhepunkt von Brenners Beteiligung war, neben dem Schlusswort, das so genannte Grundsatzreferat. Darin analysierte er die allgemeine Lage im nationalen und internationalen Rahmen, die besondere Situation der IG Metall, gab einen Ausblick in die nächste Zukunft und entwickelte ein konkretes Programm der Gewerkschaft für die kommenden Jahre. Besonderen Wert legte er auf die Formulierung konkreter Ziele und auf die Motivierung von Mitgliedern und Funktionären. Deshalb war das »Grundsatzreferat« nie eine Festrede oder ein akademischer Vortrag, sondern in erster Linie eine Hilfe zum Verständnis der Lage und eine darauf basierende Anweisung zum Handeln. Aus dem Referat des Vorsitzenden ergab sich immer eine längere Aussprache mit weitaus überwiegender Zustimmung und Bekräftigung, vereinzelt auch Kritik. Brenner antwortete wiederum, häufig, indem er auf Diskussionsredner namentlich einging. Wenn alles zu seiner Zufriedenheit verlaufen war, zeigte er dies, indem er weder Kritik noch Lob spendete. Dann wussten die Mitarbeiter, dass es gut war. An diese Situation hatte man sich zu gewöhnen.

Wegen Redner- und Führungsgabe erhielt Brenner ständig Einladungen aus allen Teilen der Organisation. Sie wurden sorgfältig auf ihre Bedeutung geprüft und, wenn es ihm opportun erschien und es seine Zeit erlaubte, angenommen. Musste er absagen, so wurde das ausführlich begründet und ein späterer Termin in Aussicht gestellt. Brenner sorgte dafür, dass alle Post an ihn – und sie war zahlreich – schriftlich und sachlich beantwortet wurde. Er wäre nie auf den Gedanken gekommen, dass er Zeitmangel vorschützen könne, um Briefe liegen zu lassen. Diese Einstellung habe ich übernommen. Es fehlt mir jedes Verständnis dafür, dass viel beschäftigte Frauen und Männer sich anders verhalten. Sie verfügen aufgrund ihrer Position über Mitarbeiter, die diese Aufgabe erledigen können, vorausgesetzt, sie wissen genau, was ihr Chef oder ihre Chefin zu einem bestimmten Anliegen sagen würde.

Die IG Metall im (Zerr)SPIEGEL

In den letzten zehn Jahren vermehrte sich die Zahl der Lohnarbeiter um 65 Prozent, die Gewerkschaften konnten aber nur einen Zuwachs um 20 Prozent registrieren, weil viele junge Arbeiter sich nicht werben ließen und von den indifferenten Beitragszahlern Hunderttausende absprangen.

Im Bundesvorstand des DGB wurde lange darüber diskutiert, wie die Gewerkschaften die Mitgliederfluktuation aufhalten könnten. Das Panier der Arbeiterorganisation war verstaubt wie das Grundsatzprogramm von 1949. Die Lohnkampfmaschine hatte sich 1954 beim Metallarbeiterstreik in Bayern heißgelaufen, wo die Unternehmer den Gewerkschaften zum erstenmal solidarisch gegenübertraten und an die 800 Streikaktivisten maßregelten (sie wurden auch nach Ende des Streiks nicht wieder eingestellt).

Da dem DGB-Vorstand keine Attraktionen einfielen, mit denen die Massen wieder an die Gewerkschaften heranzubringen waren, schlossen sich in Frankfurt und Hannover zehn agile Funktionäre zu einem Zirkel zusammen, der Hallo-Wach-Tabletten gegen die Gewerkschaftsmüdigkeit fabrizierte. Zu dem Zehnerkreis gehörten Otto Brenner, seine alten ISK-Freunde Beermann und Hansen und drei frühere Agitprop-Leute: Eduard Wald, Kuno Brandel und Siggi Neumann.

Die drei ehemaligen Kommunisten hatten längst ihr Damaskus erlebt – Brenners Pressechef Brandel als Emigrant in den USA, Neumann: nach dem Rotspanien-Debakel und Wald 1947/48 während der Sterilisation der deutschen Linken durch die Ulbricht-Clique. Sie inspirierten den IG Metall-Chef, die Gewerkschaftsbewegung mit einem aktuellen Manifest aus ihrer Lethargie aufzuscheuchen.

Darin durften freilich keine abgedroschenen Agitationsparolen und Deklamationen stehen, sondern nur realistische Zielsetzungen, die mit Tamtam und Nachdruck zu erreichen sind. Der Zehnerkreis stellte ein Aktionsprogramm auf, das heute die Basis der gesamten Gewerkschaftsarbeit bildet. Darin wurden als Nahziele abgesteckt:

- Kürzere Arbeitszeit (Fünf-Tage-Woche bei vollem Lohn- und Gehaltsausgleich),
- Lohnfortzahlung in Krankheitsfällen auch für Arbeiter,
- Verbesserung der Renten,
- Zahlung von Urlaubsgeld,
- Tarifliche Sicherung der Weihnachtsgratifikation und
- Korrektur der Mitbestimmungspraxis.

Dazu lieferte der Zehnerkreis einen ausführlichen Kommentar mit taktischen Gebrauchsanweisungen und Propaganda-Parolen wie »Am Sonnabend gehört der Pappi uns«. Die Großväter im DGB-Vorstand, vor allem Vorsitzender Walter Freitag und ÖTV-Chef Adolph Kummernuß, mit dem Brenner seit Jahren verfeindet ist, bremsten den Vorstoß der zehn Gewerkschaftsreformer, aber bis 1955 erreichte der Zehnerkreis doch, daß seine Thesen zum Aktionsprogramm des gesamten DGB erklärt wurden.

Das Programm wurde in 15 Millionen Exemplaren an die westdeutschen Haushalte versandt, und Brenner übernahm den Vorsitz der Durchführungskommission. Bald darauf apostrophierte sogar Bundeskanzler Konrad Adenauer den IG-Metall Chef in einer Rede als »Vater der Arbeitszeitverkürzung«.

Man gewöhnte sich daran, den schmächtigen Pragmatiker für den Napoleon der deutschen Nachkriegsgewerkschaften zu halten. Nachdem der Zehnerkreis ihn hochgespielt hatte, sprühte der Elektriker Funken. Seine wilden Aussprüche erregten fast noch mehr Aufsehen als Seebohms Sonntagsreden.

Also sprach Brenner: »Die Wirtschaft besteht nicht nur aus Unternehmern. Wenn es not tut, kann auf sie verzichtet werden. Die Wirtschaft – das sind vor allem die Arbeitnehmer ... Die arbeitenden Menschen müssen in ganz anderem Umfang als bisher ihre Interessen wahren und vertreten können.«

Und weiter: »Wir werden auch vor der Anwendung des politischen Streiks nicht zurückschrecken, wenn es gilt, die Demokratie zu verteidigen ... Soziale Phrasen sind uns in den letzten Jahren zwar laut genug um die Ohren geblasen worden – soziale Taten haben wir leider vermißt.«

Die stark fortgeschrittene Entwicklung zum Wohlfahrtsstaat ignorierte Brenner völlig, den Wirtschaftsminister Ludwig Erhard schalt er einen »Bundeskuchenbäcker« und rief unentwegt nach »gemeinwirtschaftlicher Ordnung«, »Vergesellschaftung der Schlüsselindustrie« und »Umverteilung des Vermögens«.

Als ein Düsseldorfer Journalist ihn einmal bat, den schwammigen Begriff »Wirtschaftsdemokratie« zu definieren, stotterte Brenner: »Das kann man nicht exakt umreißen. Das ist unser Ziel, aber wie es aussehen wird, hängt vom Ausmaß unserer Erfolge in Einzelmaßnahmen ab. Es ist ein ideales Ziel, aber wie es funktionieren wird, hängt ab von der gewerkschaftlichen Arbeit.«

Es fiel nicht schwer, zu ergründen, woher Brenner die unverdaulichen Ingredienzen für seine aggressiven Reden bezog, die der IG Metall den Beinamen »IG Krawall« eintrugen. Er hat sich – bald, nachdem er als »Vater des Aktionsprogramms« gefeiert worden war – eine »Gehirnzentrale« zugelegt.

In diesem »Gehirn« besorgt die wirtschaftspolitische Abteilung mit den Volkswirten Karlheinz Friedrichs, Dr. Günther Friedrichs und Achim von Loesch das Aufspeichern und Auswerten interessanter Informationen, die sich für kritische Analysen eignen, zum Beispiel über Konzernbilanzen und in Form vertraulicher Berichte gewerkschaftlicher Aufsichtsräte.

Das von den Volkswirten aufbereitete Material wird dann in einer anderen Gehirnzelle – wie es im Jargon der IG-Metall-Spitzenfunktionäre heißt – »durch den ideologischen Wolf gedreht«. Dafür sind Brenners persönliche Referenten Dr. Fritz Opel und Dr. Werner Thönnessen zuständig. Der 46jährige Dr. Opel – Brenners Füllfederhalter Nummer 1 – promovierte vor vier Jahren bei dem Marburger Professor Wolfgang Abendroth, einem aus Jena geflüchteten doktrinären Marxisten, mit einer Dissertation über die historische Entwicklung des Deutschen Metallarbeiterverbandes.

Thönnessen, linksgewirkter Sohn eines Konzerndirektors an der Saar, assistierte bei Viktor Agartz und wurde von ihm zum radikalen Marxisten erzogen. Auch in der Abteilung »Betriebsräte und Vertrauensleute« agiert ein zorniger junger Mann: der Arbeitsrechtler Olav Radke, SPD-Starlet auf der hessischen Landtagsbühne. Für diesen Akademiker sind alle freiwilligen Sozialleistungen der Unternehmer nur »Sozialklimbim«. Radke stählt den sogenannten Vertrauensmännerkörper, die Obergefreiten der IG Metall in den Betrieben, die dafür zu sorgen haben, daß die Belegschaften nicht zu unternehmerfromm werden.

Auf die gewählten Betriebsräte ist nach Radkes Meinung zuwenig Verlaß, deshalb putscht er die Vertrauensleute auf: »Jeder Kollege im Betrieb spürt, daß die Welt nicht so ist, wie man sie ihm vorgaukelt. Er weiß, daß er kein Bürger im wahren Sinne des Wortes geworden ist...«

Schließlich hat Brenner noch ein Gehirn nach Amerika vorgetrieben. Von dort übermittelt sein Metall-Diplomat Matthöfer jede Woche Informationen über die Auswirkungen der Automation.

(Auszug aus der Titelgeschichte »Otto der Gußeiserne«, in: Der Spiegel 45/1959 vom 4.11.1959., S. 32-45, zit. S. 42/43)

Pressechef

Das Jahr 1962 brachte für mich eine neue ehrenvolle und arbeitsintensive Verpflichtung: Brenner zog das Ressort Öffentlichkeitsarbeit an sich – über die Gründe berichte ich noch – und ernannte mich zum neuen Leiter der Pressestelle beim Vorstand der IG Metall. Nominell gab es die Pressestelle der IG Metall schon, bevor sie mir anvertraut wurde. Sie war im Ressort eines geschäftsführenden Vorstandsmitglieds angesiedelt, das auch für die Printmedien der Gewerkschaft zuständig war. Es befanden sich also Öffentlichkeitsarbeit und Presse in einer Hand. Dieser Kollege wurde – ein ganz außergewöhnlicher Vorgang, von dem an anderer Stelle noch zu sprechen ist – wegen ernster Verstöße gegen die Beschlusslage der IG Metall abgesetzt.

Nach dem Ausscheiden dieses Mannes wurde entschieden, diese Machtkonzentration nicht zu wiederholen. Die beiden Zeitschriften – »Metall« mit einer Auflage von über 2 Millionen, 14tägig für alle Mitglieder, und der »Gewerkschafter« monatlich mit einer Auflage von rund 40.000 für die Funktionäre – gingen an den 2. Vorsitzenden Alois Wöhrle.

Die Öffentlichkeitsarbeit wurde dem 1. Vorsitzenden zugeordnet und mir übertragen. Ich stellte rasch fest, dass sie bisher in keiner Weise professionellen Anforderungen entsprach, wie sie eine Massenorganisation stellen muss. Daraus folgte, dass ich in wenigen Monaten ein neues Konzept entwickelte, das an Effizienz hinter den Public Relations großer Firmen, Verbände und Parteien nicht zurückstehen durfte.

Mancher wird fragen, wodurch ich denn auf diese Arbeit vorbereitet war, weshalb ich mir zutraute, damit fertig zu werden. Dazu verweise ich auf meine Beschäftigung mit der NS-Propaganda, bei der Mainzer und der Frankfurter Studentenzeitung, meine Erfahrungen bei SDS, Jungsozialisten und SPD und mein Soziologiestudium, darin speziell Communications Research und empirische Sozialforschung. Ich begann also mit der Lektüre der wichtigsten Fachliteratur und hatte das Glück, einen hervorragenden Fachmann durch meine Mitgliedschaft im Krupp Stahl Aufsichtsrat kennen zu lernen. Es war der mir zugetane Krupp Pressechef Georg-Volmar Graf Zedtwitz-Arnim.

Er war Verfasser eines Standardwerks der Public Relations »Tue Gutes und rede darüber«.[25] Ich las dieses Buch mit großem Gewinn gleich mehrere Male. Die dort gegebenen praktischen Hinweise – es war geradezu ein Lehrbuch – trugen wesentlich dazu bei, mich für die neue Aufgabe zu qualifizieren.

Der Graf, wie man ihn halb achtungsvoll, halb spöttisch nannte, wollte mich in die »Deutsche Public Relations Gesellschaft« einführen, stieß aber auf Ablehnung. Ein Gewerkschafter, auch wenn er das Gleiche tat wie sie, war diesen »Kollegen« nicht erwünscht. Keine Probleme hatte ich jedoch mit dem Beitritt zu den beiden journalistischen Berufsverbänden, dem Deutschen Journalistenverband (DJV) und der Deutschen Journalisten Union (DJU) im DGB. Ich gehörte auch dem Presseausschuss des DGB an.

An den Beginn meiner Darstellung der IG Metall Öffentlichkeitsarbeit unter meiner Leitung stelle ich drei Zitate.

Karl Marx: »Die herrschenden Gedanken sind die Gedanken der Herrschenden.«

Karl Kraus: »Was nicht trifft, trifft auch nicht zu.«

---

[25] Zedwitz v. Arnim, Graf Georg-Volkmar: Tue Gutes und rede darüber, 2. Auflage, Berlin/Frankfurt/M./Wien 1961.

Und Oskar Negts These, die Medien bewirkten eine »Ablenkung, Zerstreuung und Verflachung der industriellen Vorstellungswelt.«

Die gewerkschaftliche Informationspolitik zielte also auf ein der Arbeitswelt fremd gegenüberstehendes Umfeld. Ich zögere nicht zu sagen, dass nach meiner Erfahrung die überwiegende Einstellung der Journalisten zu den Lebens- und Arbeitsbedingungen der großen Masse und zu den Gewerkschaften als ihren Interessenvertretern eine von Distanz, Vorurteilen und schierer Unkenntnis geprägte ist. Aus den Medien kann ein Arbeitnehmer weder lernen, wo seine Probleme wirklich liegen, noch gar zum Eintritt in eine Gewerkschaft motiviert werden. Viel eher wird er durch die veröffentlichte Meinung darüber desinformiert und gegen Gewerkschaften eingenommen. Deshalb schwimmt gewerkschaftliche Öffentlichkeits- und Bildungsarbeit immer gegen den Strom. Diese Lage ist durch eine Reihe von mir veranlasster Inhaltsanalysen der Medienberichterstattung und Kommentierung über IG Metall-Themen empirisch gesichert worden.

Nach einer Gastrolle in der IG Metall-Pressestelle beschrieb dies Peter Märthesheimer in seiner soziologischen Diplomarbeit »Publizistik und gewerkschaftliche Aktion – das Bild der IG Metall in westdeutschen Zeitungen«. Das Hauptergebnis seiner Untersuchung, die auf das Presseecho der Tarifauseinandersetzung in der Metallindustrie von 1961/62 abgestellt war, lautet: »Das Bild der IG Metall formt sich ... an ihrer gewerkschaftlichen Aktion innerhalb eines Systems, das aus ökonomischen Gründen sich dieser Aktion widersetzt. Die feindselige Haltung der Presse gegenüber der IG Metall ist wesentlich erst die Artikulation der Feindseligkeit des Wirtschaftssystems gegenüber den Arbeitern. Parteiisch ist der überwiegende Teil der Presse nur insofern, als die Verhältnisse parteiisch sind.« Am 16. Juni 2004 ist Peter, nur 66-jährig, einem Herzinfarkt erlegen.

Peters Tod löste in Film- und Fernsehkreisen große Bestürzung aus. Stellvertretend für viele reproduziere ich die Würdigung im Feuilleton der Frankfurter Allgemeinen Zeitung vom 21. Juni 2004 (siehe Kasten).

In Abwandlung von Adornos Befund »Der Antisemitismus ist das Gerücht über die Juden«[26] sage ich, die antigewerkschaftliche Einstellung der Medien ist das Gerücht über die Gewerkschaften.

Zum gleichen Ergebnis gelangt Fritz Vilmar in seiner Untersuchung »Die IG Metall und das System der Sprachregelung – ein Kapitel bundesdeutscher

[26] Theodor W. Adorno, Minima Moralia. Reflexionen aus dem beschädigten Leben, in: Gesammelte Schriften 4, Frankfurt am Main 1973, S. 125.

Seelendoktor
Zum Tod des Drehbuchautors Peter Märthesheimer

Es schien der Zuspitzung eines seiner Drehbücher zu gleichen. Mitten in dem am Freitag vor der Verleihung des Deutschen Filmpreises angesetzten Treffen der neu gegründeten Filmakademie hat den Autor Peter Märthesheimer im Alter von sechsundsechzig Jahren der Tod ereilt. Zuletzt hatte er, der seine Bücher fast ausnahmslos gemeinsam mit Pea Fröhlich fertigte, in der Reihe von Fernsehfilmen um den Psychotherapeuten Bloch, verkörpert von Dieter Pfaff, Meriten gesammelt: mit feinstem Sensorium, was das Auffangen von Schwingungen angeht, und mit jener diffizilen Filigranarbeit im Psychologischen, die das Ausbeuten blessierter Seelen verlangt. Doch das Renommee dieses Drehbuchprofessors, der 1994 als erster seiner Gilde an die Filmakademie Ludwigsburg berufen wurde, reicht bis in die siebziger Jahre zurück, in die hohe Zeit des Rainer Werner Fassbinder. Für ihn lieferte Märthesheimer, zwar in Kiel geboren, aber längst in München zu Hause, die Drehbücher zu den Filmen »Die Ehe der Maria Braun«, »Die Sehnsucht der Veronika Voss« und »Lola«. Auch bei den Fernsehserien »Acht Stunden sind kein Tag« und »Berlin Alexanderplatz« war er ein wichtiger Mitarbeiter Fassbinders.

Er habe, vertraute Märthesheimer Gesprächspartnern gerne an, eine Vorliebe für den großen Erzählfilm, was nicht zuletzt das vierteilige Zeitbild »Radiofieber« im Fernsehen belegt hat, das die ersten Schritte des neuen Mediums in den zwanziger und dreißiger Jahren verfolgte. An der Seite Wolfgang Menges fungierte er aber auch als Produzent der fiktiven Dokumentarstücke »Smog« und »Das Millionenspiel«, er produzierte Bernhard Sinkels Kinofilm »Lina Braake« und hat – der wache Geist als ein höchst streitbarer – vor Gericht erfochten, dass bei Helmut Dietls Kinosatire »Schtonk« die Namen Märthesheimer und Fröhlich als »Autoren des ersten szenischen Konzepts« genannt werden müssen. Schließlich ist er vor drei Jahren mit einem Roman, »Ich bin der Andere«, hervorgetreten, dem der Kritiker dieser Zeitung hohe literarische Qualität bescheinigte. »Bei Themen wie Kindesmissbrauch, Selbstverstümmelung und Bewusstseinsspaltung kann man sich leicht verheben oder sie des billigen Effekts wegen ins Schaufenster stellen. Hier aber haben sie ihren selbstverständlichen Platz in einem konsequenten Reigen von Traumatisierungen.«

Die Maxime seines Tuns hat sich Märthesheimer beim amerikanischen Schriftsteller Ernest Hemingway entlehnt: »Die erste Szene muss so gut sein, dass das Publikum unbedingt auch die zweite sehen will. Und dann immer so weitermachen.« (Sei)

Frankfurter Allgemeine Zeitung, 21. Juni 2004

Ideologiekritik«. Darin analysiert er 300 Zeitungskommentare über den Gewerkschaftstag der IG Metall von 1960. Er schreibt: »Im Falle der schlechten Presse, die die IG Metall hatte, war eine erschreckende Fehldarstellung und Fehlbeurteilung entscheidender Äußerungen festzustellen … die Fabrikation des Gerüchts über die IG Metall auf Grund oder mit Hilfe eines Systems konformistischer Sprachregelung.«

Vilmar definiert dieses System als »jenes Vokabular, das entweder bewusst angewandt oder unbewusst (auch in Gewerkschaftskreisen) übernommen wird, um ein auf soziale Neugestaltung gerichtetes Denken als Unsinn, Unmöglichkeit, Spintisierei abzufertigen.«

Andere wichtige Hinweise für die Ausrichtung meiner Arbeit entnahm ich der Doktorarbeit von Christa Riemann.[27] Darin heißt es: »Welche Kräfte auch immer die IG Metall in die Rechtfertigung hineintreiben, sei es die Unsicherheit der abweichenden Gruppe angesichts der Übermacht der konformen Gesellschaft oder das Erlebnis des Zwiespalts zwischen den heute und einstmals internalisierten Wertvorstellungen, in jedem Fall spiegeln die Rechtfertigungsmechanismen die Ausdehnung des Kreises wider, und so wird auf ideologischer Ebene der Sieg errungen … Wie weit das Funktionärsorgan potentiell zur sozialen Kontrolle der Funktionäre beiträgt … erscheint (es) als der Versuch, die höchste Stufe der Integration anzustreben, die Integration über ein von allen Funktionären geteiltes System gewerkschaftlicher Wertvorstellungen …« Die hier exemplarisch vorgestellten empirischen Forschungsarbeiten bezeichnen eindeutig die Probleme der Öffentlichkeitsarbeit der IG Metall, die ich zu lösen hatte:

Die bei den Medien herrschende Unkenntnis und Fremdheit der Realität gewerkschaftlicher Organisation und gewerkschaftlichen Handelns, das System antigewerkschaftlicher Sprachregelung, dessen Wirken sich bis in die Kreise der Mitglieder erstreckt und die Notwendigkeit, gewerkschaftliche Wertvorstellungen durch die Funktionäre, in erster Linie durch den Vorsitzenden, zu personalisieren, zu integrieren und Öffentlichkeit zu vermitteln.

Im Hinblick darauf galt es, das strategische Ziel einer möglichst korrekten Aufnahme und Wiedergabe der von der IG Metall verbreiteten Informationen, Urteile und Ziele durch die Medien festzuhalten und mit geeigneten Methoden durchzusetzen.

[27] Christa Riemann: Der Kommunikationsfluss von einer Gewerkschaftszeitung zu ihren Funktionären über das Medium einer Zeitschrift und die Aufnahme der Kommunikationsinhalte durch die Funktionäre, Diss., Köln 1964.

Welche Konsequenzen waren aus dieser Diagnose zu ziehen?

1. Wertvorstellungen: Die Wertvorstellungen der Gewerkschaft mussten erst einmal intern geklärt und vereinheitlicht werden. Es galt, kontroverse Begriffe wie zum Beispiel Wirtschaftsdemokratie, Mitbestimmung, gerechte Einkommens- und Vermögensverteilung, Tarifautonomie, tarifliche und sozialpolitische Forderungen zu klären.
2. Vereinheitlichung: Die IG Metall durfte nicht als ein vielstimmiger Chor differierender Stimmen oder als ein Interessenverband unter anderen erscheinen. Vielmehr mussten die Wertvorstellungen und Forderungen als dem allgemeinen Wohl entsprechend und entspringend vertreten werden.
3. Formulierung: Die Verlautbarungen der Gewerkschaft mussten auf die reale Beschaffenheit der Medien und ihrer Träger, der Journalisten, eingestellt, das System antigewerkschaftlicher Sprachregelungen musste überwunden werden.
4. Ebenen der Verlautbarung: Auf der Ebene des Gewerkschaftsvorstandes mussten der »Metallpressedienst«, die direkten Pressekontakte mit Einzelnen wie auch in Pressekonferenzen die bestimmenden Medien der Gewerkschaft für die öffentliche Meinung werden. Entsprechendes hatte auf den Ebenen der Bezirke und der lokalen Zentren der IG Metall zu geschehen.
5. Erfolgskontrolle: Die Wirkung und das Zusammenwirken all dieser Ebenen musste ständig kontrolliert werden, sowohl in quantitativer wie in qualitativer Hinsicht. Diese Kontrolle anhand von Sammlungen von Zeitungsausschnitten, geliefert von spezialisierten Firmen, von Niederschriften von Rundfunk- und Fernsehsendungen, wurde zum zuverlässigen Korrektiv der neuen Öffentlichkeitsarbeit. An der Rückwand meines Büros hatte ich zwei große Tafeln angebracht. Auf der einen waren die Metallpressedienste und das von ihnen erreichte Presseecho in Zahlen zu sehen, auf der anderen eine Deutschlandkarte mit verschiedenfarbigen Fähnchen für die mehr als 150 Verwaltungsstellen der IG Metall. Die Farben bezeichneten die lokale Pressearbeit.

   Auf diese Weise konnte ich genau und mit einem Blick konstatieren, wo gute, weniger gute oder gar keine Pressearbeit geleistet wurde. Am Jahresende fertigte ich ein Rundschreiben an die Verwaltungsstellen an, worin die Ergebnisse jeder lokalen Einheit dargestellt wurden. Dies löste einen Wettbewerb aus, in dem keiner das Schlusslicht sein wollte.
6. Bildungsarbeit für Public Relations: Ich ersuchte die von meinem Freund Hans Matthöfer geleitete Bildungsabteilung, das Thema Öffentlichkeits-

arbeit in ihre Programme aufzunehmen und bot dafür das Material an. Mein Vorschlag wurde angenommen, und ich fertigte eine Tonbildschau mit Arbeitsheft an, worin in leicht fasslicher Form erklärt wurde, wie »vor Ort« vorzugehen war, um die Berichte und Kommentare über die örtliche Gewerkschaftsarbeit zu verbessern.

7. Zielgruppe: Der Metallpressedienst wurde per Post und in zunehmendem Maße per Fernschreiber an die Redaktionen der Presse, des Hörfunks und Fernsehens versandt. Bald hatte ich Kontakt zu den Journalisten, die sich in den Medien mit Gewerkschaftsthemen befassten. Besonderen Wert legte ich auf die Damen und Herren, mit deren Berichterstattung und Kommentierung die IG Metall nicht zufrieden sein konnte. Auf ihre »Aufklärung« verwendete ich viel Zeit und Mühe. Es ergab sich, dass dadurch die Rezeption und Darstellung unserer Politik zum Positiven, Korrekten verändert werden konnte. Kam es dennoch zu negativen Publikationen, griff ich zum Schreiben von Leserbriefen, die in der Regel gedruckt wurden. Gelegentlich musste ich auf dem gesetzlich verbürgten Recht der Gegendarstellung bestehen. Das Gleiche empfahl ich mit Erfolg den Bezirken und Verwaltungsstellen.

Bei anhaltender und konsequenter Öffentlichkeitsarbeit dieser Art war das Ergebnis auf die Dauer nicht überraschend. Das wurde auch von den Journalisten bestätigt, obwohl Pessimisten in den eigenen Reihen vorderhand daran nicht glauben wollten. Der bekannte Schriftsteller und Journalist Bernd Engelmann schrieb dazu im Februar 1969 in der »Frankfurter Rundschau«: »Wenn manchmal zu hören ist, die Gewerkschaften sollten sich diesen oder jenen Luxus sparen, so kann ich mit Blick auf Werner Thönnessen dem entgegenhalten, wo es um die wichtigsten Interessen (beinahe) aller geht, ist das Beste gerade gut genug.«

Und der Gewerkschaftsspezialist der »Frankfurter Allgemeinen Zeitung«, Günter Vetter, schrieb anlässlich meines Wechsels von der IG Metall in Frankfurt zum Internationalen Metallgewerkschaftsbund in Genf in diesem Blatt:

»Generalsekretär

Gewerkschaften pflegen internationale Spitzenpositionen mit Namen zu bedenken, die eher schlicht, denn anspruchsvoll erscheinen. Generalsekretäre heißen jene Leute, die zusammen mit ihren Stellvertretern Koordinierungsaufgaben im internationalen Rahmen wahrnehmen. Wenn zum Ende dieses Jahres Werner Thönnessen, der bisherige Pressechef der IG Metall, einer der beiden Stellvertreter im Internationalen Metallarbeiterbund werden wird, dann ist damit deutlich gemacht, eine wie große Bedeutung man bei der deutschen Gewerkschaft diesem Posten beimisst; denn Otto Brenner schickt einen seiner wichtigsten Berater nach Genf. Auf dem neuen Posten wird sich Thönnessen vor allem der Organisierung der Metallarbeiter in Asien und Afrika und der Koordinierung der internationalen Tarifpolitik widmen.

Der noch junge Mann (42 Jahre alt) gehört zu jener Gruppe radikaler Idealisten, die – ganz gleich aus welchem Lager heraus – die Welt und die Verhältnisse ändern möchten. Es ist vielleicht bezeichnend für eine ganze Generation, dass der Sohn wohlhabender Eltern – der Vater ist ein bedeutender Mann der Industrie – aus Erbitterung über die gelungenen Verführungskünste des Nationalsozialismus sich auf die Suche nach dem reinen Humanismus und Sozialismus gemacht hat. Die katholische Kirche, speziell jener radikale Flügel, aus dem in Frankreich die Arbeiterpriester hervorgegangen sind, gab ihm in Paris ersten Anstoß und Richtung. Als er in Deutschland kein gleichgesinntes Lager fand, brach er mit der Kirche, gab sein Medizinstudium auf und hörte bei Horkheimer (der sein Doktorvater geworden ist) und Ernst Michel. In dieser Bahn hat sich sein Denken weiterentwickelt. Er gehört heute zu den konsequenten Sozialisten, wenn er auch – wie er meint – viel vorsichtiger und differenzierter als früher denkt.

Der Weg zur radikalen IG Metall war nur folgerichtig. Sein Verhältnis zu Otto Brenner ist durch persönliches Vertrauen und Respekt gekennzeichnet. Zwischen dem ehemaligen Nietenwärmer und dem Intellektuellen hat es offenbar nie Verständigungsschwierigkeiten gegeben. Als Pressereferent hat er in vieler Hinsicht Normen für ein solches Amt weit über die eigene Organisation hinaus gesetzt. Er hat den Standpunkt der Gewerkschaft – wie er meint – ›mit Leidenschaft‹ vertreten, die allerdings hinter der kühlen Miene scheinbarer Objektivität verborgen blieb. Seine intimen Kenntnisse und seine intellektuellen Fähigkeiten haben ihm gegenüber auch noch so hartnäckig und geschickt fragenden Journalisten stets eine eigenständige Interpretation der Vorgänge ermöglicht, die Information und Erläuterung von Zusammenhängen zugleich geboten hat. Der schmale, blasse Mann war in diesem Amte immer von jener freundlichen Distanz – vielleicht ähnlich den Dienern jener Kirche, die er verlassen hat –, die selbst bei kontroversen politischen Auffassungen den Umgang angenehm macht und Vertrauen schafft.«[28]

Wichtiger noch als diese gewiss schmeichelhafte Anerkennung durch journalistische Partner war mir die Würdigung, die mir die IG Metall selbst zukommen ließ. Otto Brenner sagte am 22. Dezember 1971 vor dem Beirat,

[28] FAZ: 8.11.1972

dem höchsten Organ zwischen den Gewerkschaftstagen, »dass die IG Metall für seine (meine) jahrelange Tätigkeit als Pressesprecher großen Dank schulde. Er (ich) hat die ihm (mir) übertragenen Aufgaben stets mit gewerkschaftspolitischem Sachverstand und bemerkenswertem Erfolg wahrgenommen. Die Öffentlichkeitsarbeit der IG Metall hat in den Jahren der Tätigkeit Thönnessens wachsende Bedeutung gefunden«.[29]

Internationale Erfahrungen

Während meiner Tätigkeit für die IG Metall unternahm ich zahlreiche Reisen, von denen ich hier nur die erwähne, die mein Weltbild nachhaltig beeinflussten.

USA

1962 fuhr ich mit dem von der US-Regierung gesponserten »Foreign Leadership Programme« für sechs Wochen in die Staaten. Vorher fragte mich eine freundliche Beamtin des Frankfurter US-Generalkonsulats, »programme officer« genannt, nach meinen Wünschen. Ich fragte zurück, wo denn da die Grenzen lägen. Die mit einem Lächeln gegebene Antwort: »Nur auf den Mond können Sie nicht fliegen.«

Ich bat mir Bedenkzeit aus und überlegte genau, was und wohin ich wollte. In meinem schriftlich eingereichten Programmvorschlag kamen die Themen Gewerkschaften, Politik, Medien und Kunst vor. An Städten nannte ich New York, Washington, San Francisco, Denver, Detroit und Bloomington, Indiana.

Alles wurde ohne Umschweife genehmigt. Flüge und Hotels wurden bezahlt, und ich erhielt dazu ein Tagesgeld von 40 US-Dollar.

Nach meiner Rückkehr war ich mehr als zufrieden. Ich hatte führende Gewerkschafter, vor allem die Brüder Reuther von der Automobilgewerkschaft und ihre wichtigsten Mitarbeiter, Politiker der beiden großen Parteien und der kleinen Sozialistischen Partei, Journalisten und Schriftsteller kennen gelernt, die bedeutendsten Museen besucht und Einblick in einige amerikanische Familien gehabt. Es war mir sogar ermöglicht worden, Fedor Cicak und seine Frau in ihrem neuen Domizil zu besuchen.

Mein Bild von den USA war reichhaltiger und klarer geworden. Meine größten Erlebnisse waren die Teilnahme an einem großen Marsch der Bürgerbewegung auf Washington, bei dem ich die Film- und Jazzgrößen der USA

[29] Metallpressedienst, 22.12.1972, S. 321.

aus nächster Nähe sah, Martin Luther King reden hörte und an einer Pressekonferenz Präsident Kennedys im Weißen Haus teilnahm.

Israel

Unvergessen ist meine erste Reise nach Israel, auf der meine Frau mich begleitete. Wir waren Mitglieder einer Delegation der IG Metall, eingeladen von der israelischen Metallgewerkschaft. Das Memorial der Shoa, Yad Vashem, erschüttere mich. Ich war so bewegt, dass ich weinen musste, den Raum verließ und an der Besichtigung des grauenhaften Museums nicht teilnehmen konnte. Einer der unseren, Willy Bleicher, Bezirksleiter von Württemberg-Baden, erhielt den Ehrentitel eines »Gerechten« und durfte einen kleinen Baum in der ebenso benannten Allee pflanzen. Er hatte mehr als zehn Jahre im Konzentrationslager verbracht und war, man kann schon sagen, weltbekannt geworden durch die Rettung eines jüdischen Jungen namens Mischa. In der DDR war darüber ein Film mit dem Titel »Nackt unter Wölfen« gedreht worden.

Wir bereisten mit der Delegation das ganze Land. Meine Frau und ich waren besonders an den Kibbuzim interessiert und hatten Gelegenheit, einige davon zu besuchen. Dabei schlossen wir Freundschaft mit dem berühmten Akiba Eger und seiner Frau. Vor ihrer Pensionierung waren beide große Lehrer der sozialistischen Kibbuzim gewesen, er auch Universitätsprofessor. Sie genossen immer noch hohes Ansehen. Meine Frau und ich wurden aufgenommen wie alte Freunde. (Zu Akiba Eger vgl. Anne Betten/Miryam Du-nour [Hrsg.], Wir sind die Letzten. Fragt uns. Gespräche mit den Emigranten der 30er Jahre in Israel, Gerlingen 1995, S. 440.)

Algerien

Gegen Ende des algerischen Befreiungskrieges mussten viele Mitglieder der »Front de Libération Nationale« Frankreich verlassen, weil sie sich in Lebensgefahr befanden. Von deutschen Freunden wurde der illegale Grenzübertritt in die BRD organisiert. Dabei tat sich der SDS hervor. Manche dieser Flüchtlinge wandten sich Hilfe suchend an die IG Metall. Weil ich einer der wenigen war, die Französisch sprachen, landeten sie in meinem Büro. Anfangs half ich jedem einzelnen mit Geld von der Organisation.

Als ihre Zahl immer größer wurde, gründete ich mit Zustimmung des Vorstandes und Unterstützung einiger Freunde, vor allem Hans Matthöfers, ein Hilfskomitee. Auch Willi Richter, damals Vorsitzender des DGB, organisierte eine Solidaritätsaktion. Er ließ Marken verkaufen, deren Erlös für die algerischen politischen Flüchtlinge verwendet wurde.

Aus Dankbarkeit für unsere Unterstützung luden uns die algerischen Gewerkschafter nach dem siegreichen Ende des Befreiungskrieges im Jahre 1963 zu einer internationalen Konferenz aller »Geber« nach Algier ein. Eine deutsche Gruppe, bestehend aus Willi Richter, dem ÖTV-Vorsitzenden Heinz Kluncker, dem IG Metall-Vorstandsmitglied Heinz Dürrbeck, dem DGB-Vertreter in Frankreich, Albert Preuss, und mir, nahm am Gründungskongress der »Union Générale des Travailleurs Algériens« (UGTA) teil. Unser Betreuer war mein alter Saarbrücker KA-Freund, Dr. Klaus Bohr, Sozialattaché an der deutschen Botschaft in Algier.

Wir konnten nicht ahnen, dass der algerische Staatspräsident Ahmed Ben Bella beschlossen hatte, diesen Kongress zur Umfunktionierung der UGTA zu benutzen. In einer Verhandlungspause ließ er den Saal von bezahlten Arbeitslosen besetzen, die von der Straße aufgelesen worden waren und nicht wussten wozu. Als die Delegierten ihre Plätze wieder einnehmen wollten, waren diese besetzt. Es entstand ein Tumult, und Ben Bella erklärte per Mikrofon, dass die UGTA keinen westlich-demokratischen, sondern einen »algerischen« Weg zu gehen habe.

Die internationalen Gäste verließen daraufhin die Versammlung unter lautem Protest und hielten eine Pressekonferenz ab. Dabei äußerten wir schärfste Kritik und bekundeten unsere Solidarität mit der UGTA. Danach reisten wir ab.

Es dauerte fast 40 Jahre, bis die algerische Metallgewerkschaft ihren Platz in der freien Gewerkschaftsbewegung wieder einnehmen konnte. Sie wurde auf dem IMB-Weltkongress in Sydney im November 2001 in die Eiserne Internationale aufgenommen. Von der Algerienhilfe der IG Metall zeugt noch heute ein mit unserem Geld errichteter Kindergarten in Algerien, der den Namen des von den Franzosen ermordeten Gewerkschaftsgründers Aissat Idir trägt.

Prag

Am Ende meiner Reisebeschreibungen erwähne ich noch die Fahrt nach Prag, als Brenners Begleiter im Jahr 1968. Es war die revolutionäre Epoche, die als »Prager Frühling« in die Geschichte eingegangen ist. Wir sprachen ausführlich mit Dubcek und seinen mutigen Genossen.

Sie glaubten allen Ernstes, sich mit friedlichen Mitteln aus der Umklammerung des Warschauer Paktes lösen und einen Kommunismus mit menschlichem Antlitz aufbauen zu können. So sehr sie auch von ihren Ideen überzeugt waren, so skeptisch beurteilten Brenner und ich ihre Erfolgschancen. Dafür fehlte ihnen aber jedes Verständnis.

Der Einmarsch der Truppen des Warschauer Paktes, darunter Soldaten der DDR – man stelle sich vor, wie besonders diese Besatzer auf die Tschechen gewirkt haben –, und die brutale Verfolgung der ketzerischen Vertreter eines »Kommunismus mit menschlichem Antlitz« übertrafen unsere schlimmsten Befürchtungen und veranlassten die IG Metall zu scharfen Reaktionen und anhaltender Solidarität mit den Unterdrückten.

Auf einer von DGB und IG Metall veranstalteten Großkundgebung auf dem Frankfurter Römer sagte Brenner am 22. August 1968, was sich in der CSSR abspiele, sei keine interne Angelegenheit des Landes. Die militärische Intervention gegen den in der CSSR begonnenen Demokratisierungsprozess sei auch ein Schlag gegen »uns«. Sie verstoße gegen das auch von den Kommunisten so oft verkündete Selbstbestimmungsrecht der Völker. Denen, die aus dieser Solidarität eine heuchlerische Phrase gemacht hätten, gelte der Appell »Hände weg von der CSSR«.

Auf dem folgenden Gewerkschaftstag der IG Metall im September 1968 in München nahmen keine Vertreter der Gewerkschaften aus der Sowjetunion, Polen, Ungarn und Bulgarien teil, die vor dem Überfall auf die CSSR eingeladen worden waren. Der Vorstand hatte sie durch einstimmigen Beschluss ausgeladen und in einem an sie gerichteten Brief geschrieben: »Eine Wiederaufnahme der Kontakte ist erst nach Wiederherstellung normaler Verhältnisse in der CSSR möglich.«

Auf dem Münchener Kongress ging Brenner ausführlich auf die Ereignisse ein. Er bekräftigte noch einmal die volle Sympathie und Solidarität der IG Metall für die und mit den Arbeitnehmern der CSSR, deren Kampf für die Verwirklichung eines humanen, demokratischen Sozialismus bewunderungswürdig sei. Er betonte die weitreichenden Folgen der Invasion für die gesamte internationale Politik. »Die Kräfte der Reaktion wittern angesichts dieser Entwicklung überall Morgenluft.«

Der Truppeneinmarsch richte sich nicht nur gegen die CSSR selbst, sondern ebenso gegen die Liberalisierungstendenzen im gesamten Ostblock, von denen man hoffen dürfte, dass sie langsam, aber sicher die Länder des Ostblocks aus der Dunkelheit der Stalin-Ära in eine bessere Zukunft führen würden.

Damit war der Beitrag der IG Metall zur Entspannungspolitik Willy Brandts bis auf Weiteres im wahrsten Sinne des Wortes eingefroren.

Innenpolitische Auseinandersetzungen

Die von den Konservativen beherrschte Bundesregierung und ihre Parlamentsmehrheit hörten nicht auf, Sozialdemokraten und Gewerkschaften mit immer neuen reaktionären Projekten zu provozieren:

Die paritätische Mitbestimmung sollte abgebaut werden, ein schlechtes Betriebsverfassungsgesetz wurde verabschiedet. Es drohte die atomare Bewaffnung der Bundeswehr. Und nun brauchte man angeblich noch ein Gesetz zur Regelung des »Notstandes«. Eine radikale Beschneidung der demokratischen Grundrechte sollte sowohl im Falle der Bedrohung von innen wie von außen vorgenommen werden. Bei der Bildung der Großen Koalition sprach die IG Metall den Verdacht aus, diese sei von der CDU/CSU nicht zuletzt angestrebt worden, um eine verfassungsändernde Mehrheit für die Demontage des Grundgesetzes zu erhalten.

Wie lange dieser Kampf währte, zeigt allein die Tatsache, dass sich die IG Metall bereits 1962 mit aller Schärfe gegen die Pläne für eine Notstandsgesetzgebung aussprach. Sie kündigte äußersten Widerstand dagegen an. Diese Absichtserklärung wurde von ihr 1965 und auf dem DGB-Kongress 1966 wiederholt. Trotz einer weit über die Gewerkschaften hinausreichenden Protestbewegung, trotz des Drucks der Gewerkschaften insbesondere auf die SPD, ließ sich aber absehen, dass die Pläne der Bundesregierung zwar abgeschwächt, nicht aber völlig verhindert werden könnten. Die SPD, so wurde deutlich, würde letzten Endes eine bedingte Zustimmung geben und damit erst das Zustandekommen einer solchen, wie immer gearteten Grundgesetzänderung mit Zweidrittelmehrheit ermöglichen.

Die Gewerkschaftsführung jedoch betrachtete dies als unverantwortliches politisches Abenteurertum und wies deshalb eine von Teilen der Mitglieder erhobene Forderung nach einem Kompromiss zurück. Sie entschied sich auf Anraten Hans Matthöfers für eine konstruktive Opposition, deren wichtigster Exponent in der sozialdemokratischen Bundestagsfraktion Matthöfer selbst wurde. Er entwickelte sich zu einem exzellenten Experten und untersuchte alle vorgelegten Texte unerbittlich auf ihr Drohpotential. Seine Rolle war mit der IG Metall genau abgesprochen. Auf gefährliche Vorhaben sollte er – mit einigen anderen SPD-Abgeordneten – mit Totalverweigerung antworten, wodurch die Zweidrittelmehrheit gefährdet wurde. Es kam dieser Gruppe drauf an, die Sozialdemokraten in solchen Fällen umzustimmen und von ihrer Zustimmung ganz abzubringen.

In anderen Fällen wurden konkrete Alternativvorschläge formuliert. Dieses subtile Spiel sollte, wie man damals zur Begründung dieser nicht auf den ersten Blick einsichtigen Linie sagte, den Gesetzen »die schlimmsten Giftzähne ziehen«. Auf diese Weise gelang es tatsächlich, eine Anzahl von Vorhaben zu vereiteln und Textveränderungen durchzusetzen, die die globale Gefahr für die Demokratie und speziell für die Gewerkschaften abschwächten.

Aber der Prozess als solcher war nicht aufzuhalten. Am 30. Mai 1968 kam es gegen 100 Stimmen aus der SPD-Fraktion, darunter die Matthöfers, und bei Gegenstimmen einer Gruppe von FDP-Abgeordneten zur Verabschiedung einer stark veränderten Notstandsgesetzgebung durch den Bundestag. Die Gewerkschaften machten von dem verschiedentlich erwogenen Generalstreik zur Enttäuschung vieler keinen Gebrauch, gaben aber auch ihre stark ablehnende Haltung und ihr Misstrauen nicht auf. Sie waren durch ihre indirekte Kooperation vielmehr dazu gezwungen, sich auf den Boden der neuen Legalität zu stellen.

Auf dem folgenden Gewerkschaftstag der IG Metall in Berlin 1968 wurde folgende Erklärung verabschiedet: »Die IG Metall bedauert die Verabschiedung der Notstandsgesetze um so mehr, als diese geeignet sind, die ohnehin nicht stabile demokratische Grundordnung weiter zu schwächen. Dies ist umso gefährlicher, als sich in der Bundesrepublik reaktionäre und undemokratische Tendenzen ausbreiten, wie sie unter anderem im Anwachsen der NPD deutlich werden. Damit ist die Entwicklung der Bundesrepublik zu der vom Grundgesetz proklamierten sozialstaatlichen Demokratie erschwert, deren Verwirklichung weiterhin das wichtigste und vordringlichste Anliegen der Gewerkschaften bleibt. Die in den Notstandsgesetzen liegenden Gefahren für die demokratische Grundordnung erfordern für die Zukunft mehr denn je äußerste Wachsamkeit. Wir sind deshalb entschlossen, jeden Missbrauch der Notstandsgesetze mit allen zur Verfügung stehenden gewerkschaftlichen Mitteln zu bekämpfen.«[30]

Einen höchst präzisen und kenntnisreichen Beitrag zum gewerkschaftlichen Kampf gegen die Notstandsgesetze hat der Hannoveraner Staatsrechtler Jürgen Seifert, auch »Notstands-Seifert« genannt, geliefert. Er war selbst an ihm beteiligt und bescheinigt als Experte, dass dadurch das Zustandekommen der Gesetze um zehn Jahre verzögert und auf den »Worst Case« beschränkt wurde.[31]

---

[30] Erklärungen des 9. IG Metall-Gewerkschaftstages, München 1968, S. 190

[31] Erschienen in der Zeitschrift für Bürgerrechte und Gesellschaftspolitik, Heft 3, September 2001 unter dem Titel »Verfassungspatriotismus im Streit um die Notstandsgesetzgebung«

Vom Kampf um Mitbestimmung zur Einflussnahme als Aufsichtsratsmitglied in einem transnationalen Unternehmen

Der Widerstand gegen die Notstandsgesetze war, wie sich herausstellen sollte, ein Teilsieg – einfach deswegen, weil sie noch nie angewendet wurden. Mit dem Ende dieses Kampfes begann sogleich ein neuer, nämlich die Offensive um die gleichberechtigte Mitbestimmung der Arbeitnehmer, die in den 1950er Jahren fast unter die Räder gekommen war.

Ausgehend von positiven Signalen in der Regierungserklärung der Großen Koalition formulierte der DGB seine Vorstellungen zu einer Novellierung des Betriebsverfassungsgesetzes und legte einen Entwurf über die »Mitbestimmung der Arbeitnehmer in Großunternehmen und Großkonzernen« vor.

Durch die Bundestagswahl im September 1969 kam es zur Beendigung der Großen Koalition. SPD und FDP bildeten eine neue Regierung unter Willy Brandt als Bundeskanzler. Aber die darauf gesetzten Hoffnungen für mehr Demokratie hinter den Werkstoren erfüllten sich wiederum nur teilweise mit dem neuen Betriebsverfassungsgesetz von 1972. Trotz der besseren politischen Konstellation und obwohl der DGB eine geschlossene Konzeption zur gesamtwirtschaftlichen Mitbestimmung präsentierte, brachte die SPD-FDP-Regierung Anfang 1974 einen Gesetzesentwurf ein, den die IG Metall mit detaillierter Begründung ablehnte. Zwei Jahre später wurde die Auseinandersetzung mit der Ausdehnung der Mitbestimmung auf alle Großunternehmen vorläufig abgeschlossen. Das neue Gesetz enthielt so gravierende Mängel, dass die IG Metall sogar erwog, seine Anwendung in der Metallindustrie völlig zu sabotieren. Schließlich obsiegte der Realismus, obwohl oder weil wieder ein Teilerfolg erstritten worden war. Das neue Modell war einmalig in der Welt. Dennoch gab und gibt es bis heute weiterhin prinzipiell wichtige unerfüllte Gewerkschaftsforderungen – ganz zu schweigen von der im DGB-Konzept von 1971 erneut formulierten Forderung einer demokratischen Umgestaltung der Gesamtwirtschaft, die vertagt, aber keineswegs aufgegeben worden ist. Die paritätische Mitbestimmung in der Montanindustrie sieht die Besetzung der so genannten Arbeitnehmerbank sowohl mit betrieblichen wie mit Vertretern der »Spitzenorganisationen« vor. Daher entsenden die im Betrieb vertretenen Gewerkschaften in diese Aufsichtsräte eine größere Zahl hauptamtlicher Funktionsträger aus den eigenen Reihen.

So übernahm ich 1963 auf Vorschlag der IG Metall ein Mandat im Aufsichtsrat der Hessischen Berg- und Hüttenwerke in Wetzlar. Es handelte sich dabei um ein altes erzförderndes und -verarbeitendes Unternehmen, das seine Roheisenproduktion an die Firma Buderus lieferte. Formell war es auf Grund des Sozialisierungsparagraphen der Hessischen Verfassung aus dem Flick-Konzern, dem Buderus gehört, ausgegliedert worden. Die Hessische Landesregierung begnügte sich jedoch mit dem Aufsichtsratsvorsitz, während der Vorstand der Berghütte die enge Bindung an Buderus wahrzunehmen hatte. Daran änderte auch die paritätische Mitbestimmung im Aufsichtsrat nichts. Meine Tätigkeit konzentrierte sich zunächst darauf, den Arbeitsdirektor abzulösen, weil er nichts anderes tat, als die Interessen von Buderus zu vertreten. Da der Arbeitsdirektor in mitbestimmten Unternehmen nur mit Zustimmung der Gewerkschaften gewählt werden kann, wurde nach der Ablösung des bisherigen ein neuer bestellt, und zwar Helmut Kater, Leiter der Bildungsstätte Lohr der IG Metall und Bundestagsabgeordneter der SPD.

Seine wie der Arbeitnehmervertreter im Aufsichtsrat größten Probleme waren, dass es für die Roheisenverarbeitung keine Möglichkeit gab und dass die Erzgruben ein so schlechtes Material zu hohen Kosten lieferten, dass sie mit den Erzpreisen auf dem Weltmarkt nicht konkurrieren konnten. Eine Grube nach der anderen wurde deshalb geschlossen, bis der Erzbergbau völlig zum Erliegen kam.

In dieser Situation mussten wir uns darauf beschränken, die unvermeidlichen Entlassungen der Bergleute »sozial abzufedern«, wie das euphemistisch genannt wird. Es wurden ihnen Abfindungen gezahlt und ihre Wohnungs- und Pensionsrechte gesichert. Sie wurden, wenn irgend möglich, auf andere Arbeitsplätze versetzt. Arbeitsdirektor, Betriebsrat und Arbeitnehmervertreter im Aufsichtsrat lernten mit der Zeit, das Instrument »Sozialplan« perfekt zu beherrschen. Ihre Bemühungen wurden dadurch erleichtert, dass ein Österreicher, von Winkler, den Aufsichtsratsvorsitz übernahm, der in Personalunion Chef von Buderus war, ein geistreicher, kultivierter Mann mit vorzüglichen Fachkenntnissen und sozialer Verantwortung. Er entschied nichts, ohne sich mit uns zu beraten und brachte uns bei, aus welchen betriebswirtschaftlichen, technischen und Weltmarktgründen dies oder jenes getan werden sollte. Wir lernten viel von ihm und vertrauten ihm. Geläufige Begriffe wie Zwang zur Rationalisierung, die Herstellung von »intelligenten« Produkten, Diversifikation und Innovation, Konkurrenz der Niedriglohnländer bekamen unter seiner Anleitung für uns konkreten Inhalt. Zugleich gewann ich aber die Überzeugung, dass Mitbestimmung in einem strukturell notleidenden Industriezweig keine wirkliche Gestaltungsmöglichkeiten besitzt, sondern nur zur Linderung der Katastrophe gut ist, die der Verlust des Arbeitsplatzes für den Betroffenen und seine Familie bedeutet.

Mitbestimmung – eine Forderung unserer Zeit
Referat Otto Brenners vor Gewerkschaften am 19. Oktober 1968 in Stuttgart
Qualifizierte Mitbestimmung in allen großen Kapitalgesellschaften – das ist ein wichtiger Schritt zur Umverteilung der Verfügungsmacht. Sie wäre eine erste bedeutsame Etappe auf dem Wege zur Umgestaltung des Wirtschaftssystems im Sinne des DGB-Grundsatzprogramms.

Zwar läßt die Mitbestimmung die Institution des Privateigentums grundsätzlich unangetastet. Aber sie wird das Privateigentum in jene Grenzen zurückverweisen, die ihm das Grundgesetz gezogen hat. Mit der dort festgelegten Sozialbindung ist das Privateigentum ausdrücklich dem Allgemeinwohl verpflichtet und untergeordnet. In diesem Zusammenhang ist die Schlußfolgerung zu unterstreichen, die Oswald von Nell-Breuning gezogen hat:

»Das Eigentumsrecht berechtigt den Eigentümer nur zu denjenigen Verfügungen, die er allein, ohne fremde Hilfe ausführen kann. Bedarf er dazu fremder Hilfe, so verleiht sein Eigentumsrecht ihm keinerlei Anspruch darauf, daß andere Menschen sich seiner Befehlsgewalt unterwerfen. Vielmehr muß er mit diesen Bedingungen aushandeln. Diese aber sind befugt, ihre Mitwirkung davon abhängig zu machen, daß ihnen ein vollkommen gleichberechtigtes Mitbestimmungsrecht eingeräumt wird.«

In diesem Sinne müssen auch die allgemeinen Ziele wirtschaftlicher Tätigkeit ergänzt und mit neuem Inhalt erfüllt werden. Während die herrschende Wirtschaftsordnung Freiheit vor allem mit unternehmerischer Entscheidungsfreiheit gleichsetzt, muß die Mitbestimmung die Freiheit des Kapitals so

Immer wieder erinnerte mich die Tätigkeit in Wetzlar an meine erste Begegnung mit dieser Stadt im Mai 1946, als ich als »ausgesiedelter« 16-jähriger aus dem Sudetenland deportiert, in einem »Aufnahmelager« im Stadtteil Finsterloh gelandet war. Erwähnenswert erscheint mir noch die Bekanntschaft mit der Pflicht von Arbeitnehmervertretern in Aufsichtsräten, ihre Tantiemen bis auf den Betrag von damals 5.000 DM an die gewerkschaftliche Hans-Böckler-Stiftung abzuführen.

Jeder einzelne wird dabei überwacht. Zuwiderhandelnde werden in der Gewerkschaftszeitung namentlich aufgeführt und nicht mehr als Aufsichtsratskandidaten aufgestellt. Es erscheint mir sehr sinnvoll, dass wir auf diese Weise daran gehindert werden, uns wie die Vertreter der Anteilseigner durch Aufsichtsratsbezüge zu bereichern.

Während ich noch im Aufsichtsrat der Berghütte saß, zeitweise als stellvertretender Vorsitzender, delegierte mich Brenner in den Aufsichtsrat der Kruppstahl AG in Bochum. Dort wirkte er für die IG Metall als stellvertre-

weit einschränken, daß sie der Freiheit der Arbeitnehmer nicht mehr im Wege steht.

Während die herrschende Wirtschaftsordnung Gerechtigkeit vor allem als Leistungsgerechtigkeit entsprechend dem Beitrag am Markt versteht und dabei den Anteil des Kapitals regelmäßig überbewertet, muß die Mitbestimmung vor allem soziale Gesichtspunkte durchsetzen. Sie muß beispielsweise dafür sorgen, daß vom ersten Planungsstadium an mit den Investitionen die Sozialplanung verknüpft ist.

Während die herrschende Wirtschaftsordnung das Wachstumsziel dem Gewinnstreben unterordnet, muß die Mitbestimmung das Wachstumsziel so definieren, daß es in erster Linie der allgemeinen Bedürfnisbefriedigung dient. Kurzum: Ein funktionierendes Mitbestimmungssystem muß auch die allgemeine Wirtschaftspolitik so beeinflussen, daß sie allgemeinen Interessen dient. All das wird die qualifizierte Mitbestimmung im Unternehmen nicht allein leisten können. Wir müssen uns deshalb daran erinnern, daß unsere Mitbestimmungsforderung weiter geht. Sie schließt nämlich alle Bereiche des wirtschaftlichen und gesellschaftlichen Lebens ein.

Das bedeutet: Die qualifizierte Mitbestimmung im Unternehmen ist nur ein Teil eines geschlossenen Mitbestimmungssystems. Hinzukommen muß als notwendige Ergänzung die Mitbestimmung im Wirtschaftszweig, in der Gesamtwirtschaft und in den europäischen Institutionen.

Otto Brenner, Für eine bessere Welt. Aufsätze zur Gewerkschaftspolitik, Frankfurt am Main 1970, S. 53/54

tender Vorsitzender und Mitglied des Aufsichtsratspräsidiums. Von Berthold Beitz darum gebeten, wechselte er dann in den Aufsichtsrat der Krupp Holding.

An seine Stelle trat das für Mitbestimmung, Eisen- und Stahlindustrie zuständige geschäftsführende Vorstandsmitglied der IG Metall, Rudi Judith. Er war ein hervorragender Kenner der nationalen und internationalen Stahlindustrie und überraschte uns immer wieder durch seine präzisen Kenntnisse und persönlichen Besichtigungen aller möglichen, auch der ganz exotischen Hüttenwerke in aller Welt. Ich war erfreut von der Aussicht, nun eng mit ihm zusammenzuarbeiten. Er wurde von allen anderen Aufsichtsratsmitgliedern respektiert und war der unumstrittene Wortführer der Arbeitnehmervertreter im Aufsichtsrat. An jeder unserer Vorbesprechungen war er, wohlvorbereitet, stets anwesend. Daran nahmen nicht nur die Aufsichtsratsmitglieder unserer Seite, sondern auch die Betriebsratsvorsitzenden aller Krupp-Stahl-Unternehmen, der Arbeitsdirektor und die Personalleiter teil.

Regelmäßig wurde in aller Offenheit über alle, auch die strittigen Fragen diskutiert, ebenso wie in den Vorbesprechungen der Anteilseigner. Dort war eine besonders interessante Figur der iranische Industrieminister, der nach dem Erwerb von Aktien durch sein Land das Schahregime vertrat. Er war stets freundlich und verbindlich. Über die Situation im Iran war von ihm nichts zu erfahren – zu unserer Enttäuschung. In der AR-Sitzung stellte er nie Fragen, weshalb wir annahmen, dass er das zuvor mit den Anteilseignern erledigte.

Was ich bei der Berghütte im Kleinen kennen gelernt hatte, begegnete mir bei Krupp im großen Maßstab: Standortprobleme, Produktinnovation, Weltmarktkonkurrenz. Auch den Kampf um Arbeitsplätze hatten wir zu führen. Später – in den 1980er Jahren – gingen die jahrelangen Auseinandersetzungen um die Schließung eines modernen Hochofens in Rheinhausen in die deutsche Sozialgeschichte ein.

Selbstverständlich befasste ich mich während meiner zehnjährigen Zugehörigkeit zum Krupp-Stahl-Aufsichtsrat auch mit der wechselvollen Geschichte dieses Konzerns. Der Firmengründer, einer der Väter der deutschen Schwerindustrie, war nicht nur ein hervorragender Unternehmer gewesen, er hatte wie ein sozial gesinnter Patriarch geherrscht. Für ganze Generationen war es eine »Ehre« und eine »Sicherheit fürs Leben«, bei Krupp zu arbeiten. Zur Kaiserzeit hatte Krupp den dubiosen Titel eines »Kanonenkönigs« und trug ihn mit Stolz. Eines der schrecklichsten der von Krupp-Leuten gebauten Geschütze hieß »die dicke Berta« – Berta, das war Frau Krupp! Auch im »Dritten Reich« unterhielt der Konzern beste Beziehungen zu Berlin, zum »Führer«, und war eine Säule der Rüstungsindustrie. Alfred Krupp musste deswegen nach dem Ende des Zweiten Weltkriegs ins Gefängnis. Nach seiner Entlassung wurde der Versicherungsmanager Berthold Beitz Krupps rechte Hand. Er galt als genialer Unternehmer, war politisch nicht belastet, sondern eher dem Widerstand gegen Hitler zuzurechnen – hatte er doch in Polen vielen Menschen das Leben gerettet, eine Figur, die auch in Spielbergs Film »Schindlers Liste« der Hauptrolle würdig gewesen wäre.

Dass Otto Brenner zu diesem Mann ein Vertrauensverhältnis besaß, das auf Gegenseitigkeit beruhte, war für mich nicht erstaunlich: Beitz rettete den Krupp-Konzern vor der Zerschlagung, führte ihn zu neuer Größe und setzte die Tradition des Hauses fort durch die Pflege der Beziehungen zu den Gewerkschaften, speziell zu Brenner.

Nach dem Wirksamwerden der erweiterten Mitbestimmung durch das bereits erwähnte Gesetz der sozial-liberalen Koalition von 1976 traten Freunde aus der IG Metall – ich erwähne Georg Benz und Karl Heinz Janzen – an mich mit der Frage heran, ob ich bereit wäre, ein Mandat bei der Stuttgarter Standard Elektrik Lorenz (SEL) zu übernehmen. Ich befand mich damals bereits seit vier Jahren in Genf, wo ich auch für die Elektro- und Elektronik-Industrie weltweit zuständig war. SEL gehörte zu dieser Zeit dem US-Konzern ITT, einem der weltweit größten multinationalen Unternehmen der Branche. Ich war sofort bereit, weil ich das als reizvoll empfand, brauchte aber die Zustimmung des IMB-Generalsekretärs, denn ich musste mein Mandat ja während der Arbeitszeit wahrnehmen. Außerdem war denkbar, dass sich aus meiner Anwesenheit im SEL-ITT-Aufsichtsrat Komplikationen für die Gewerkschaftsarbeit hätten ergeben können. Mit Hilfe der IG Metall konnte ich derartige Bedenken ausräumen. Ich stellte mich zur Wahl und erzielte ein sehr gutes Ergebnis, ebenso wie die anderen IG Metall-Kandidaten.

Rasch lernte ich die Lage im Unternehmen kennen und mit meinen neuen Kollegen zusammenzuarbeiten. SEL hatte lange Zeit ein solides Auftragspolster bei der Post, bei der Radio- und Fernsehgeräteproduktion, der Bürokommunikation, der militärischen Nachrichtentechnik und Flugsicherung. Im ganzen Bundesgebiet waren neue Produktionsstätten errichtet oder vorhandene übernommen worden, die Belegschaft war stark angewachsen. Diese Unternehmensstruktur befand sich nun im Umbruch.

ITT wollte SEL in seinen weltweiten Konzern integrieren. Bei der Post hatte der Übergang von der elektromagnetischen zur elektronischen Telefonvermittlung begonnen. Das bedeutete für SEL einen riesigen Auftragsschub, der allerdings neue Technologie, Produkte und Arbeitsvorgänge voraussetzte. In der Unterhaltungselektronik wuchs der Druck der japanischen und anderer ostasiatischer Hersteller. Die Nachfrage im Bereich der militärischen Nachrichtentechnik ließ mit der Reduzierung der Rüstungshaushalte nach.

Kurzum: SEL stand unter stärkstem Wettbewerbs-, Rationalisierungs- und Innovationszwang. Die Firma konnte diesen vielfältigen Herausforderungen nur durch große Investitionen, Ingenieurleistungen, effizientes Marketing und die Eroberung neuer Märkte begegnen. Es wurden, nicht zuletzt durch Aufnahme der Vorschläge der Arbeitnehmervertreter im Aufsichtsrat, Anstrengungen in diese Richtung unternommen – aber ohne durchschlagenden Erfolg.

Es kam trotz heftiger Proteste der betroffenen Belegschaften und der Arbeitnehmerbank im Aufsichtsrat und gegen den Rat eines leitenden Angestellten, der präzise Gegenvorschläge machte und sozusagen zu unserer Fraktion gehörte, zu Betriebsschließungen und Massenentlassungen. Dieser Schrumpfungsprozess geht auch 2004 weiter. Erst wurde die Zahl der Arbeitsplätze halbiert, und am 30. Juni 2004 meldete die FAZ: »Zum Jahreswechsel beschäftigte die ALCATEL-SEL AG noch 6.240 Mitarbeiter.« Das ist rund ein Fünftel der Zahl bei meinem Eintritt in den Aufsichtsrat.

Aber das ist nicht der wahre *scoop* dieser Meldung. Er lautet: »An seinem deutschen Stammsitz gibt der Telekommunikationsausrüster die Produktion auf. Wie das Unternehmen mitteilt, verbleiben in Stuttgart alle Kernkompetenzen, worunter die Entwicklung und die kommerzielle Verantwortung der nächsten Generation optischer Übertragungssysteme verstanden werden. Ingesamt würden in diesem Jahr 900 Arbeitsplätze gestrichen, davon 550 durch Auslagerung der jeweiligen Aktivitäten.« Mit anderen Worten: ALCATEL trägt die SEL AG zu Grabe, dem Stuttgarter Management wird im Zeichen der Globalisierung die totale Unfähigkeit bescheinigt. Ironischerweise bleibt aber gerade die Entwicklung in Stuttgart erhalten, einst das kranke Herzstück der SEL, von dem die Arbeitnehmervertreter im Aufsichtsrat ständig Innovationen und neue Produkte gefordert haben. Das Management hat diese Herausforderung nicht erkannt oder nicht angenommen, die alten Produkte wurden nach und nach aufgegeben – Fernseher, Radiogeräte, Post- und Bahntechnologie, militärische Informationstechnologie. Und da keine neuen Produkte entwickelt, dagegen aber modernste Arbeitstechnologien angewandt wurden, reduzierte man die Belegschaft – die einfachste und zugleich dümmste aller Lösungen.

Wieder erwies sich als das einzig Machbare für uns die Ausarbeitung von »Sozialplänen«. Erneut hatte ich mich mit dem »sozialverträglichen« Belegschaftsabbau zu beschäftigen, der die Mitbestimmung zur Farce macht. Auch bei SEL machte ich die Bekanntschaft mit der Wirtschaftskriminalität von Topmanagern. Bei SEL wurde der Vorstandsvorsitzende angeklagt und zu einer Gefängnisstrafe verurteilt. Ebenso wie später der ALCATEL-Chef Monsieur Suhard in Paris hatte er sich auf Kosten der Firma bereichert. Der Persilschein, der Herrn Lohr von ITT bereitwillig ausgestellt wurde, rettete ihn nicht. Heute ist viel vom Verlust des Vertrauens in Politiker die Rede, aber die Skandale um die Verbrecher im weißen Kragen in den Konzernspitzen werden immer zahlreicher. Auch den mächtigen ALCATEL-Generaldirektor (CEO oder PDG), Monsieur Suhard, ereilte dieses Schicksal. Ganz ähnlich wie Herr Lohr hatte er sich auf Firmenkosten sein Privathaus renovieren lassen. Aber auch er wurde erwischt. Damit war mir die Kriminalität in höchsten Managerkreisen zum dritten Mal in meiner Aufsichtsratstätigkeit persönlich begegnet. Ich nutzte meine Position bei SEL, um meiner Arbeit im IMB nachzugehen. In Penang, Malaysia, gab es eine zu SEL gehörende Radiofabrik. Da dieses Land in meinem regionalen Aufgabenbereich lag, nahm ich mir vor, dort nach dem Rechten zu sehen. Mir war bereits bekannt, dass die malaysische Regierung als besonderen Investitionsanreiz ausländischen Elektronikkonzernen anbot, ihre Betriebe »gewerkschaftsfrei« zu halten. Dieses Privileg galt auch für die Fabrik in Penang. Die zuständigen Gewerkschaften in Malaysia und der IMB brachten die Regierung des Landes wegen Verstößen gegen die Konventionen über Vereinigungsfreiheit und das Recht auf Kollektivverhandlungen vor das Tribunal der Internationalen Arbeitsorganisation (IAO-ILO), und zwar, da keine wesentliche Verbesserung eintrat, über Jahrzehnte hin.

Die malaysische Regierung schien das nicht zu beeindrucken – sie schlug schließlich vor, eine eigene Gewerkschaft für Arbeitnehmer der Elektroindustrie zu gründen. Als auch dies nicht funktionierte, kam sie auf den originellen Gedanken, es solle für jedes Unternehmen eine besondere Firmengewerkschaft gebildet werden. Diesen Organisationen, die nicht unabhängig waren, trat jedoch nur ein winziger Teil der Betroffenen bei.

Im Bericht an die ILO-Konferenz von 2002 wurde Malaysia wiederum gerügt. Es heißt dort im Abschnitt über die Konvention Nr. 98 (Right to organise and collective bargaining), die von Malaysia bereits 1961 ratifiziert wurde: »For a number of years, the committee (committee of experts on the application of conventions and recommendations) has been commenting on the need to repeal section 15 of the Industrial Relations Aid (IRA), which limits the scope of collective agreements for companies granted ›pioneer status‹ ... Given that section 15 of the IRA constitutes a violation of Article 4 of the Convention, and that 6 years have passed since the Government indicated that the appropriate amendments would be made, the Committee urges the Government to ensure there are no further delays in repealing section 15, and to forward a copy of the repealing legislation as soon as adopted.«

An anderer Stelle heißt es: »The Committee must again recall that issues such as transfer, dismissal and reinstatement should not be exclused from the scope of collective bargaining.« Und der Bericht schließt mit der unmissverständlichen Aufforderung: »The Committee requests the Government to indicate in its next report the steps taken or envisaged to bring the above mentioned provisions to full conformity with the Convention.«

Die Geduld der Experten mit dem notorischen Wiederholungstäter ist, je nachdem, wie man es betrachtet, bewundernswert oder skandalös. Verständlich wird dies nur, wenn man daran erinnert, dass dieser Bericht von Juristen geschrieben wird und dass über seinen Wortlaut Einstimmigkeit zwischen Regierungs-, Gewerkschafts- und Arbeitgebervertretern herrschen muss. Unter diesen Voraussetzungen kann die Verurteilung Malaysias durch die IAO-ILO als die schärfste gelten, die überhaupt möglich ist. Durch gewerkschaftliche Aktion, unterstützt durch die Solidarität des IMB, wurde die fortgesetzte Verletzung des von der IAO-ILO gesetzten internationalen Rechts längst praktisch korrigiert.

In meinem eigenen Bericht über den Besuch bei der ITT-Radiofabrik in Penang wurde deutlich, dass es an den Arbeitsbedingungen dort nichts auszusetzen gab. Mein Eindruck von dem deutschen Werksleiter, dem mittleren Management, den Arbeits- und Verdienstbedingungen war eher positiv. Der Bericht wurde dem SEL-Vorstand und den SEL-Aufsichtsratsmitgliedern zugänglich gemacht. Mit den örtlichen Gewerkschaften, dem SEL-Betriebsrat und der IG Metall und dem IMB im Rücken forderte ich den Abschluss eines Firmentarifvertrages zwischen der malaysischen Elektroarbeiterorganisation und der Werksleitung von Penang. Ein Entwurf dafür wurde vom zuständigen Gewerkschaftssekretär ausgearbeitet.

Mit diesem Papier bewaffnet konnte ich endlich den Vorstand der SEL dafür gewinnen. Der malaysische Gewerkschaftssekretär reiste auf SEL-Kosten nach Stuttgart, der Vertrag wurde von ihm mit dem SEL-Arbeitsdirektor ausgehandelt und von beiden Seiten unterzeichnet. Meine Kollegen in Malaysia hatten das für unmöglich gehalten – nun waren sie begeistert. Die Belegschaft in Penang konnte sich gewerkschaftlich organisieren – nicht in einer Firmengewerkschaft, sondern in der für sie zuständigen nationalen Organisation.

Damit war in das amtliche Verbot die erste Bresche geschlagen. Im Zuge der weltweiten Umstrukturierung von ITT verlor der amerikanische Konzern sein Interesse an SEL. Wie bereits erwähnt ging die Firma schließlich an den französischen Multi ALCATEL. Wir hatten uns auf eine neue Zentrale und einen neuen Führungsstil einzustellen. Das Wichtigste für uns war zu erfahren, welche Pläne Paris mit dem Erwerb von SEL verfolgte.

Mit den Redensarten von Komplementarität und Synergieeffekten war nichts Konkretes anzufangen. Herr Suhard hatte keinerlei Vorstellung von Betriebsräten und Mitbestimmung. Auch die Anwesenheit von Arbeitnehmervertretern im Aufsichtsrat schien ihn eher zu stören. Er musste dazu überredet werden, sich allein, ohne Vorstandsmitglieder mit unserer Gruppe zu treffen.

Zu einer Mitteilung seiner Pläne mit SEL konnten wir ihn aber nicht bringen. Er lehnte es ab, sich von mir dolmetschen zu lassen und brachte stets seinen eigenen Dolmetscher mit. Er gab uns das Gefühl, es sei ein Privileg, ihn persönlich kennen zu lernen und mit ihm außerhalb der Aufsichtsratssitzungen zu sprechen.

Exkurs: Globalisierung

Die Debatte über den unaufhaltsamen und wohltätigen Zug zur Eroberung des Erdballs durch den Kapitalismus und den Freihandel hat inzwischen viel von ihrem triumphalistischen Pathos eingebüßt. Es häufen sich dagegen umfangreiche Studien, in denen Bilanz gezogen wird. Der Bericht der Weizsäkker-Kommission an den deutschen Bundestag, die Studie der Kommission unabhängiger Experten der ILO zur Erforschung der sozialen Dimension der Globalisierung (2004), Berichte von Welthandelsorganisation, UNCTAD und UN, ebenso wie die Untersuchungen von Gewerkschaftsinternationalen und anderen NGOs beweisen, dass die Globalisierungs-Begünstigten nur einen Bruchteil der Menschheit ausmachen, während diejenigen, denen sie nichts gebracht oder sogar geschadet hat, mehr als drei Viertel der Weltbevölkerung bilden. Vereinfacht gesagt: Die Reichen sind reicher, die Armen ärmer geworden.

Ebenso einfach, aber schwer zu realisieren ist die Antwort auf die Diagnose: Auf Gewerkschaftsseite wird die Verstärkung weltweiten solidarischen Handelns zum Imperativ. Unternehmer, Regierungen, Parlamente und supranationale Institutionen müssen verpflichtet werden, die Kern-Arbeitsnormen der ILO zu praktizieren, besonders jene über Gewerkschaftsfreiheiten, Zwangsarbeit, Kinderarbeit, Frauenrechte, Arbeitsmigranten. Und die ILO muss besser ausgestattet werden, um die Einhaltung ihrer Normen zu überwachen und gegen Verstöße mit Sanktionen vorzugehen. Gewiss, das ist ein riesenhaftes Programm, aber an seiner Verwirklichung – je eher, desto besser – führt kein Weg vorbei. Herr Somavia, der Generaldirektor der ILO, hat für dieses Ziel den Euphemismus »faire Globalisierung« geprägt – man mag darüber lächeln, weil das so wenig revolutionär klingt, aber ich verweise auf die zentrale Rolle des Begriffs »Fairness« in der britischen Kultur. Ginge es weltweit auch »nur« fair zu, so wäre das ein gewaltiger Fortschritt. Dass die entwickelte wie die Dritte Welt, praktisch alle Menschen, selbst dabei tätig werden müssen, ist für mich ebenso verpflichtend wie selbstverständlich. Für die gerechte Lösung dieses Problems muss gekämpft werden, sonst bleibt die schöne Rede von der einen Welt eine zynische Phrase.

Krise und Anpassung

Das Prinzip solidarischer Vertretung individueller Arbeitnehmerbelange ist das bewährte Grundgesetz gewerkschaftlichen Handelns in allen Ländern. Der Einzelne stößt im Betrieb auf die Grenzen seiner Möglichkeiten. Handelt er auf Grund dieser Einsicht, so schließt er sich einer Gewerkschaft an, zahlt seinen Mitgliedsbeitrag und kann an der Willensbildung und Interessenvertretung im Kollektiv aktiv mitarbeiten. Er erfährt solidarische Unterstützung bei Konflikten im Betrieb und im sozialen Bereich. Die Gewerkschaften treten für ihn ein und führen für ihn Arbeitsgerichts- und Sozialgerichtsprozesse, deren Erfolg jedes Jahr in Milliardensummen zugunsten der Arbeitnehmer messbar ist. Jedoch erweist sich der Nutzen der Mitgliedschaft nicht nur in derartigen Streitfällen, sondern bei den Tarifverträgen zur Regelung des Arbeitseinkommens und der Arbeitsbedingungen, bei der Teilnahme an gewerkschaftlichen Bildungskursen und bei persönlichen Notlagen.

Das von der Unternehmerpropaganda manipulierte Bild der Gewerkschaften in den Köpfen hat mit der Realität nichts zu tun und hält einer Prüfung nicht stand. Die Fakten sehen anders aus. Wissenschaftliche Untersuchungen beweisen, dass die Unfallhäufigkeit von Gewerkschaftsmitgliedern geringer ist als im Durchschnitt, dass sie mehr verdienen als Unorganisierte, dass sie einen besseren Gesundheitsschutz am Arbeitsplatz genießen, ja selbst ihre Produktivität ist höher. In Ländern mit starken Gewerkschaften fallen weit weniger Arbeitstage durch Streik aus, usw. Auch gegen den behaupteten Bedeutungsschwund der Gewerkschaften gibt es eine Fülle von Gegenbeweisen. Ich erwähne nur die Mitgliederzunahme im Bereich der Informations- und Kommunikationsindustrie.

»Agenda 2010« nennt sich das Reformprogramm der rot-grünen Bundesregierung, aber wem fiel schon auf, dass ein fast identischer Titel über dem Zukunftsprogramm der IG Metall aus dem Jahr 2002 steht: »Offensive 2010 – Chancen für eine bessere Zukunft. Mehr erkennen. Weiter denken. Zukunft leben.«[32]

Dieses Dokument wurde so breit gestreut, dass es mit Gewissheit auch dem Bundeskanzleramt und dem SPD-Vorstand vorliegt. Aber dort werden gewerkschaftliche Äußerungen entweder als gegnerische betrachtet und wandern deshalb in den Papierkorb – oder man scheut sich nicht, sie zu plagiieren – wenn es in den Kram passt. Ich enthalte mich des Urteils, wie es gewe-

[32] IG Metall-Vorstand (Hrsg.): Frankfurt/M. 2002.

sen sein mag. Aber es existiert ein weiteres Indiz dafür, dass entweder Ignoranz vorherrscht – oder schamlos plagiiert wird; im Jahre 1993, also ganze zehn Jahre vor der »Agenda 2010«, dem großen »Reformprogramm« von Schröder und Co., veröffentlichte Hans Matthöfer, ehemaliger Bundesforschungs-, Finanz- und Postminister und SPD-Schatzmeister, sein Buch »Agenda 2000«,[33] das Helmut Schmidt mit höchstem Lob bedachte.[34] Auch das hat man in Berlin ignoriert, oder einfach den Titel geklaut – das Urteil überlasse ich dem Leser.

Mit dem Begriff der »Reformen« verbindet sich, nicht nur nach meiner Überzeugung, sondern nach Prüfung der »Reformen« durch die deutschen Gewerkschaften nichts anderes als Sozialabbau, wie er derzeit zur Sanierung der Haushalte fast überall in der Welt betrieben wird. Überall treten die Gewerkschaften zum Kampf dagegen an – von Frankreich über Italien und Australien bis in die USA und Kanada. Aber wer weiß das schon, wer widmet dem Phänomen und seinen Ursachen auch nur einige Aufmerksamkeit? Die Medien und die sie beliefernden Politiker verwenden nur Klischees. Alles, was die Regierung vorhat, ist von vornherein positiv, nur Dummköpfe können dagegen sein – die Regierenden schwanken angesichts der Schwierigkeiten, die ihnen die Durchführung ihrer »Reformen« beim Volk bereiten, zwischen »unzureichender Vermittlung« und »mangelnder Akzeptanz«, ein von SPD-Chef Franz Müntefering ins Gespräch gebrachter Begriff.

Wie immer auch die verheerende Wirkung der »Reformen« bei den Leuten benannt wird – kein Verantwortlicher will der negativen Reaktion der Wähler auf den Grund gehen –, der Bundeskanzler erklärt, er könne nur diese Politik, keine andere.

Es heißt, die Reformen in Frage zu stellen, sei gleichbedeutend mit dem Kanzlersturz. Die ständig wiederholte Antwort der Gewerkschaften, sie wollten keine andere Regierung und keinen anderen Kanzler, sondern eine andere Politik, wird einfach totgeschwiegen – ebenso wie die von ihnen bis ins Detail ausgearbeiteten Alternativ-Programme. Es passt den Regierenden, die Gewerkschaften als sture Neinsager hinzustellen. Schröder ist lieber mit Gesamtmetall im Bunde als mit der IG Metall oder dem DGB. Das so genannte Besitzstandsdenken der Arbeitnehmerorganisationen löst eine heuchlerische Empörung aus.

---

[33] Hans Matthöfer: Agenda 2000. Vorschläge zur Wirtschafts- und Gesellschaftspolitik, Bonn 1993.

[34] Vgl. Der Spiegel, 26. April 1993.

Es wiederholt sich, was vor 40 Jahren in wissenschaftlichen Medienanalysen an antigewerkschaftlicher, klischeehafter Hetze bereits nachgewiesen wurde – allerdings mit einem wesentlichen Unterschied: In den sechziger Jahren des vorigen Jahrhunderts stand die SPD-Führung auf Seiten der Gewerkschaften, nicht, wie heute, mitten im Chor des misstönenden gewerkschaftsfeindlichen Orchesters. Man muss weit in die Geschichte der Arbeiterbewegung zurückgehen, um einen ähnlichen Konflikt zu finden.

Als am ehesten geeignetes Beispiel erscheint mir der Streit um die Autorität zur Ausrufung des Generalstreiks. Die Parteiführung reklamierte, angesichts dessen politischer Tragweite – bis hin zum Sturz der Regierung –, aus nachvollziehbaren Gründen dieses Privileg für sich. Es erschien ihr als rein politische Angelegenheit, bei der die Gewerkschaften »nur« ihren starken Arm zu leihen hatten.

Nicht weniger plausibel war indessen die gewerkschaftliche Sicht: Sie wurde bestimmt vom starken Ansteigen der Zahl der Mitglieder ab 1901. Sie schnellte von 678.000 bis 1911 auf 2,3 Millionen hoch. Entsprechend wuchs auch das Selbstbewusstsein der Führung. Man versuchte, von der Bindung an die SPD loszukommen. Die Partei wurde gezwungen, ihr bereits erfolgtes Votum, wonach es ihre Angelegenheit sei, den so genannten Streikbefehl zu erteilen, zurückzuziehen. Auf dem SPD-Parteitag von 1906 in Mannheim billigte die Partei zum ersten Mal die Entscheidung in allen kritischen Situationen formell den Gewerkschaften zu.

In diesem Licht betrachtet wird verständlich, dass und weshalb Bundeskanzler Schröder und andere SPD-Politiker seit März 2003 mit der so genannten »Agenda 2010« glauben, den Gewerkschaften und den Arbeitnehmern und Rentnern alles Mögliche zumuten zu können. Sie verhalten sich nicht wie demokratische Führer, sondern wie Truppenkommandeure, denen zu gehorchen ist. Der Gipfel der Torheit ist, dass dies angeblich sozialdemokratische Tradition sein soll. In Wirklichkeit haben diese »Führer« vollständig mit ihr gebrochen. Die Quittung hierfür erhalten sie in Form von zehntausenden von Parteiaustritten, in immer geringerer Wahlbeteiligung und in massiver Abkehr der sozialdemokratischen Stammwähler. Man kann diesen »Reform«-Kurs nur selbstmörderisch nennen.

Die Bonner Kompromisse: Ludwig Erhard und Karl Schiller

Besonders dramatisch gestaltete sich die Tarifauseinandersetzung im Jahre 1963. Die IG Metall begann einen Arbeitskampf in Baden-Württemberg. Vorausgegangen waren: gescheiterte Spitzengespräche, heftigster Streit in der Öffentlichkeit über die wirtschaftliche Lage der Metallindustrie und die Berechtigung der Forderungen der Gewerkschaft (8% mehr Lohn und Gehalt) bei einem Produktivitätsfortschritt von mehr als 5% in 1962 und Preissteigerungen für die Verbraucher von 2,5 bis 3%.

Die Arbeitgeber starteten eine große Volksverdummung, um die Zahlen der IG Metall zu entkräften. 63 Bundestagsabgeordnete von CDU/CSU und FDP forderten die Bundesregierung auf, Verhandlungen mit den Tarifparteien zu führen mit dem Ziel, »auf Arbeitszeitverkürzungen zu verzichten und vertretbare Mehrarbeit im Betrieb zu fördern.« Auch wurde die IG Metall ermahnt, eine Lohnpause einzulegen. Die Krönung fand die antigewerkschaftliche Mobilisierung in dem Beschluss der Metallindustriellen, den Streik in Baden-Württemberg mit einer »Generalaussperrung« zu beantworten, von der mehr als 300.000 Arbeitnehmer betroffen waren.

Dieses verantwortungslose Verhalten löste auf Gewerkschaftsseite eine wahre Solidaritätswelle aus. Eine derartige Zuspitzung der Gegensätze hatte es in der Nachkriegszeit noch nicht gegeben. Otto Brenner erinnerte daran, dass die letzte große Aussperrung 1928 stattgefunden hatte. Er erklärte: »Obwohl die Aussperrung arbeitsrechtlich als dem Streik entsprechendes Kampfmittel der Unternehmer bezeichnet wird, besteht doch gar kein Zweifel, dass es sich sozial um etwas anderes handelt. Bei der Aussperrung ... nimmt der Arbeitgeber dem Arbeitnehmer die Arbeits- und damit die Existenzmöglichkeit für sich und seine Familie – in der Absicht, ihn zur Annahme der von ihm angebotenen Arbeitsbedingungen zu zwingen ... (Außerdem) verfolgt die Aussperrung auch die Absicht, die Kraft der Gewerkschaften zu brechen ... Diesem ausgesprochen politischen Ziel dient offenbar auch die Aussperrung, mit der wir es hier zum ersten Mal nach 35 Jahren wieder zu tun haben.«[35]

In dieser Situation ergriff Bundeswirtschaftsminister Erhard die Initiative und lud zu einem »Vermittlungsgespräch« im kleinen Kreis nach Bonn ein. Der Vorstand der IG Metall beschloss, diese Einladung anzunehmen und die Entscheidung über Kampfmaßnahmen in Nordrhein-Westfalen zu vertagen, obwohl die Arbeitgeber im Tarifgebiet Südbaden zur Aussperrung schritten und damit die Situation weiter verschärften.

In der Nacht vom 6. auf den 7. Mai 1963 kam dann im Bundeswirtschaftsministerium der »Bonner Kompromiss« zustande. Er sah vor:

---

[35] Metallpressedienst vom 8.5.1963, S 50ff.

1. eine Lohn- und Gehaltserhöhung von 5% rückwirkend ab 1. April bzw. 1. Mai 1963 (je nach Kündigungstermin) bis 31. März 1964
2. eine weitere Lohn- und Gehaltserhöhung um 2% ab 1. April 1964 mit einer Laufzeit bis zum 30. September 1964
3. das fristgerechte Inkrafttreten der nächsten Stufe der Arbeitzeitverkürzung mit vollem Lohn- und Gehaltsausgleich ab 1. Januar 1964

Die zuständigen Gremien der IG Metall und von Gesamtmetall billigten anschließend den »Bonner Kompromiss«.

Damit hatte der größte Tarifkonflikt der Nachkriegszeit sein Ende gefunden. Zu seiner Würdigung schrieb Brenner in der Gewerkschaftszeitung »Metall«: »Es handelt sich nicht nur darum, was bei einer Tarifbewegung materiell erreicht wurde, sondern ebenso darum, was durch sie verhindert werden konnte.«

Und er zählt auf: »Verschiebung der Arbeitszeitverkürzung, Lohnpause, Beschränkung der Lohn- und Gehaltserhöhungen auf den Produktivitätsfortschritt« – das »hätte das Ende des sozialen Fortschritts in der Bundesrepublik bedeutet und die Tarifautonomie illusorisch gemacht.« Es sei allen deutlich geworden, wie notwendig die unbedingte Erhaltung der Tarifautonomie und des Streikrechts sei. Es habe sich gezeigt, von welcher Seite allein dem sozialen Fortschritt und dem Ausbau der Demokratie in der Bundesrepublik Gefahren drohen. (Alles nach Metallpressedienst 1963)

Die verfälschte Darstellung des »Bonner Kompromisses« in den Medien veranlasste mich, dem »Spiegel«, stellvertretend für viele andere, einen richtigstellenden Leserbrief zu schreiben. Er wurde im Heft 22/1963 abgedruckt (siehe Kasten).

Jahre später fühlte sich erneut ein Bundeswirtschaftsminister gedrängt, in einer Tarifauseinandersetzung in der Metallindustrie zu intervenieren. Es war Karl Schiller, der Erfinder der Philosophie von »Konzertierter Aktion« und »Sozialer Symmetrie«. Sein Eingreifen führte zu einer »Gemeinsamen Erklärung« aller im Bundeswirtschaftsministerium versammelten Parteien. Sie lautet: »Die Beratungen der ›konzertierten Aktion‹ wurden heute durch ein Gespräch von Bundeswirtschaftsminister Schiller mit Vertretern der Gewerkschaften, der Spitzenorganisationen der Wirtschaft im Beisein von Mitgliedern des Sachverständigenrates fortgesetzt. Minister Schiller erklärte dabei, dass die bisherigen Gespräche, die sich vor allem mit der kurzfristig, d.h. für 1967 angestrebten Wirtschaftsentwicklung befasst haben, weitergeführt werden müssten. In dieser kommenden Phase der ›konzertierten Aktion‹ sind gemeinsame Vorstellungen über die mittelfristig anzustrebende Entwicklung

»IG Hartmetall (Nr. 20/1963, Erhard)
Es ist nicht richtig, dass die IG Metall in dem Glauben zu Erhard gegangen ist, es handelte sich dabei um ein ›unverbindliches Spitzengespräch‹. Otto Brenner hat vielmehr noch bei seinem Eintreffen im Bundesministerium erklärt, wenn er nicht mit einem Ergebnis rechnen würde, wäre er nicht gekommen. Wenn die IG Metall trotzdem daran festhielt und weiter festhält, die Bonnern Konferenz nicht als Tarifverhandlung, sondern als Spitzengespräch zu bezeichnen, so liegt das ganz einfach daran, dass ja auch nach dem Bonner Kompromiss die neuen Tarifverträge tatsächlich in den Ländern zwischen den Bezirken der IG Metall und den regionalen Arbeitgeberverbänden abgeschlossen werden. Ihre Darstellung der Zug um Zug von beiden Seiten erfolgten Konzessionen geht nach meiner Ansicht ziemlich einseitig zu Lasten der IG Metall. Es kommt nicht zum Ausdruck, dass die IG Metall in drei Grundsatzfragen nicht nachgegeben hat: Es wird keine Verschiebung der nächsten Stufe der Arbeitszeitverkürzung geben. Die Produktivitätszunahme wir nicht zum Richtmaß der Lohnerhöhung gemacht. Die Forderung nach einer Lohnpause ist abgewehrt. Im Licht dieser Tatsachen muss auch die vereinbarte Lohnerhöhung gesehen werden.

Was schließlich die Gegenüberstellung der Äußerungen von Brenner und Schleyer angeht, so stimmen sie doch nur dem Scheine nach überein. Brenner brachte zum Ausdruck, dass die IG Metall auch ohne Streik und Aussperrung die fünf bzw. zwei Prozent akzeptiert hätte, aber entscheidend ist doch, dass sie auf dem Verhandlungsweg nicht erreicht wurden. In den Verhandlungen selbst haben die Arbeitgeber nur die Lohnpause gefordert und kein konkretes Angebot gemacht. Schon allein deswegen ist die Parallele mit dem Abschuss in der Bauindustrie falsch. Wenn der eine Partner nichts geben will, nutzt alle Friedfertigkeit des anderen nichts. Auch die Behauptungen, der ›Bonner Kompromiss‹ sehe dem letzten Arbeitgeberangebot (vor Streikbeginn) verzweifelt ähnlich, ist unzutreffend, weil es schon einen großen Unterschied macht, ob der am 1. Januar 1964 zu gewährende Lohnausgleich auf den um drei Prozent oder fünf Prozent erhöhten Lohn gezahlt wird.

Frankfurt (Main)
Dr. Werner Thönnessen, Vorstand der Industriegewerkschaft Metall«

der deutschen Wirtschaft und dabei auch über die Einkommens- und Vermögensgestaltung zu erarbeiten. Minister Schiller erklärte, dass bei den dafür notwendigen wirtschaftspolitischen Entscheidungen der Grundsatz der ›Sozialen Symmetrie‹ zu beachten sei. Die Gesprächspartner stimmten darin überein: Beide Abschnitte der ›konzertierten Aktion‹ müssen in einem engen Zusammenhang stehen.

Für das Jahr 1967 erkennen die Beteiligten die wirtschaftspolitische Zielsetzung der Bundesregierung an und sind bereit, diese Zielsetzung durch ihre eigenen autonomen Entscheidungen zu unterstützen. Die für 1967 angestrebte Wachstumsrate des Bruttosozialprodukts von nominal 4% erfordert neben einer konjunkturgerechten Zunahme des privaten Verbrauchs eine kräftige Steigerung der privaten und öffentlichen Investitionstätigkeit. Das erfordert, dass auch die Länder und Gemeinden ihre Investitionsausgaben nicht kürzen, sondern erhöhen. Die Reduzierung des gesamtwirtschaftlichen Preisanstiegs auf 2% im Jahresdurchschnitt 1967 gegenüber 3,6% im Jahre 1966 ist – angesichts der Nachwirkungen aus früheren Jahren und der Verschiebung in der Preisstruktur – ein erheblicher Fortschritt in den Stabilitätsbemühungen.

Die Beteiligten haben die ihnen von Minister Schiller am 14. Februar übergebene Zielprojektion wie verabredet geprüft und daraus ihre Schlussfolgerungen gezogen. Die in den Zielsetzungen enthaltenen Zahlen für die Entwicklung im Jahre 1967 sind gesamtwirtschaftliche Orientierungsdaten. Sie können deshalb für einzelne Bereiche nicht als bindende Größen angesehen werden. Die Beteiligten sind sich aber darin einig, dass der Staat bei seinen Maßnahmen und die autonomen Gruppen bei ihren preis- und lohnpolitischen Entscheidungen diese Orientierungsdaten berücksichtigen sollten.«[36]

In vieler Beziehung ist diese »gemeinsame Erklärung« zitierenswert: Das »angestrebte« Wirtschaftswachstum lag bei 4%, während in der gegenwärtigen Situation die Prognose fortwährend auf weniger als ein halbes Prozent korrigiert wird. Erarbeitet werden sollten »gemeinsame Vorstellungen« – wovon heute noch nicht einmal als Zielvorstellung gesprochen werden kann: Bestandteil der gemeinsamen Erklärung war der »Grundsatz der sozialen Symmetrie«, ein heute völlig abhanden gekommenes Prinzip. Einverständnis bestand ferner darüber, dass das Wachstumsziel eine »kräftige Zunahme des privaten Verbrauchs« – wenn auch mit der Einschränkung »konjunkturgerecht« – sowie eine »kräftige Steigerung der privaten und öffentlichen Investitionsausgaben« erfordere. Länder und Gemeinden müssten dazu ihre »Investitionsausgaben« nicht kürzen, sondern erhöhen. Gerade diese Gewerkschaftsforderung von heute gilt als verfehlter Neo-Keynesianismus. Mit anderen Worten: Zwischen damals und heute besteht ein Unterschied wie Tag und Nacht. Die Frage drängt sich auf: Wer hat die Orientierung verloren?

[36] Dokumentiert in Metallpressedienst vom 25.10.1967, S. 152ff.

Soziale Auseinandersetzungen und Arbeitskämpfe in der »Ära Brenner«

Wie bereits betont, war Brenners gesamte Tätigkeit von der Erkenntnis bestimmt, dass sich Arbeitnehmerinteressen im Betrieb, in der Wirtschaft, in der Politik wie in der Gesellschaft nur kämpferisch durchsetzen lassen. Da ihm das Ziel und die Strategie klar waren, hatte Brenner nur über die Taktik nachzudenken. Dafür fand er ein geeignetes Instrument in dem jedes Jahr neu aufzulegenden »Aktionsprogramm«. Darauf schwor er seine Vorstandskollegen, die Funktionäre und Mitglieder der IG Metall ein. Die Aktionsprogramme wurden stets aus der konkreten Situation der Metallarbeitnehmer und ihrer Familien abgeleitet und in der Organisation demokratisch legitimiert.

Der längste Arbeitskampf in der Geschichte der IG Metall wurde geführt, um zu erreichen, dass Arbeiter im Krankheitsfall den Angestellten gleichgestellt würden. Der Streik darum wurde in Schleswig-Holstein vom 24.10.1956 bis 14.2.1957 geführt und durch einen entsprechenden Tarifvertrag erfolgreich abgeschlossen. Das Ziel war so populär, dass die Streikfront nie schwankte. Die zunächst nur für die Metallindustrie geltende Regelung wurde per Gesetz für alle Arbeiter durch den Bundestag verbindlich gemacht. Damit widerlegte die IG Metall erneut die Behauptung, die Gewerkschaften kümmerten sich nur um ihre eigenen Mitglieder.

Die unterlegenen Metallindustriellen jedoch gaben sich mit ihrer Niederlage nicht zufrieden. Sie versuchten vielmehr, diese durch einen Rechtsstreit über alle Instanzen in einen Sieg über die IG Metall zu verwandeln. Im Oktober 1958 erwirkten sie schließlich ein Urteil des Bundesarbeitsgerichts. Die IG Metall wurde dadurch verpflichtet, den durch Streik entstandenen »Schaden« zu ersetzen.

Das BAG bewertete nämlich die Urabstimmung, in der die Mitglieder befragt worden waren, ob sie bereit seien, für die Forderung nach Lohnfortzahlung für kranke Arbeiter zu streiken, bereits als eine während der so genannten Friedenspflicht verbotene Kampfmaßname. Hätte sich die Gewerkschaft diesem Richterspruch unterworfen, so hätte sie rund 38 Millionen DM »Schadensersatz« aus ihrer Kasse zahlen müssen.

Diesen Aderlass wollten Brenner und seine Kollegen unter allen Umständen vermeiden. Das einzige Mittel hierfür war eine Klage beim Bundesverfassungsgericht, und die Gewerkschaft gab zu deren Vorbereitung bei renommierten Arbeits- und Verfassungsrechtlern Gutachten in Auftrag, in denen nachgewiesen wurde, dass das BAG-Urteil eine Verletzung des grundgesetzlich garantierten Rechts auf Koalitionsfreiheit, einen Eingriff in die innergewerkschaftliche Willensbildung, darstellte. Eine ganze Literatur wurde produziert, um diese These zu stützen.

Gleichzeitig sondierte die IG Metall bei den Metallindustriellen, ob und unter welchen Umständen sie eventuell bereit wären, auf ihren »Schadensersatzanspruch« zu verzichten. Otto Brenner führte darüber ein Gespräch mit dem Vorsitzenden von Gesamtmetall, Herbert van Hüllen. Anzubieten hatte die IG Metall dabei eine Neuregelung der Vereinbarung über die freiwillige Schlichtung von Streitigkeiten zwischen beiden Seiten. Die bisherige Schlichtungsvereinbarung enthielt eine Bestimmung, die zu der Verurteilung durch das BAG geführt hatte und deshalb beseitigt werden musste.

Nachdem in dem »Spitzengespräch« geklärt worden war, dass Gesamtmetall sich darauf einließ, wurde eine »Expertenkommission« gebildet. Diese war paritätisch besetzt und erhielt ein Verhandlungsmandat. Brenner nominierte mich, neben dem IG Metall-Justitiar und dem bayerischen Bezirkssekretär Schleinkofer. In geheimen Gesprächen, die sich über zwei Jahre hinzogen, konnte ein gemeinsamer Entwurf erstellt werden, der den beiden Auftraggebern vorgelegt wurde.

In einer vom 15./16. Januar 1964 datierten gemeinsamen Presseerklärung von IG Metall und Gesamtmetall war dann von einem 15 Stunden währenden Gespräch die Rede, in dem in nahezu allen wesentlichen Punkten Übereinstimmung über eine neue Schlichtungsvereinbarung erzielt worden war. In einem weiteren Spitzengespräch am 14. April 1964 wurde das Abkommen paraphiert. Es gab erneut eine gemeinsame Presseerklärung mit der Zusammenfassung des Inhalts.

Auf meinen Vorschlag hin wurde ein Novum bekannt gegeben – beide Parteien würden das Abkommen am 12. Mai 1964 unterzeichnen und in einer gemeinsamen Pressekonferenz (im Frankfurter Hotel Intercontinental) der Öffentlichkeit erläutern. Unterzeichner waren für Gesamtmetall van Hüllen und Dr. Schleyer, für die IG Metall Otto Brenner und der 2. Vorsitzende Hans Mayr. Die vollbesetzte Pressekonferenz wurde vom Pressesprecher von Gesamtmetall und mir geleitet – das hatte es noch nie gegeben.

Bestandteil der Einigung, die der IG Metall den enormen Mittelabfluss ersparte, war der Verzicht der Metallindustriellen auf ihren »Schadensersatz«. Die Konzessionen, die die Gewerkschaft im Wortlaut der neuen Schlichtungsvereinbarung gemacht hatte, waren unwesentlich – Brenner und die ganze IG Metall konnten sich zurecht als Sieger sehen, politisch wie organisatorisch. Die Verfassungsbeschwerde wurde zurückgezogen. Beide Seiten hatten das Gesicht gewahrt.

Derzeit ist viel von einer angeblich notwendigen Arbeitszeitverlängerung – auf 40 Stunden und mehr – die Rede, weshalb es angebracht erscheint, daran zu erinnern, wie und warum die Gewerkschaften um die Verkürzung der Arbeitszeit – mit großem Erfolg und Beifall des Publikums – gekämpft haben.

Zum Verständnis – wenn auch nicht zur Rechtfertigung – der heutigen Verfechter einer Arbeitszeitverlängerung zitiere ich den vatikanischen »Osservatore Romano«, in dem man einst lesen konnte: »Kein menschliches, kein göttliches Gesetz kann dem gesunden, kräftigen und fleißigen Mann« – von Frauen ist keine Rede – »gebieten, statt zehn oder zwölf – nur acht Stunden zu arbeiten. Die Festsetzung dieses Gebotes in einem Gesetz wäre ein Anschlag auf die persönliche Freiheit, eine Beschränkung des kostbaren Vermögens des Menschen, seine Hände und seinen Geist zu betätigen.« Es klingt, als ob Herr Westerwelle dies eben formuliert hätte – ein klassisches neoliberales Glaubensbekenntnis, aber doch wirklich keine neue Idee, geschweige denn eine Reform! Fairerweise füge ich hinzu, dass sich die »Zentralauskunftsstelle für die katholische Presse« in Rom beeilte zu verkünden, der Papst habe »mit den Auslassungen des Osservatore Romano nichts zu tun.« Dieses Dementi war nötig, um die katholische Soziallehre vor neoliberalen Exzessen zu bewahren.

Der Kampf um kürzere Arbeitszeit begann im 19. Jahrhundert und durchlief viele Stationen – von den Feststellungen der Fabrikinspektoren über die verheerenden Folgen des Fehlens jeden Schutzes für Kinder und Jugendliche – über die Darstellungen von Marx und Engels, die staatlichen Maßnahmen zur Verbesserung des Gesundheitszustands der Rekruten, die gewerkschaftliche Forderung nach dem 10-Stundentag (1871) und nach maximal 8 Stunden (1890) bis zur Verkündigung des Acht-Stunden-Tages in der deutschen Revolution von 1918.

All dies soll vergebens oder sogar unsinnig und schädlich gewesen sein? Nur Ignoranten können das behaupten. Soll das Meisterstück gewerkschaftlicher Mobilisierung, die Parole »Samstags gehört Vati mir!« die deutschen Arbeitnehmer ins Abseits geführt haben?

Wer redet davon, dass in Frankreich die 35-Stunden-Woche Gesetz ist? Was in Deutschland stattfindet, ist eine der übelbekannten Arbeitgeber-, Minister- und Medienkampagnen gegen eine soziale Errungenschaft, die – aus welchen Gründen auch immer – nicht preisgegeben werden darf. Ebenso wenig, wie es in die Disposition des einzelnen Arbeitnehmers gestellt werden darf, wie viele Überstunden er »freiwillig« leistet.

Es muss bei dem bleiben, was die IG Metall bereits zugestanden hat: Bei Produktionsschwankungen nach oben oder unten kann mit der Gewerkschaft eine gewisse Flexibilität vertraglich vereinbart werden. Es ist völlig abwegig und realitätsfremd, diese Entscheidung allein den Arbeitnehmern oder den Betriebsräten zu überlassen – sie stehen unter der Drohung des »Outsourcing« oder, wie die IG Metall neuerdings klugerweise formuliert, des »Offshoring«.

In der Geschichte der IG Metall kann man nachlesen, wie die Auseinandersetzung um Arbeitszeitverkürzung, Urlaubsverlängerung, zusätzliches Urlaubsgeld, Arbeitszeitkonten und Lebensarbeitszeit verlaufen ist. Auch die Behauptung, die Gewerkschaften hätten nur für die Arbeitsplatzbesitzer, nicht aber für die Arbeitslosen gekämpft, hält einer Nachprüfung nicht stand. Sie gehört zum Bestand der anti-gewerkschaftlichen Klischees und ignoriert völlig, dass auch Arbeitslose Gewerkschaftsmitglieder sind.

Auf den Streit darüber, ob und wie viele neue Arbeitsplätze die Verkürzung der Arbeitszeit geschaffen hat, lasse ich mich an dieser Stelle nicht ein. Dagegen unterstreiche ich mit Nachdruck, dass die Arbeitszeitverlängerung eine zusätzliche Belastung der Arbeitsplatzbesitzer und keinerlei Perspektive für Arbeitslose darstellt. Es handelt sich dabei um einen groß angelegten Betrug von interessierter Seite, gegen den sich die Gewerkschaften nicht entschieden genug wehren können, wie immer sie auch dafür von »Experten« gescholten werden.

Der Vorsitzende des Gesamtverbandes Metallindustrieller Arbeitgeberverbände, Herbert van Hüllen, hat am 14. Juni 1967 in Hannover erklärt, er könne sich des Eindrucks nicht erwehren, dass hinter dem »Gerede« vom willkürlichen Abbau freiwilliger Sozialleistungen und übertariflich bezahlter Löhne, »System« stecke. »Man möchte das Unternehmen als Ganzes in der Öffentlichkeit anschwärzen und dadurch vielleicht von eigenen Schwierigkeiten ablenken.«[37]

Diese Behauptung und Verdächtigung des Gesamtmetall-Vorsitzenden löste bei uns Empörung und Verbitterung aus und führte zu dem Beschluss, die schamlose Behandlung der Arbeitnehmer in der damaligen Konjunkturflaute zu dokumentieren. Eine Darstellung der Fakten erschien uns wirksamer, als auf die Polemik der Arbeitgeber in gleicher Art zu antworten.

---

[37] Zitiert nach »Weißbuch zur Unternehmermoral«, hrsg. vom IG Metall-Bundesvorstand, Frankfurt am Main, Juni 1967, S. 5f.

Otto Brenner schrieb im Vorwort zum »Weißbuch«: »Es enthält eine kurze Darstellung der wirtschaftlichen und sozialen Entwicklung der letzten Monate, eine Sammlung von Beispielen skandalösen Verhaltens von Unternehmern und eine Auswahl von aktuellen Dokumenten. Das Material entstammt teils eigenen Erhebungen der IG Metall, teils der Presse. Letzterer wurden nur Darstellungen entnommen, die von Arbeitgeberseite nicht dementiert wurden.«

Und zu der mit dem »Weißbuch« verfolgten Absicht erklärte der IG Metall-Vorsitzende: »Unser Weißbuch soll die Öffentlichkeit über das Verhalten von Arbeitgebern in der gegenwärtigen Wirtschaftslage aufklären: Es soll die Berechtigung unserer Forderung nach tariflicher Absicherung der Effektiveinkommen erhärten. Es soll die verantwortlichen Politiker über weithin geübte unsoziale Praktiken unterrichten und ihnen Unterlagen für eine auf diese Situation bezogene Wirtschafts- und Sozialpolitik liefern. Es soll die Arbeitnehmer in den Betrieben zur Wahrung ihrer Rechte und zur Verteidigung ihres sozialen Besitzstandes auffordern und schließlich die Arbeitgeber dazu veranlassen, die Würde der arbeitenden Menschen und die geltenden Gesetze und Verträge so zu achten, wie es in einem sozialen Rechtsstaat selbstverständlich sein müsste.«[38]

Geplant und erfolgreich durchgeführt wurde also eine große Aufklärungskampagne für alle, die der Sozialabbau anging: Die Öffentlichkeit und die Medien, die Politiker, die betroffenen Arbeitnehmer selbst und die Arbeitgeber, denen damit der Spiegel ihres eigenen Verhaltens vorgehalten wurde.

Wir dokumentierten, dass im Januar 1967 2,7%, im Februar 2,8%, im März 2,6% der Beschäftigten der westdeutschen Metallindustrie entlassen wurden. Wir legten genaue Zahlen über Kurzarbeit und Betriebsstilllegungen vor. Es folgten, nach Bezirken aufgegliedert, die nachgewiesenen Fälle von Abbau »freiwilliger« Sozialleistungen. In dem Bezirk Stuttgart allein wurden 1.037 Firmen gezählt, die sich unsozial verhalten hatten. In dem Kapitel »Abbau übertariflicher Verdienstbestandteile« wurden die von uns ertappten Unternehmen namentlich aufgeführt. Die Arbeitgeber machten schon vor Erscheinen des Weißbuchs mit Hilfe von ihnen nahestehenden Medien und ihrer Mitgliedsverbände und Firmen große Anstrengungen, um die für sie verheerende Wirkung unserer Publikation abzuschwächen – aber das misslang kläglich. Deshalb schrieben wir am Schluss des Weißbuchs: »Ob jedoch die einzig wirksame Antwort der Arbeitgeber, nämlich ein sozial verantwortungs-

[38] Weißbuch, S. 8f.

volleres Handeln folgen wird, bleibt abzuwarten. Auf Grund der Erfahrungen muss das wohl bezweifelt werden, obgleich der IG Metall diese Antwort die liebste wäre, denn ihr ist an der Fortdauer der wirtschaftlichen Schwierigkeiten und der sozialen Spannungen und an der Veröffentlichung neuer Weißbücher gewiss nichts gelegen.« (Weißbuch, S. 101)

Als Erfinder, Koordinator und Redakteur des Weißbuchs bin ich mit den vielfältigen Wirkungen, die es auslöste auch heute noch recht zufrieden und wundere mich nur darüber, dass etwas Ähnliches in den 47 Jahren danach nicht wieder unternommen wurde – an Anlässen hat es wahrlich nicht gefehlt.

Im September 1969 veränderte sich mehr oder weniger plötzlich die konjunkturelle Lage in der Eisen- und Stahlindustrie, die für den geltenden Tarifvertrag die Grundlage gewesen war. Die Gewinne stiegen rasch, die Verdienste blieben zurück. Dies blieb den Arbeitnehmervertretern in den paritätisch mitbestimmten Aufsichtsräten ebenso wenig verborgen wie den Mitgliedern der Betriebsräte. Von der Gewerkschaftsführung gab es kein Signal dafür, dass man rasch reagieren werde. Also nahmen die Belegschaften die Sache selbst in die Hand und organisierten Proteste und von der IG Metall nicht genehmigte spontane Streiks, die als »Septemberstreiks« in die Gewerkschaftsgeschichte eingegangen sind.[39]

Nur durch das, wenn auch verspätete, Eingreifen der Führung konnte dieser spontane Aufstand in »geordnete Bahnen« gelenkt und zu einer vertraglichen Anpassung der Einkommen an die verbesserte Konjunktur gebracht werden. Es gab im Vorstand der IG Metall Auseinandersetzungen über die Verantwortung für die eingetretenen Versäumnisse und den Versuch, die Schuld auf das für Eisen und Stahl zuständige »Zweigbüro« in Düsseldorf abzuwälzen, weil es die Lage dieses Industriezweiges falsch beurteilt habe. Daran mochte etwas Wahres sein, aber schließlich verfügte Brenner über eine eigene Wirtschaftsforschungsabteilung in Frankfurt, und von ihr waren auch nicht die richtigen und rechtzeitigen Signale gekommen. Wer hatte also versagt? Die Stabsabteilungen, die kollektive Führung, die Basisfunktionäre, die nichts Besonderes nach Frankfurt gemeldet hatten? In bestimmtem Sinn – alle miteinander!

---

[39] Michael Schumann, Frank Gerlach, Albert Gschössl und Petra Milhoffer: Am Beispiel der Septemberstreiks – Anfang der Rekonstruktionsperiode der Arbeiterklasse, Frankfurt am Main, 1971.

Maschinen statt Menschen – Rationalisierung und Automation

Seit Beginn des technischen Zeitalters beschäftigte die Zerlegung der menschlichen Arbeit in kleine Schritte Ingenieure, Unternehmer und Ökonomen. Im 19. Jahrhundert wurde das Thema noch weit interessanter, sowohl wegen der damit verbundenen Gewinnsteigerungen als auch wegen der Folgen für die Arbeiter. Der aufkommende Streit zwischen Unternehmern und den erstarkenden Gewerkschaften kann mit der Frage »Fluch und Segen« bezeichnet werden. Die Kapitaleigner gaben den Technikern und den Organisatoren der Arbeit in den Fabriken, später auch in den Büros, den Auftrag, den Arbeitsablauf »ökonomischer« zu gestalten. In einer Zeiteinheit durfte es so wenig wie möglich Stillstand, Wartezeiten, Leerlauf und Materialverschwendung geben. Die Steigerung der Produktion pro eingesetzter Arbeitskraft und Maschine verlief geradezu stürmisch, die Profitsteigerung oder Rendite für das eingesetzte Kapital ebenso. Unbestreitbar war auch der zunehmende Wegfall körperlich anstrengender Arbeit einerseits, die Intensivierung der Arbeit andererseits. Es wuchs die Erkenntnis, dass Rationalisierung, der Segen, mit dem Fluch wachsender Belastung der Arbeitenden, mit ihrer steigenden Ausbeutung belegt war. Dazu trat die Erfahrung massenhafter Verdrängung von Arbeitskräften durch Maschinen, die bei den Unternehmern den Traum von der menschenleeren Fabrik auftauchen ließ. Die Ängste auf der Arbeitnehmerseite versuchten beflissene »Theoretiker« mit der Prognose zu beschwichtigen, es werde zu einem ununterbrochenen Wachstum der Produktion und danach der Dienstleistungen kommen, die Arbeitsplatzvernichtung durch Rationalisierung werde auf diese Weise kompensiert, also bestünde kein Anlass zur Sorge.

Der wohl berühmteste Prophet dieses Irrglaubens war Jean Fourastié mit der zum Buchtitel erhobenen »Großen Hoffnung des zwanzigsten Jahrhunderts«. Den Untertitel der französischen Originalausgabe »Progrès technique, Progrès economique, Progrès social«, d.h. technischer Fortschritt, wirtschaftlicher Fortschritt, sozialer Fortschritt, ließ man in der deutschen Fassung weg, was auf die Zweifel des DGB-eigenen Bund Verlags an der Stichhaltigkeit dieser Gleichung schließen lässt. Dessen ungeachtet wurde das Buch ein Bestseller.

In den fünfziger Jahren lieferte Friedrich Pollock einen bedeutenden Beitrag, nun zu dem aktuellen Thema Automation.[40] Dieser verdient es wohl,

---

[40] Sein acht Jahre nach der Erstveröffentlichung von 1964 in der Europäischen Verlagsanstalt Frankfurt am Main wieder aufgelegtes Buch »Automation – Materialien zur

aus dem Schatten, in den ihn Fourastiés Bestseller gestellt hat, herausgeholt zu werden. Pollock schreibt im Vorwort: »Nicht als ob ich die in der 1. Auflage vorgetragenen theoretischen Überlegungen und Analysen zu revidieren hätte: Sie haben sich in allen wesentlichen Punkten als richtig erwiesen.« Die Neuauflage musste aber berücksichtigen, dass »Tempo und Maß der Ausbeutung der Automation in den Industrieländern ... alle Erwartungen übertroffen ... und die vor wenigen Jahren noch als in absehbarer Zeit als unübersteigbar angesehenen Grenzen in breiter Front durchbrochen (haben).«[41]

Im Hinblick auf mögliche gewerkschaftliche Konsequenzen aus den amerikanischen Erfahrungen für Europa schreibt Pollock: »Bei der amerikanischen Gewerkschaftsbewegung bildet die Automation den Ausgangspunkt für eine Reihe sehr weitgehender Forderungen, wie der nach garantiertem Jahreslohn, der drastischen Verkürzung der Arbeitswoche, der Erweiterung des Rechts auf Pensionierung und ›faire‹ Beteiligung an der zu erwartenden Produktionssteigerung durch höhere Löhne und Preissenkungen.«[42]

Auf der gleichen Seite heißt es in einer Fußnote: »Aus den Gründen der Beziehungen zur Belegschaft bestreiten viele Unternehmer die Berichte, dass die Automation Arbeitsplätze eliminiert. Aber sofern die Automation das nicht tut, ist sie weder rentabel, noch anwendbar. Der Leiter einer Detroiter Maschinenfabrik ... macht sich anheischig, dass er für jede 5.000 Dollar, die ein Fabrikant in seine Automations-Maschinerie investiert, einen Arbeiter von seiner Lohnliste streichen kann. Ohne weitere Begründung fügt der Berichterstatter hinzu, dass für jede Arbeitsstelle, die eliminiert wird, andere und besser bezahlte geschaffen werden.«[43]

An weitreichenden Auswirkungen der Automation beschreibt Pollock einerseits den Trend zur Superkonzentration, andererseits den zur Dezentralisation der Betriebe, ebenso die Chancen mittlerer und kleiner Unternehmen.[44] Der Internationale Bund Freier Gewerkschaften (IBFG) stellte 1956 folgende Forderungen zur Bewältigung der sozialen Folgen der Automation: »1. Maßnahmen zur gradweisen Gestaltung der Automatisierung unter enger Beratung mit den Gewerkschaften bei jedem neuen Schritt; 2. Lohnerhöhungen, welche sicherstellen, dass die vermehrte Produktionskapazität durch

---

Beurteilung ihrer ökonomischen und sozialen Folgen« wurde in sechs Sprachen übersetzt.

[41] Ebd., S. 7.

[42] Ebd., S.19

[43] Ebd.

[44] Ebd., S. 279-297

eine gesteigerte Kaufkraft ausgeglichen wird; 3. Verkürzung der Arbeitszeit; 4. garantierte Löhne und andere Sicherungen für den einzelnen Arbeiter, einschließlich der Altersrente; 5. Berufsschulungs- und Umschulungsprogramme innerhalb der Industrie und in Hochschulen, die von der Regierung gefördert werden.«[45]

Besonders erwähnenswert erscheint mir die von Pollock aufgeführte Einrichtung von »automation funds«. Bereits 1959 wurde von einem Unternehmen der amerikanischen Fleischverpackungsindustrie mit der zuständigen US-Gewerkschaft ein Fonds vereinbart, »der von der Firma bis zu einem Maximum von einer halben Million Dollar finanziert wird. Aufgabe eines solchen Fonds ist es, die mit der Automation zusammenhängenden Probleme zu untersuchen, Arbeitsgelegenheiten für die durch die Automation freigesetzten Arbeitskräfte zu finden und Umschulungsreinrichtungen zu schaffen. Gegen Ende 1962 bestanden bereits sechs solcher Fonds, und weitere waren in Vorbereitung.«[46]

Ungeachtet aller übrigen Vorschläge und Forderungen konnte die Mehrheit der Gewerkschaften nicht von der Überzeugung abgebracht werden, »dass die Verkürzung der Arbeitswoche das wirksamste Gegenmittel gegen die steigende strukturelle Arbeitslosigkeit ist.«[47] Daran hat sich bis zum Jahr 2003 nichts geändert, wie z.B. die Forderung nach Einführung der 35-Stunden-Woche für die ostdeutsche Metallindustrie beweist.

Zum Abschluss seines Buchs schreibt Pollock: »Man hat die heutige Situation durch den Satz charakterisiert, die Maschinen könnten im Wirtschaftsprozess nachgerade alles tun, was der Mensch kann, mit einer Ausnahme: die Dinge zu kaufen, die produziert werden … Durch ein auf lange Sicht und mit Hilfe der neuen Methoden geplantes umfassendes Programm zur Eingliederung der Automation in ein freies Gesellschaftssystem könnte die zweite industrielle Revolution zum Schrittmacher einer vernünftigen gesellschaftlichen Ordnung werden.«[48]

Die Forschungen Pollocks wurden auch von der IG Metall aufmerksam gelesen und verarbeitet. Die Gewerkschaft hatte dafür eine eigene Abteilung eingerichtet, die zunächst von Hans Matthöfer, dann von Günter Friedrichs geleitet wurde und unter der Verantwortung Otto Brenners stand.

---

[45] Ebd., S. 312
[46] Ebd., S. 314
[47] Ebd., S. 316
[48] Ebd., S. 354

Im schriftlichen Geschäftsbericht des IG Metall-Vorstands an den 8. Gewerkschaftstag im September 1958 sind fünf Seiten diesem Thema gewidmet.[49] Dort werden konkrete Beispiele für die Teilautomatisierung in der Automobilindustrie, für innerbetriebliche Umsetzungen und Arbeitsplatzvernichtung durch Automatisierung aufgeführt. Zusammenfassend heißt es: »Man sollte sich nicht durch die geringe Zahl der vollautomatisierten Betriebe täuschen lassen, entscheidend ist, dass die Zahl der teilautomatisierten Unternehmen, d.h. die nur bestimmte Betriebsteile automatisieren, ständig zunimmt.« (Geschäftsbericht, S. 41)

Die Automation war auch auf den Gewerkschaftstagen von 1960, 1962, 1965, 1968 Thema. In einer 1968 verabschiedeten Entschließung wird angeprangert, dass während der Rezession Rationalisierungen in »ungewöhnlichem Ausmaß« stattgefunden hätten. Es mehrten sich die aus den Verwaltungsstellen der IG Metall stammenden Anträge, in denen die Beunruhigung über die Auswirkungen der Automatisierung (=Rationalisierung) zum Ausdruck kommen und der Vorstand zu Gegenmaßnahmen aufgefordert wird.

Die von der Abteilung Automation geleistete Vorarbeit und die Forderungen aus der Organisation bildeten die Grundlage für eine von der IG Metall vom 3. bis 5. Juni 1963 im Frankfurter Amerikahaus (!) organisierte »Internationale Automationstagung«.

Neben den Sprechern der Gewerkschaft (Otto Brenner, Hans Matthöfer, Günter Friedrichs und Hans K. Weng) referierten hochrangige Experten der EWG, der US-Automobilarbeitergewerkschaft, der OECD, der AFL/CIO, der Harvard University, der Universität Göttingen. Teilnehmer waren 130 Delegierte der IG Metall und zahlreiche Ehrengäste aus internationalen Institutionen, den US-Vertretungen in Deutschland sowie der hessische Arbeitsminister Hemsath, der Frankfurter Oberbürgermeister Bockelmann, der Direktor des RKW, der DGB-Vorsitzende Ludwig Rosenberg und ein Vertreter des Bundeswirtschaftsministeriums.

Ich beschreibe dies so ausführlich, weil in dieser hochkarätigen Besetzung unserer Konferenz sich sowohl das Prestige (und Prestige-Bedürfnis), als auch die Ernsthaftigkeit der IG Metall im Umgang mit der Automation darstellen.

Dem trug auch die Bilanz Rechnung, die Brenner am 5. Juli in der Gewerkschaftszeitung »Metall« zog. Er schrieb unter anderem: »Der techni-

[49] Geschäftsbericht des IG Metall-Vorstandes an den Gewerkschaftstag 1958, Frankfurt am Main 1958, S. 41-46.

sche Fortschritt ist für die Gewerkschaften nicht mehr ein Problem der Zukunft, sondern der Gegenwart ... Die Unternehmen sehen aber darin vor allem ein Mittel zur Erhöhung ihrer Gewinne .... Der technische Fortschritt stellt deshalb die Gewerkschaftsbewegung vor neue Aufgaben. Es gilt, die Vollbeschäftigung zu sichern ... Die tarifvertraglichen Abmachungen müssen überprüft und verbessert werden. Der soziale Besitzstand der von technischen Umstellungen betroffenen Arbeitnehmer muss so gesichert werden, dass keinem Nachteile entstehen. Von der Bundesregierung erwarten wir, dass sie durch eine vorausschauende, planende Wirtschafts- und Sozialpolitik verhindert, dass die Lasten der zweiten industriellen Revolution einseitig auf die Arbeitnehmer abgewälzt werden.«

Das waren klare Konsequenzen aus der Tagung – ein umfassendes Programm für die eigene Zielsetzung, dass aus dem »Fluch« der Automation für die Arbeitenden ein »Segen« werden müsse.

Die Frucht jahrelanger Arbeit, den Entwurf eines Tarifvertrages zum Schutz der Arbeitnehmer vor negativen Rationalisierungsfolgen, präsentierte Otto Brenner auf einer Pressekonferenz in Frankfurt am Main am 1. Februar 1968. Günter Friedrichs hatte maßgeblichen Anteil daran, während ich – wie üblich – die Öffentlichkeitsarbeit besorgte.

Als Kernforderungen nannte Brenner:

Langfristige Personalplanung bei Mitbestimmung der Arbeitnehmer

- Vorausschätzung des Personalbedarfs, Planung und regelmäßige Überprüfung
- Bildung eines paritätischen Planungsausschusses
- Bei Umschulungen und Umsetzungen eine Verdienstgarantie für neun Monate, danach nur schrittweise Herabsetzung
- Bei unvermeidbaren Entlassungen für Beschäftigte, die älter als 30 Jahre sind, Anspruch auf Entschädigungszahlungen von maximal einem Jahresverdienst
- Einrichtung einer Einigungsstelle, die im Streitfall kurzfristig und verbindlich entscheidet
- Errichtung einer gemeinsamen Ausgleichskasse, in die alle Betriebe der Metallindustrie monatlich 1,5 Prozent der Lohn- und Gehaltssumme einzahlen und die den wesentlichen Teil der entstehenden Kosten zurückerstatten soll – geschätzte Einnahmen jährlich etwa 540 Millionen DM.[50]

---

[50] Metallpressedienst, 1. Februar 1968, S. 28-32.

Schon vor der öffentlichen Präsentation des IG Metall-Entwurfs kam es zum offenen Streit mit Gesamtmetall. Die IG Metall erklärte, »auf die begonnene Polemik im Interesse der Sache nicht eingehen zu wollen.«[51] Sie antwortete wiederum sachlich: Sie legte eine Dokumentation mit dem Titel »Computer beseitigen Arbeitsplätze« vor. Im Pressedienst der Gewerkschaft vom 14. Februar 1968 wurde berichtet, dass in zehn untersuchten Betriebsbereichen vor der Umstellung auf Computerarbeit 293 Angestellte beschäftigt waren. Davon wurden 104 durch Computerisierung wegrationalisiert. Von den verbliebenen 189 erhielten neun eine bessere Stellung, 80 bekamen gleichwertige, neun minderwertige Arbeitsplätze, 25 wurden entlassen, 18 pensioniert, neun kündigten, 52 weitere wurden innerbetrieblich umgesetzt. Der Bericht erhob zwar keinen Anspruch auf Repräsentativität, betonte aber, dass die relativ weite Streuung der Untersuchungsobjekte und die Übereinstimmung mit wiederholt geäußerten wissenschaftlichen Hypothesen den Schluss nahe lege, dass es sich bei den vorgelegten Fallstudien nicht um Extremfälle handelt.[52] Die SPD-Bundestagsfraktion stellte sich demonstrativ auf die Seite der IG Metall und erklärte, das »Rationalisicrungs-Schutzabkommen dient dem technischen Fortschritt«.[53] Gesamtmetall dagegen begann eine Polemik. Nun fingen die Verhandlungen an. Nach einem zehnstündigen Gespräch zwischen dem Vorstand der IG Metall und Gesamtmetall einigte man sich darauf, den zuständigen Gremien zentrale Gespräche und Verhandlungen über ein Rationalisierungs-Schutzabkommen und Lohn- und Gehaltsverträge zu empfehlen.[54]

Diese Empfehlung wurde von beiden Seiten angenommen. Ich erwähne nur am Rande, dass die IG Metall Anfang März des Jahres eine weitere internationale Konferenz mit dem Thema »Computer und Angestellte« organisierte. Auch dort traten wieder illustre Referenten auf, z.B. Bundeswirtschaftsminister Schiller, der Generaldirektor der IAO, David A. Morse, der Vizepräsident der EG-Kommission Levi-Sandri und die Professoren B. Levcik, Prag, und Edgar Salin, Basel.

Das Echo der Tagung in der Öffentlichkeit entsprach unseren Erwartungen und verfehlte nicht seine Wirkung im Arbeitgeberlager.

Die Verhandlungen dagegen schleppten sich hin. Brenner kritisierte die »sehr geringen Fortschritte«, die »trotz eines weitgehenden Entgegenkom-

---

[51] Metallpressedienst, 2. Februar 1968
[52] Metallpressedienst, 14. Februar 1968
[53] Metallpressedienst, 21. Februar 1968
[54] Metallpressedienst, 23. Februar 1968

mens der IG Metall« erzielt worden seien.[55] Die nächste Runde dauerte 34 Stunden und fand auf dem Petersberg bei Königswinter statt. Ich war Zeuge der dramatischen Auseinandersetzungen und ihres Scheiterns. Damit waren die Verhandlungsmöglichkeiten ausgeschöpft. Es schloss sich nun ein Schlichtungsverfahren an, den Vorsitz der Schlichtungsstelle übernahm nach Losentscheid der frühere Baden-Württembergische Innenminister Renner. Aus dem Verfahren ging folgender Tarifabschluss hervor:

Löhne und Gehälter stiegen rückwirkend ab 1. April 1968 um 4% und ab 1. Januar 1969 nochmals um 3%. Es wurde Einvernehmen über den Begriff »Rationalisierung« erzielt: Falls betriebliche Rationalisierungsmaßnahmen personelle und soziale Auswirkungen haben, ist der Betriebsrat zu unterrichten und mit ihm »unter Berücksichtigung des vorhandenen und verbleibenden Arbeitskräftepotentials zu beraten.« Wenn Arbeiten wegfallen, sollten den betroffenen Arbeitnehmern durch Umsetzung und Versetzung gleichwertige und zumutbare Arbeiten angeboten werden. Arbeitnehmer, die das 40. Lebensjahr vollendet und dem Betrieb mindestens zehn Jahre ununterbrochen angehört hatten, sollten im Fall der Abgruppierung für mindestens drei Monate den früheren Verdienst erhalten. Danach erhielten sie eine »Anpassungsbeihilfe« von 75% für die ersten zwei Monate, von 50% in den folgenden zwei Monaten und von 25% in den darauf folgenden Monaten, gemessen an der Differenz zwischen dem Verdienst am früheren und dem neuen Arbeitsplatz.

Bei Umsetzungen mit Umschulung erhielten die Arbeitnehmer ihren alten Verdienst für höchstens sechs Monate. Bei Entlassungen sollen Arbeitnehmer nach Vollendung des 40. Lebensjahres und mindestens zehnjähriger Betriebszugehörigkeit eine Abfindung von mindestens zwei und höchstens neun Monatsverdiensten erhalten. Arbeitnehmer zwischen 56 und 60 Jahren sollten in Folge von Rationalisierungsmaßnahmen nicht entlassen werden.

Am 26. Mai 1968 billigte der Vorstand der IG Metall den Vorschlag der Schlichtungsstelle, obwohl er hinter den Vorstellungen der Gewerkschaft erheblich zurückblieb. Aus dem langen und mit größtem Aufwand geführten Kampf war ein relativ mageres Ergebnis hervorgegangen. Vor allem fehlte der im Entwurf enthaltene Fonds.

Dieser nüchternen Beurteilung will ich meine eigene Kritik an Verlauf und Ergebnis der Verhandlungen hinzufügen. Mir erschien es von Anfang an als schwerer taktischer Fehler der IG Metall und als vorzüglicher Schachzug

[55] Metallpressedienst, 26. April 1968

von Gesamtmetall, eine »Paketlösung«, d.h. eine Kombination des Rationalisierungsschutzes mit Lohn- und Gehaltserhöhungen zu akzeptieren, bzw. vorzuschlagen. Ich erkannte, dass der Rationalisierungsschutz zum bloßen Bestandteil einer Vereinbarung gemacht werden würde, wobei er gezwungenermaßen hinter die Verdiensterhöhungen zurücktreten musste. Es war vorauszusehen, dass die Arbeitgeber die von ihnen durchzusetzenden Abstriche beim Rationalisierungsschutz der IG Metall durch Angebote höherer Löhne und Gehälter schmackhaft machen wollten. Die IG Metall hätte, um einen substantielleren Rationalisierungsschutz, der in ihrem Entwurf vorgesehen war, die »Paketlösung« nicht akzeptieren dürfen. Der Entwurf war von derartiger Bedeutung, dass er notfalls durch Streik hätte durchgesetzt werden müssen, genau so wie die »revolutionäre« Forderung nach Gleichstellung der Arbeiter im Krankheitsfall mit den Angestellten. Die relativ beträchtlichen Einkommensverbesserungen konnten keineswegs die Nachteile des schließlich vereinbarten Rationalisierungsschutzes kompensieren.

Die Zukunft vorbereiten

Bereits in Genf als stellvertretender Generalsekretär des IMB tätig, nutzte ich meine Teilnahme an einem der Zukunftskongresse der IG Metall, um in der Diskussion anzuregen, man möge doch auch über die Zukunft der Gewerkschaften nachdenken. Es dauerte aber mehr als 20 Jahre, bis dieses Thema ins Zentrum des Interesses meiner Organisation gerückt wurde.

Damals sagte ich in Oberhausen: »Wenn Sie an meinen Auftritt hier die Erwartung knüpfen sollten, dass der für meine Begriffe sehr enttäuschende Verlauf der Referate und der Diskussion jetzt einen Höhepunkt bekommen sollte, dann möchte ich diese Erwartung leicht dämpfen. Ich bin eigentlich hierher gekommen, um meiner Enttäuschung über den geringen Ertrag Ausdruck zu geben, den ich aus den Referaten und den Diskussionsbeiträgen ziehe. Ich kann daran nichts ändern, dass es keine verbindliche und allgemein anerkannte Gewerkschaftstheorie gibt, ich bin auch nicht in der Lage, in fünf Minuten, wahrscheinlich auch nicht in 50 Minuten, einen substantiellen Beitrag zu einer solchen Theorie zu leisten, aber ich glaube, indem wir – wenn Sie mir zustimmen – der Enttäuschung über diesen Zustand Ausdruck geben, werden wir vielleicht auch einen kleinen Schritt zur Remedur tun können. Ich habe das Gefühl, dass alles, was hier gesagt worden ist, sehr partiell, zum Teil sehr oberflächlich und unsystematisch war.

Ich habe andererseits das Gefühl, dass substantielle Beiträge, wie der von Gorz, auf einem außerordentlich hohen Abstraktionsniveau standen, das mit den realen Problemen der Arbeiter und ihrem Bewusstsein wenig zu tun hat und auf einer Generalisierung, wahrscheinlich auf einer unzulässigen Generalisierung von bestimmten hochinteressanten, aber peripheren Phänomenen der Industriearbeiterschaft beruht.

Ich vermisse, dass die konkreten Gewerkschaftsprobleme, die in der Zukunft gelöst werden müssten und die eigentlich hier hätten zur Sprache kommen müssen, behandelt wurden. Dafür halte ich zum Beispiel, wenigstens in den kapitalistischen Ländern, die Aufrechterhaltung der Tarifautonomie bei zunehmender Staatsintervention. Davon ist hier überhaupt nicht die Rede gewesen.

Andere Beispiele sind die Integration der großen Protestbewegungen in allen Ländern, auch in den kommunistischen Ländern, in die Gewerkschaften; das Dilemma zwischen dem wünschenswerten Machtzuwachs der Gewerkschaften und der zunehmenden Gefahr der Bürokratisierung, Entfremdung und Professionalisierung in den Gewerkschaften; der Widerspruch zwischen der geforderten und schon bestehenden institutionellen Mitbestimmung der Arbeitnehmer und der mangelnden Selbstbestimmung des Arbeitnehmers im Produktionsprozess; die Realisierung von Gewerkschaftsforderungen, die mit gewerkschaftlichen Mitteln, das heißt im direkten Kampf mit den Unternehmern nicht durchgesetzt werden können; die Zuwendung der gewerkschaftlichen Tarifpolitik, und das war ja ein zentrales Thema dieser Konferenz, zu qualitativen anstatt quantitativen Forderungen; die Komplizierung des gewerkschaftlichen Aufgabenbereiches einerseits und die mangelnde Qualifizierung der Funktionäre andererseits und das höchst problematische Verhältnis zur wissenschaftlichen Beratung dritterseits; und ein letztes Beispiel für solche unbehandelten Probleme: die konkrete Gestaltung der internationalen gewerkschaftlichen Zusammenarbeit angesichts der Konzentration des Kapitals in multinationalen Gesellschaften.

Über all das haben wir hier leider nichts gehört. Ich meine außerdem, dass die Frage der Zukunft der Gewerkschaften nicht so behandelt werden kann, wie es hier geschehen ist, so als gebe es zwischen den Gewerkschaften in den kapitalistischen Ländern und auch innerhalb der kapitalistischen Länder wiederum und zwischen den Gewerkschaften in den sozialistischen Ländern und in den Entwicklungsländern nicht Abgründe und Unterschiede. Ohne eine sinnvolle, reale Typologie der Gewerkschaften und ihrer Probleme kann man überhaupt nicht vernünftig diskutieren.

Es war zum Beispiel gar nicht davon die Rede, dass in den Entwicklungsländern, in denen die Mehrheit der Menschen lebt, in den Gewerkschaften nur ein relativ kleiner Teil, ein privilegierter Teil der Menschen organisiert ist und dass die Probleme der Gewerkschaften in den Entwicklungsländern mit unseren überhaupt nicht zu vergleichen sind.

Man sollte vielleicht einmal darauf hinweisen, dass im volksreichsten Land der Erde, in China mit 700 Millionen Menschen, überhaupt keine Gewerkschaften bestehen. Wie verhält es sich da mit der Zukunft der Gewerkschaften? Es hat mich auch gestört, dass die pessimistische Alternative, die zum Beispiel von Theoretikern wie Galbraith vertreten wird, überhaupt nicht diskutiert wurde. Ist es denn die einzig denkbare Perspektive, dass die Gewerkschaften mit der Überfülle neuer und komplizierter Aufgaben kaum fertig werden können, oder ist nicht auch eine mögliche Realität die Verarmung der Gewerkschaften durch Übergang der Funktionen an andere gesellschaftliche Organisationen?

Die IG Metall hat bereits vier internationale wissenschaftliche Arbeitstagungen veranstaltet. Ich möchte vorschlagen, dass wir die fünfte einmal mit gütiger Erlaubnis der Öffentlichkeit unseren eigenen Problemen widmen, dass man uns einmal gestattet, über uns selber nachzudenken, möglichst in genau der Ausführlichkeit und mit den illustren Referenten oder möglicherweise noch mit besseren, wenn es sie gibt, die hier über die Probleme der Qualität des Lebens nachgedacht haben.«[56]

Von Brenners Politikverständnis habe ich viel gelernt. Es beruhte auf einer für ihn selbstverständlich gewordenen Einheit der Kenntnis der Vergangenheit, der Analyse der Gegenwart und der daraus abzuleitenden Perspektiven für die Zukunft.

Unter seiner Führung der IG Metall wurde die Vorbereitung der Gewerkschaften auf die Zukunft zu einem bedeutenden Bestandteil seiner Tätigkeit. Er initiierte eine Serie von Kongressen in Recklinghausen. Diese Stadt war auch der Austragungsort der »Ruhrfestspiele«, einer ebenfalls von den Gewerkschaften getragenen jährlichen Kulturveranstaltung. Dies trug den Zukunftskongressen den halb spöttisch, halb anerkennend gemeinten Titel »Zukunftsspiele« ein.

Die Initiative der IG Metall beruhte auf den Arbeiten der von Günter Friedrichs geleiteten Abteilung Automation und Kernenergie. Dr. Friedrichs lieferte nicht nur das Material und die Themen, er organisierte mit seinen immer zahlreicher werdenden Mitarbeitern die Tagungen, lud namhafte Refe-

---

[56] 4. Internationale Arbeitstagung der IG Metall, 11.-14.04.1972, Oberhausen, Band 9, Zukunft der Gewerkschaften, Protokolle, S. 191f.

renten aus dem In- und Ausland ein und besorgte die Veröffentlichung der Protokolle in Buchform bei der gewerkschaftseigenen Frankfurter »Europäischen Verlagsanstalt – EVA«. Thematische Schwerpunkte waren »Automation und Kernenergie« (1963), »Automation – Risiko und Chance« (1968) und »Qualität des Lebens« (1972).

Diese Titel sprechen dafür, dass es in der Führung der IG Metall schon zu einem relativ frühen Zeitpunkt ein Bewusstsein der Probleme gab, die auch heute noch unter den Stichworten New Economy, Wissensgesellschaft, Globalisierung und Umweltschutz die Öffentlichkeit beschäftigen.

Besonders beachtlich erscheint mir die vor 40 Jahren vorhandene klare Erkenntnis der massenhaften Verdrängung menschlicher Arbeit durch technische Innovation und der Unhaltbarkeit der These, die überflüssig gewordenen Arbeitskräfte würden durch die Ausweitung des tertiären Sektors absorbiert. Diese internationalen Kongresse brachten der IG Metall vielfachen Gewinn; die Binnenwirkung erstreckte sich auf die intelligenten, gesellschaftskritischen Funktionäre, die auf der Suche nach neuen Antworten auf sich bereits abzeichnende Entwicklungen waren, die Angestellten, von denen nur eine Minderheit gewerkschaftlich organisiert war – und ist, skeptische Journalisten und Wissenschaftler, die erkennen konnten, dass die Gewerkschaft für wissenschaftliche Beratung aufgeschlossen, diskussionsbereit und futurologisch orientiert war – und ist. Der Haupteffekt aber war, dass die IG Metall durch diese Tätigkeiten Erkenntnisse erwarb, die für die Bewältigung zukünftiger Aufgaben unerlässlich waren.

Da Brenner als IG Metall-Vorsitzender dem DGB-Bundesvorstand angehörte und dort die größte Mitgliedsorganisation vertrat, waren auch für dieses Organ laufend Unterlagen vorzubereiten. Auf Grund politischer Affinitäten der Organisationen und der Vorsitzenden gab es viele Jahre lang ein Bündnis im DGB zwischen IG Metall, IG Chemie, IG Holz, ÖTV und Gewerkschaft Leder. Gegen diesen Block konnte keine Politik gemacht und auf dem DGB-Bundeskongress nichts entschieden werden. Er verfügte über weit mehr als die Hälfte der Delegierten.

Zu Brenners Pflichten gehörte ferner die Wahrnehmung von Aufsichtsratsmandaten, die ihm entweder bei den gewerkschaftseigenen Unternehmen oder auf Grund der Mitbestimmungsgesetze zufielen. Unter anderem war er Aufsichtsratsmitglied bei Krupp-Stahl und in der Krupp-GmbH, bei Volkswagen, der Ilseder Hütte und der Bank für Gemeinwirtschaft.

Zu der damit verbundenen Arbeitslast kamen noch seine Mitgliedschaft im Wirtschafts- und Sozialrat der Europäischen Gemeinschaften und, wie bereits erwähnt, seine Ämter beim Europäischen und beim Internationalen Metallgewerkschaftsbund hinzu. Auch meine Arbeitsbelastung war entsprechend, andererseits begrüßte ich die Erweiterung meiner Aufgaben um diese interessanten Sachgebiete. Die Verantwortung für internationale Angelegenheiten lag zwar bei Dr. Opel als Abteilungsleiter, als sein Stellvertreter teilte ich jedoch diese Arbeit mit ihm.

Aktionen mit Hans Matthöfer

Obwohl Hans Matthöfer, vor meiner Zeit Leiter der Automationsabteilung, dann Leiter der Abteilung Bildung beim Vorstand der IG Metall, nicht zum »Braintrust« Otto Brenners gehörte, verband mich mit ihm ein besonderes Kooperations- und Freundschaftsverhältnis.

Es wird dokumentiert in den »Materialien zur Biografie des Politikers Hans Matthöfer«, die Gerhard Beier zusammengetragen hat.[57] Darin wird der Werdegang Matthöfers detailliert dargestellt. Die Berührungspunkte mit dem meinen sind zahlreich: Stellvertretend nenne ich nur die Namen einiger Persönlichkeiten, die auch für mich von Bedeutung waren: Selig Perlman, Professor Hans H. Gerth, Norman Thomas, Prof. Richard Freyh, Joachim Peter, Willy Birkelbach, Walter Möller, Ewald Geissler, Hans Ils, Pascal Thomas.

Insider mögen daraus ablesen, dass sowohl im Bereich der sozialistischen Theorie wie der praktischen politischen Arbeit Matthöfer und ich eng miteinander verbunden waren, bevor wir uns überhaupt kennen lernten. Selbst nachdem Matthöfer mir durch seine Intervention beim US-Generalkonsulat zu dem Stipendium »Foreign Leadership Programme« und zu meiner ersten Amerikareise verholfen hatte, tat er noch ein Übriges: Er bat seinen Freund Seymour Reisin, mich bei meinem Aufenthalt in New York in seiner Wohnung aufzunehmen – und so geschah es!

Verblüffend ist auch die Parallelität unseres Engagements in den Medien: Matthöfer war Herausgeber der Zeitschrift »Links« und schrieb viele Artikel dort und anderswo über seine Lieblingsthemen – ich war Redakteur und Mitarbeiter der Studentenzeitschrift »Nobis« in Mainz und des Frankfurter »Diskus«, schrieb in der »Quelle«, den »Gewerkschaftlichen Monatsheften« und der SPD-Zeitschrift »Neue Gesellschaft«.

---

[57] Gerhard Beier: Strukturpolitik und Management. Materialien zur Biografie des Politikers Hans Matthöfer. Teil 1: 1925-1976, Kronberg September 1990, unveröffentlichtes Manuskript.

Bei Beier kann man nachlesen, wie vielfältig die Interessen und Aktivitäten Matthöfers waren: Arbeit gegen die Franco-Diktatur in Spanien, Automation, Pflege des Kontakts zu den linken amerikanischen Gewerkschaftskreisen und den dortigen Sozialisten, Verbesserung der Bildungsarbeit der IG Metall – Stichwort »Exemplarisches Lernen«, wissenschaftliche Beratung, Kooperation mit Vertretern der Frankfurter Schule, z.B. Oskar Negt und Michael Schumann, Unterstützung der algerischen Antikolonialisten – und schließlich die »Ford-Aktion«.

An allen diesen Aktivitäten war ich beteiligt oder sympathisierte zumindest mit ihnen. Besonders berichtenswert erscheint mir allerdings die so genannte »Ford-Aktion«. Darüber wird in der Materialsammlung von Beier berichtet. Außerdem gibt es eine Monografie von Klaus Peter Wittemann.[58]

Zur Situierung der »Ford-Aktion« ist zu sagen, dass sie im Prinzip Bestandteil der »Schwerpunkt-Aktivitäten« der IG Metall war, mit denen unter der Regie des 2. Vorsitzenden Alois Wöhrle Schwachstellen der IG Metall-Organisation angegangen wurden. Dafür wurden in der Regel so genannte Schwerpunktsekretäre eingesetzt. Matthöfer als Leiter der Bildungsabteilung hatte damit eigentlich genau so wenig zu tun wie ich als Sekretär des IG Metall-Vorsitzenden und Pressechef.

Informell war aber unser beider Prestige derart, dass wir uns von Alois Wöhrle und Otto Brenner die Erlaubnis holen konnten, das besonders schwache Organisationsverhältnis bei den Kölner Ford-Betrieben anzugehen. Unsere gemeinsame Motivation war dabei, dass es für die Unterrepräsentation der IG Metall in diesem Großbetrieb Gründe geben müsse, die nicht nur erforschbar, sondern auch abschaffbar waren.

Laut Beier bedeutete »die unzureichende Verankerung der IG Metall bei Ford Köln ... nicht nur, dass die betrieblichen Träger des Kampfes erst gefunden werden mussten, sondern vor allem auch weitgehende Informationsdefizite über die betrieblichen Probleme und Interessensverletzungen, also über die geeigneten Anknüpfungspunkte. Vom Betriebsrat und von der Verwaltungsstelle Köln konnte kaum mehr erwartet werden als die Rechtfertigung des Status quo und der eigenen Passivität; ihr wichtigstes Argument hieß: Die Fordsche Lohnpolitik sorge für hohe Lohnzufriedenheit und nehme den Problemen der Arbeitsteilung und Arbeitsplatzgestaltung ihre Schärfe. Dar-

---

[58] Klaus Peter Wittemann: Ford-Aktion. Zum Verhältnis von Industriesoziologie und IG Metall in den sechziger Jahren, Marburg 1994.

aus ließ sich kein Hebel für eine Kampagne entwickeln. Also mussten zunächst die Informationsschranken überwunden werden.«[59]

Die organisatorische Problematik, die zu lösenden und ständig neu entstehenden Konflikte, die gesamte Chronologie, der Beitrag der Sozialwissenschaften und die einzugehenden Kompromisse sind sowohl bei Beier als auch bei Wittemann im Einzelnen dargestellt. Die wichtigsten Instrumente der Ford-Aktion waren eine von den Soziologen Michael Schumann und Manfred Teschner durchgeführte Befragung der Ford-Beschäftigten und die Herausgabe einer Betriebszeitung mit dem Titel »Tatsachen«.

Matthöfer zog mich von Anfang an als Berater hinzu, und ich berichtete dem Vorsitzenden der IG Metall meine Befunde und Beurteilungen. Dazu heißt es bei Wittemann: »Der Organisationsstand der IG Metall bei Ford war Ende 1960 mit unter 5% sehr niedrig, und dies schon seit Jahren; zwar stieg die Zahl der Mitglieder an, ohne jedoch den Organisationsgrad zu verbessern, da die Belegschaft deutlich anwuchs. Die wenigen Mitglieder sind zudem ›im ganzen Werk sehr ungleichmäßig verteilt. Einzelne, relativ kleine Abteilungen sind ziemlich gut organisiert, während es in anderen sehr großen Abteilungen nur ganz wenige Mitglieder gibt.‹«[60] (Zitat aus meinem Bericht an Otto Brenner – die gesamte folgende Darstellung Wittemanns stützt sich vornehmlich darauf.)

»Dem schlechten Organisationsgrad entsprach ein schwacher Funktionärskörper, der Ende 1960 lediglich 54 Betriebskassierer umfasste, von denen 22 zugleich dem Betriebsrat angehörten. ›Nur den freigestellten Betriebsratsmitgliedern fällt es leicht, Beiträge zu kassieren und Zeitungen auszuteilen.‹ Das eng begrenzte Aktivistenpotential wird auch darin deutlich, dass zwar im Betriebsrat eine (freigestellte) Position für Vertrauensleutearbeit reserviert, aber nicht besetzt war. ›Es habe sich noch kein geeigneter Kollege gefunden‹.«

Matthöfers und meine Vermutungen über den, trotz generell positiver Einstellung der Belegschaft zur IG Metall, verschwindend geringen Organisationsgrad gingen in folgende Richtung: Die Betriebsratsführung bestand aus Kommunisten. Diese organisierten genau so viele Gewerkschaftsmitglieder, wie sie brauchten, um den Betrieb bzw. die Belegschaft unter ihrer Kontrolle zu halten. Darüber hinaus Mitglieder zu werben, wie es die IG Metall von

[59] Gerhard Beier: Materialien, unveröffentlichtes Manuskript im Besitz des Autors, S. 47.

[60] Wittemann: Ford-Aktion, S. 131ff.

ihnen erwartete, war für sie nicht sinnvoll – es widersprach geradezu ihren politischen Interessen.

Ermöglicht wurde diese Praxis dadurch, dass sich »nach Einschätzung der Betriebsräte ›angeblich nie größere soziale Konflikte in diesem Betrieb ergeben.‹«[61] Bei den Ford-Angestellten bestand nach Ermittlungen von Werner Möricke aus der Angestelltenabteilung des IG Metall-Vorstandes ein Desinteresse an der Gewerkschaftsmitgliedschaft auf Grund der »außerordentlich günstigen Gehaltsbedingungen«.[62]

Aus all diesen Untersuchungen und Einschätzungen ergaben sich für einen Erfolg der Ford-Aktion folgende Konsequenzen:

- Der Betriebsrat musste abgelöst werden.
- Es musste den Beschäftigten ein Tarifvertrag angeboten werden, der genau auf ihre Bedürfnisse zugeschnitten war.
- Dieser Vertrag musste notfalls mit Streikdrohung durchgesetzt werden.
- Erst danach würden sich die Voraussetzungen für eine erhebliche Steigerung der IG Metall-Mitgliederzahlen verbessern.

Ich übergehe die Zwischenstationen, die diese Aktion unter großen Schwierigkeiten und starker Gegenwehr der Geschäftsleitung von Ford durchlief. Hans Matthöfer hat über alle Etappen der Aktion an den für Organisation und Schwerpunktaktionen zuständigen 2. Vorsitzenden der IG Metall, Alois Wöhrle, ständig berichtet. Am Ende zählte nur der Erfolg: »Die IG Metall hat mehr als 6.000 Mitglieder hinzugewonnen. Der Organisationsgrad bei den deutschen Arbeitern beträgt mehr als 50%. Die IG Metall hat einen laufenden jährlichen Einkommenszuwachs von rd. einer halben Million DM zu verzeichnen ... (bei den Ford-Beschäftigten – W.Th.) Es handelt sich um einen soliden, haltbaren Zuwachs ... Durch die hohe Beschäftigungsfluktuation hat sich der Mitgliederzuwachs in den Ford-Werken positiv auf den Organisationsgrad der umliegenden Metallindustrie ausgewirkt ...«[63]

Das Ende der Ära Brenner

Vom Ende der Ford-Aktion im November 1968 bis zu meinem Ausscheiden aus den Diensten der IG Metall Ende 1971 gäbe es natürlich noch viel zu berichten – manches ist in nicht-chronologischem Zusammenhang schon er-

---

[61] Zitate aus meinem Bericht an Brenner, Wittemann: Ford-Aktion, S. 135

[62] Wittemann: Ford-Aktion, S. 138ff.

[63] Bericht von Hans Matthöfer an Alois Wöhrle vom 28.11.1966, in: Wittemann, Ford-Aktion, a.a.O., S. 227f.

wähnt worden. Andererseits erscheint mir die Fülle des ausgebreiteten Materials ausreichend, um zu verstehen, wodurch sich die Ära Brenner auszeichnete.

Brenners letzter Gewerkschaftstag – und auch der meine – fand vom 27. September bis zum 2. Oktober 1971 in Wiesbaden statt. Nach außen war es, wie gewöhnlich, eine triumphale Veranstaltung. Nur ganz wenige Personen aus Brenners engstem Mitarbeiterkreis konnten erkennen, dass mit dem »Chef« etwas nicht in Ordnung war. Dazu gehörte auch ich – vielleicht hatte ich auf Grund meiner medizinischen Vorbildung sogar einen schärferen Blick als andere. Ich war entsetzt über Brenners Gesundheitszustand und fand, dass er, ohne es zu wissen, bereits in Wiesbaden schwerkrank war. Aber er – und die anderen – nahmen meine Sorgen auf die leichte Schulter. Die ärztliche Versorgung war völlig unzureichend, die Diagnosen waren oberflächlich und unzutreffend.

Bei der Beerdigung des IG Metall Justitiars Robert Lung zog sich Brenner noch eine schwere Erkältung zu, er wurde nie mehr gesund und starb – verhängnisvoll auch für mich – im März 1972.

Die Redaktion des »Spiegel« bat mich, einen Nachruf zu schreiben (siehe Kasten auf der folgenden Doppelseite).[64]

Anschließend zitiere ich noch aus der langen Reihe der Redner bei Brenners Trauerfeier in der voll besetzten Frankfurter Paulskirche am 20. April 1972: Es sprachen der 2. Vorsitzende der IG Metall, Eugen Loderer, Bundeskanzler Willy Brandt, der Frankfurter Oberbürgermeister Rudi Arndt, der hessische Ministerpräsident Albert Oswald, der DGB-Vorsitzende Heinz Oskar Vetter, der Vorsitzende des Gesamtverbandes der metallindustriellen Arbeitgeberverbände Herbert van Hüllen, der Vorsitzende des Betriebsrats der Volkswagenwerk AG Siegfried Ehlers, der Generalsekretär des IMB Ivar Norén und der Vorstandsvorsitzende der gewerkschaftseigenen Bank für Gemeinwirtschaft, Walter Hesselbach.

Der Bundeskanzler sagte unter anderem: »Das gewerkschaftliche, das politische, das gesamtstaatliche Leben in dieser Bundesrepublik ist durch seinen (Brenners) Tod ärmer geworden ... Otto Brenner gehörte zu den Männern der ersten Stunde. Nach dem Krieg war er gleich zur Stelle, als es darum ging, die für eine demokratische Ordnung unverzichtbare freie und unabhängige Gewerkschaftsbewegung aufbauen zu helfen. Bei der Durchsetzung seiner Ziele war er zäh und grundsatztreu, aber er hatte nichts von einem

---

[64] Der Spiegel Nr. 18/1972

sturen Dogmatiker. Solide und zuverlässig im Politischen wie im Menschlichen, hat er während seines ganzen Lebens Solidarität geübt und Vertrauen empfangen ... Er hat auch den Stil der sozialen Auseinandersetzung mitgeprägt und sich der Einsicht in gesamtwirtschaftliche Notwendigkeiten nicht entzogen ... Und (er) war kompromisslos, wenn es galt, freiheitsfeindliche Anschläge abzuwehren. Ich erinnere mich, als ob es gestern gewesen wäre, wie wir am 1. Mai 1969 auf dem Balkon des Hamburger Rathauses standen und wie ihn der Zorn über die uns entgegenstehende Unvernunft packte [Die APO in Hamburg versuchte, die 1. Mai-Demonstration in eine Anti-SPD-Demonstration »umzufunktionieren«] ... Für einen Mann wie Otto Brenner gehörten soziale Gerechtigkeit im Innern und Frieden nach außen unlösbar zusammen. Er ist mir im Ringen um eine zeitgemäße Außenpolitik eine starke Stütze gewesen ... Otto Brenner hat seiner Partei auch dort geholfen, wo er sie zur Selbstprüfung veranlasst hat. Ich wünschte mir viele, die kritische Anreger sind und dabei treu bleiben wie Gold ...«[65]

Respektvoll, warmherzig, unkonventionell war auch der Abschied Herbert van Hüllens von seinem großen Gegenspieler: »Wenn es einem Mann gelungen ist, mit der Kraft seiner Persönlichkeit seine Organisation und deren Beziehungen zu den Arbeitgebern der Metallindustrie zu prägen, so war es der Verstorbene. Dabei hat er sich bei aller Leidenschaft in der Durchsetzung gewerkschaftlicher Ziele der Einsicht in wirtschaftliche Zusammenhänge nicht verschlossen. Wir haben immer gespürt, dass sein Handeln an einem orientiert war: an dem Wohl des arbeitenden Menschen. Otto Brenner war ein fairer Verhandlungspartner und ein ehrlicher Mann. Ich habe ihn mehr als geschätzt. Über zehn Jahre habe ich Otto Brenner am Verhandlungstisch in den schwierigsten tarifpolitischen Phasen gegenübergesessen, und wir waren uns der Schwere unserer Verantwortung voll bewusst. In den aufreibenden langen Stunden Tag und Nacht geführter Verhandlungen sind wir uns trotz der Schärfe der Gegensätze menschlich näher gekommen ...«

Am Ende dieser Würdigung noch Worte des Mannes aus dem Volkswagenwerk, in denen die Nähe des IG Metall-Vorsitzenden zu den Mitgliedern seiner Gewerkschaft deutlich wird: »Otto Brenner war für uns in den Betrieben der erste Vertrauensmann der Organisation. Er war uns ein Vorbild. Seine Leistung für uns werden wir nie vergessen können. Eine starke und geschlossene Industriegewerkschaft Metall, das ist Otto Brenners Werk...«

---

[65] Zitiert nach Presse- und Informationsamt der Bundesregierung Nr. 58, S. 809, Bonn, den 21.4.1972.

»Was dann folgen wird, liegt noch im dunkeln«
Werner Thönnessen über den verstorbenen Gewerkschaftsführer Otto Brenner

Dr. Werner Thönnessen, 42, ist stellvertretender Generalsekretär des Internationalen Metallgewerkschaftsbundes in Genf (elf Millionen Mitglieder in 60 Ländern). Er war 15 Jahre lang als Vorstandssekretär und Pressechef einer der engsten Mitarbeiter Otto Brenners.

Otto Brenner erschloss sich anderen schwer. Es amüsierte ihn nur, dass er damit die Produktion falscher Klischees über seine Persönlichkeit begünstigte. Sie reichten vom »kalten Machtpolitiker« über den »humorlosen Oberlehrer« bis zum »maßlosen Demagogen«. Wenn das Wort »kennenlernen« einen Sinn hat, auf ihn traf es zu. Man musste es buchstäblich lernen, ihn zu kennen. Und dies war eine Sache von vielen Jahren.

Den schwierigen Umgang mit dem schwierigen Mann verstanden deshalb wenige. Sein vertrauter Kreis war klein. Die meisten blieben in respektvoller Entfernung. Zu den alten Freunden aus der sozialistischen Arbeiterjugend, der Sozialistischen Arbeiterpartei und der Widerstandszeit kam nach 1945 selten ein neuer. Das war auch ein Ergebnis seiner hohen Ansprüche an Freundschaft. Er war misstrauisch gegen Ergebenheitsadressen und unbewährten Idealismus. Es fiel überhaupt schwer, bei ihm Zustimmung, geschweige denn Beifall zu finden. Mitarbeiter konnten sich als belobigt betrachten, wenn er ihre Beiträge ohne Kommentar annahm.

Zu denen, die Otto Brenner vermissen werden, gehören auch die Mitglieder seines »Braintrusts« – diese Handvoll Intellektueller, die der Gewerkschaftsführer um sich geschart hatte. Er bediente sich ihrer ohne Scheu – im Gegensatz zu den meisten seiner Kollegen. Sie dienten ihm als Spezialisten, Berater oder Diskussionspartner. Er gab ihnen die Möglichkeit, zu seiner Politik beizutragen, was er für brauchbar hielt und verwerten wollte.

Seinen Stab dirigierte er wie ein moderner Manager, mit Sinn für Qualität und Widerspruch, und bevorzugte doch diejenigen, die seiner politischen Gesinnung und Eigenart am nächsten standen. Diese Eigenart wiederum war es, die Otto Brenners Anziehungskraft auf seine intellektuellen Mitarbeiter ausmachte: eine seltene Kombination von großer praktischer politischer Begabung, taktischer und strategischer Phantasie, Urteilsfähigkeit, Scharfsinn, Weitblick, Unbestechlichkeit und Prinzipientreue, aber auch von widerspruchsvollen Eigenschaften wie Härte und Flexibilität, Realismus und Idealismus, Pedanterie und Großzügigkeit, Überlegenheit und Zurückhaltung.

Brenner hat ein erfolgreiches Leben hinter sich. Er ist aus einer Arbeiterfamilie zu den Höhen der Macht emporgestiegen. An Ehren und Ämtern, Bewunderung und Einfluss hat es ihm nicht gefehlt. Sein Name war in Deutschland bekannter als der jedes anderen Gewerkschaftsführers. Er genoss das besondere Vertrauen derer, die als ihre einzige Stärke die Organisation haben. In der Gewerkschaftsbewegung der ganzen Welt war er mit seiner IG Metall schon zu Lebzeiten ein Mythos geworden.

Sein Name ist mit allen wichtigen politischen und sozialen Kämpfen der Nachkriegszeit verbunden. Ob es um den Anteil der Arbeitnehmer am Sozialprodukt, die Macht der Großkonzerne, um Mitbestimmung oder Erhaltung der Tarifautonomie, um den Kampf gegen Neonazismus oder andere Formen der Diktatur, gegen Remilitarisierung, Atombewaffnung und Notstandsgesetze, ob es um Arbeitszeitverkürzung, Urlaubsverlängerung, Gewerkschaftsrechte in den Betrieben oder – wie jüngst noch – um die Qualität des menschlichen Lebens in der Zukunft ging: Otto Brenner warf sein unzweideutiges Wort und die Macht seiner Organisation in die Waagschale. Häufig hat sie unter seiner Führung die Breschen in die Front der Gegner geschlagen und die soziale Landschaft der Bundesrepublik gestaltet.

Die freiheitliche demokratische Grundordnung, von Konservativen für den Inbegriff des Status quo gehalten, war für ihn ein Plan, der erst zu verwirklichen war. Andererseits hat er nie die Lehren von Weimar vergessen und stets auch die so genannte bürgerliche Demokratie als für die Arbeiterklasse kostbare historische Errungenschaft geschätzt. Sie durch die Demokratisierung der Wirtschaft zu fundieren, ist Brenners größtes Ziel gewesen. Es nicht erreicht zu haben, gehört zu den von ihm schmerzlich empfundenen Misserfolgen.

Er war sich des tragischen Widerspruchs bewusst, in den die Gewerkschaften sich verwickeln, wenn sie, notwendigerweise auf dem Boden der von ihnen bekämpften Wirtschaftsordnung, Verbesserungen durchsetzen, die einerseits den Arbeitnehmern zugute kommen, andererseits die Lebensfähigkeit des Kapitalismus verlängern. Seine Standfestigkeit erregte Bewunderung oder Neid, aber zuwenig Sorge um das Leben dieses Mannes. Er war daran von Jugend an gewöhnt, auf sich keine Rücksicht zu nehmen. Deshalb fehlte ihm auch das Verständnis für den Ernst der körperlichen Schwäche, die ihn in den letzten Monaten heimsuchte. Er hielt es für ein Gebot seines Amtes, für sich jede Schonung abzulehnen.

Er hat keinen friedlichen Ausklang erlebt. Es wird keinen Rentner Otto Brenner geben, der seine Rosen schneidet. Nur wenn man ihn in der Großvaterrolle einmal sah, weiß man, dass er sie wirklich hätte genießen können. Mit Otto Brenner ist eine der bedeutendsten Figuren der internationalen Gewerkschaftsbewegung dahingegangen. In ihm hatten sich die besten Traditionen des Sozialismus noch einmal verkörpert. Unaufhaltsam stirbt diese Gattung aus, der die Arbeitenden in allen Ländern ein großes Stück ihres Fortschritts verdanken.

Was national und international auf die von ihnen geprägte Ära folgen wird, liegt noch im dunkeln. Die Nachfolger haben ein großes Erbe anzutreten.

Weggefährten

Bei den nachfolgenden Kurzportraits bediene ich mich neben meinen eigenen Erinnerungen und Aufzeichnungen der offiziellen Dokumente der IG Metall, z.B. Metallpressedienst, im Falle meines Freundes Fred Zander seiner Autobiografie, im Falle Siggi Neumann der von seiner Witwe Gisela in dankenswerter Weise für dieses Buch verfassten Schilderung.

Eine besonders wichtige Quelle sind die von Helga Grebing herausgegebenen »Lehrstücke in Solidarität – Briefe und Biografien deutscher Sozialisten 1945-1949«, DVA Stuttgart 1993. Dieses Buch hat mir Fred Zander geschenkt. Auch dafür bin ich ihm verpflichtet. Die Tatsache, dass ich auf den fünf eng bedruckten Seiten des Namensverzeichnisses nicht weniger als 100 Personen fand, die ich wenigstens dem Namen nach kenne, spricht für die Qualität dieser Schrift, aber auch dafür, dass ich in der Theorie, Geschichte und Praxis der deutschen Arbeiterbewegung zu Hause bin.

Außer Otto Brenner, dessen Biografie ich nicht zu schreiben brauche, bin ich während der 33 Jahre meiner hauptamtlichen Gewerkschaftstätigkeit vielen Frauen und Männern begegnet, die meinen Glauben an die gesellschaftsverändernde Kraft der Gewerkschaften beflügelten und jene Eigenschaften in sich vereinten, ohne die unsere Organisationen bestenfalls Dienstleistungsmaschinen wären.

Solche Menschen habe ich immer wieder auf allen Ebenen der Gewerkschaft kennen gelernt. Nicht alle waren große Führer, aber stets Persönlichkeiten mit einem starken Verantwortungsbewusstsein und Pflichtgefühl gegenüber den abhängig Arbeitenden, die sie vertraten. Man nennt sie etwas irreführend »Idealisten« – daran ist richtig, dass sie sich der Idee einer besseren Welt verschrieben haben, falsch anzunehmen, sie würden davon nur träumen –, ganz im Gegenteil, sie arbeiten konkret an der Verbesserung der Verhältnisse.

Sie haben die Kehrseiten des Lebens kennen gelernt und dennoch nie aufgehört, sich für ihr Ideal, die konkrete Utopie zu engagieren. Viele haben dafür mit Gefängnis oder Konzentrationslager, mit Folter, Verfolgung oder Emigration bezahlt.

Sie waren und sind es, die mich anspornten, an denen ich mir ein Beispiel nahm – und noch immer nehme –, von denen ich lernte, was ich mir zur Aufgabe gemacht habe. Die meisten von ihnen fand ich in der IG Metall.

Alois Wöhrle war, als ich bei der IG Metall anfing, 2. Vorsitzender. Er war bescheiden und stolz in einem. Nie hatte ich das Gefühl, er würde darunter leiden, »nur« der zweite Mann zu sein. Er besaß genügend Macht, sich damit zufrieden zu geben. Wie alle Spitzenfunktionäre der IG Metall zu dieser Zeit hatte er eine antifaschistische Vergangenheit. Zu Beginn unserer Zusammenarbeit war ich für ihn nur »Brenners junger Mann«. Er behandelte mich mit einer distanzierten Ironie – ich konnte anfangs die Frage spüren: Was suchst du exotischer Vogel in unseren grauen Gemächern? Dadurch war ich aber keineswegs verletzt, sondern vertraute darauf, ihm beweisen zu können, dass ich durchaus am richtigen Platz war. Als er sich davon überzeugt hatte, erwärmte sich unsere Beziehung, Ironie und Distanz verschwanden. Oft mussten wir über vertrauliche Themen sprechen. Ich war Otto Brenners Botschafter für Angelegenheiten, die er Wöhrle nicht selbst sagen konnte oder wollte – und umgekehrt. Beide hatten das Vertrauen, dass ich zuverlässig berichten würde. Wöhrle hatte ein in väterlicher Weise wachsames Auge auf mich und warnte mich nicht selten vor Plänen, die er für abenteuerlich hielt. Ich hörte ihm immer zu, wenn ich auch nicht immer bleiben ließ, wovor er mich gewarnt hatte. Mich beeindruckte die Abwesenheit jeder Rivalität zwischen Brenner und Wöhrle – und ich finde, dass es so etwas später nie wieder gegeben hat. Loderer war in peinlicher Weise auf Brenner neidisch, derart, dass es jeder merkte. Respekt und Arbeitsteilung zwischen Brenner und Wöhrle hingegen waren vollkommen, und das bekam der Organisation gut.

Als Wöhrle in Pension ging, wurde auch ich mit der Suche nach einem Nachfolger beauftragt. Unglücklicherweise – und nicht ganz ohne mein ahnungsloses Zutun – erhielt Eugen Loderer den »Zuschlag«. Brenners Erwartung, er sei ein zweiter Wöhrle, wurde enttäuscht. He didn't play the game!

Fritz Salm war zu meiner Zeit ebenfalls geschäftsführendes Vorstandsmitglied der IG Metall, zuständig für Tarifpolitik, ein Schlüsselressort. Mit ihm war ich nicht nur freundschaftlich verbunden, sondern sympathisierte mit der von ihm vertretenen »betriebsnahen« Politik. Er war Kommunist gewesen und erzählte mir begeistert von seinen jugendlichen »Heldentaten« gegen die Nazis, von gewagten Demonstrationen und Sabotageakten in der Rüstungsproduktion, die er mit einer kleinen Gruppe Gleichgesinnter ausgeführt hatte. Salm war hoch gewachsen, gutaussehend, bei Frauen erfolgreich.

Er war davon überzeugt – ebenso wie Otto Brenner –, dass Tarifpolitik das wichtigste Instrument der Gewerkschaften für sozioökonomische Veränderungen sei – oder doch sein müsse. Seinen Kurs verfolgte er phantasievoll, kenntnis- und listenreich. Es kam ihm darauf an, die in den Betrieben tatsächlich herrschenden Bedingungen tarifvertraglich abzusichern und über den Status quo hinauszustreben. Anders als zwischen Brenner und Wöhrle herrschte zu Salm ein Konkurrenzverhältnis. Trotz Salms Ressortzuständigkeit beanspruchte Brenner so etwas wie eine Richtlinienkompetenz. Spitzte sich eine Tarifauseinandersetzung zu, so trat Brenner in den Vordergrund. Bei Tarifverhandlungen hatte er das erste und das letzte Wort. Salm war für ihn das ausführende Organ, was Salms Selbstverständnis keineswegs entsprach. Oft fühlte er sich zurückgesetzt und gekränkt, was Brenner völlig gleichgültig war. Aus grundsätzlichen Erwägungen stand ich meist an Salms Seite, was mich selbstredend nicht zu offener Opposition gegen Brenner verleitete – aber ich versuchte ihm gegenüber für Verständnis für Salms Politik zu werben, allerdings ohne großen Erfolg.

Salm starb 1966, nur 62-jährig, nach langer Krankheit und nur zwei Jahre nach seiner Pensionierung. Er war mit 16 Jahren als Werkzeugmacherlehrling der Gewerkschaft beigetreten und während der Nazizeit mehrmals verhaftet worden.

Die von ihm mit großen Schwierigkeiten angestrebte Betriebsnähe in der Tarifpolitik fand nie wieder einen so konsequenten Anwalt.

Fritz Opel, geboren am 26.08.1912 in Hindenburg/Ostschlesien, sein Vater fiel 1916 im Krieg, seine jüdische Mutter war Redaktionssekretärin; 1930/31 Beginn des Jurastudiums, 1933 Exmatrikulation; im Sommer 1933 Mitglied der illegalen KPD, im November 1934 verhaftet; im Februar 1937 vor dem 3. Strafsenat des »Volksgerichtshofes« in Berlin unter Anrechnung der Untersuchungshaft zu drei Jahren Zuchthaus verurteilt, im Dezember 1937 entlassen; Mitte 1938 Flucht über den Bodensee nach Zürich, dann Paris; dort Anhänger der ehemaligen Versöhnler-Fraktion der KPD; 1940 interniert; 1941 über Oran und Trinidad in die USA; 1943 amerikanischer Staatsbürger und zur Armee eingezogen, ab Herbst 1944 als GI erst in Frankreich und dann in Deutschland; 1946 ausgemustert; 1948-1954 Angestellter der IRRC [International Rescue and Relief Committee] in Frankfurt; gemeinsam mit Fritz Lang Herausgeber und Redakteur der Zeitschrift »Funken« – Aussprachehefte für internationale und sozialistische Politik; nach der Wiedererlangung der deutschen Staatsbürgerschaft 1953 Mitglied der SPD; Studium der Politik, Soziologie und des öffentlichen Rechts, 1956 bei Wolfgang Abendroth in Marburg promoviert [Thema der Dissertation: Der deutsche Metallarbeiterverband, DMV]; seit Dezember 1956 Vorstandssekretär der IG Metall, 1957

Leiter der Auslandsabteilung, später Leiter der Abteilung für Grundsatzfragen; Verantwortlicher der IG Metall-Kampagne gegen die Notstandsgesetze; 1968-1972 im Unterbezirksvorstand der SPD in Frankfurt, ehrenamtlicher Stadtrat. Opel starb am 14.10. 1973.[66]

Opel war außerdem der erste Geschäftsführer der nach Brenners Tod gegründeten »Otto Brenner Stiftung«. Für mich war Fritz Opel eine Verkörperung des Internationalismus, des Widerstands und der großen Tradition der Arbeiterbewegung. Unter den Mitgliedern des Brenner-Kreises war er gewiss der intelligenteste und gebildetste. Bei aller Schärfe seines Verstandes und seiner Diktion war er freundlich und hilfsbereit.

Betroffen, aber ungebeugt durch eine schwere Erkrankung seines Sohnes verzichtete er darauf, 1958 am Gewerkschaftstag in Nürnberg teilzunehmen. Damit gab er mir die unschätzbare Gelegenheit, an seiner Stelle dort für Otto Brenner zu arbeiten. Auf Wunsch seiner Frau war ich einer der Redner bei Fritz Opels Trauerfeier.

Hans Matthöfer, geboren 1925 in Bochum, Volksschüler, Sonderreifeprüfung, Diplomvolkswirt, 1953-1972 Angestellter der IG Metall, Abteilungen Automation, gewerkschaftliche Bildung, 1961-1987 MdB, parlamentarischer Staatssekretär beim BMZ unter Erhard Eppler, 1974-1978 Bundesminister für Forschung und Technologie, 1978-1982 Bundesminister der Finanzen, kurze Zeit danach Bundespostminister, 1985-1987 Schatzmeister der SPD, bis zur Pensionierung Vorsitzender des Vorstandes der Gewerkschaftsholding BGAG.

Dieser Mann steht für mich in einer Reihe neben Hermann Henri Gowa, Fedor Cicak, Adorno und Horkheimer und Otto Brenner, meinen großen Lehrmeistern. Helmut Schmidt schrieb über Matthöfer im »Spiegel«, er habe in den vier Jahren als Finanzminister »die schlimmsten Auswirkungen der zweiten Ölpreisexplosion abzuwehren« gehabt. »Dass wir damals mit der plötzlich auftretenden gewaltigen Belastung besser fertig werden konnten als fast alle Industriestaaten der freien Welt, war zum großen Teil sein Verdienst.«[67]

Hans Matthöfer war während meiner dreizehn Jahre beim Vorstand der IG Metall aber nicht nur mein Lehrmeister, sondern mein Freund, einer, mit dem ich auf vielen Politikfeldern engstens zusammengearbeitet habe: in der

---

[66] Kurzbiographie Fritz Opel, in: Helga Grebing: Lehrstücke der Solidarität, a.a.O., S. 360

[67] Spiegel, 26.04.1993

gewerkschaftlichen Bildungsarbeit, beim Kampf gegen die Notstandsgesetze, für die Integration der ausländischen Arbeitnehmer, besonders der Spanier und der nach Deutschland geflüchteten algerischen FLN-Untergrundkämpfer und bei der Ford-Aktion.

Matthöfer war und bleibt für mich ein Mann von ungewöhnlicher Bedeutung und Bescheidenheit, von exemplarischer Konsequenz im Denken und Handeln und von beachtlichem Mut. Die politischen Lektionen, die ich ihm verdanke, sind zahllos.

Als kostbares Andenken bewahre ich das von Helmut Schmidt und Walter Hesselbach zu Matthöfers 60. Geburtstag herausgegebene Buch mit dem bezeichnenden Titel »Kämpfer ohne Pathos«. Er hat es mir mit den Worten »für Werner in alter Verbundenheit« gewidmet.

Josef Lang – kurz Jola – spielte eine besondere Rolle im Kreis der Frankfurter Gewerkschafter und Sozialdemokraten. Jola wurde 1902 in Ungarn als Sohn einer deutschsprachigen jüdischen Familie geboren. Er starb 1973 in Frankfurt am Main. Aufgewachsen bei orthodox jüdischen Verwandten in Mainz. Oberrealschule, Buchhändlerlehre, Buchhändler. 1920 in Frankfurt Mitglied der ultralinken »Kommunistischen Arbeiterpartei Deutschlands« (KAPD), danach KPD, 1929 Parteiausschluss, Mitglied der »Kommunistischen-Partei-Opposition« (KPO), gehörte dort zum Führungskreis der Minderheitsfraktion. 1930 selbständiger Buchhändler in Berlin. 1932 Parteiausschluss, Beitritt zur »Sozialistischen Arbeiterpartei Deutschlands« (SAP), der auch Willy Brandt und Otto Brenner angehörten. In Berlin Vorsitzender einer SAP-Ortsgruppe. Gewerkschaftliche Aktivität im »Zentralverband der Angestellten«. Mit seiner späteren Ehefrau Erna und Walter Fabian Koordinator der Untergrundarbeit der SAP. 1933 deswegen verhaftet, wurde Jola auf Grund seiner ungarischen Staatsangehörigkeit »auf Ehrenwort« freigelassen.

Im Februar 1934 illegaler Grenzübertritt in die Tschechoslowakei. Dort als Buchhändler und Vertreter für deutschsprachige Literatur der Verlage Oprecht (Zürich), Albert de Lange (Amsterdam) und Berman-Fischer (Stockholm) tätig. 1938 Flucht nach Paris, arbeitete im Buchverleih. Im November 1938 Flucht über Lissabon per Schiff mit Notvisum in die USA. In Manhattan betrieb er mit Erna in einer kleinen Wohnung ein Geschäft für Herren- und Damen-Unterbekleidung und Haushaltswäsche. Dort befand sich auch die Geschäftsstelle des »International Rescue and Relief Committee« (IRRC). Dieses sammelte Geld- und Sachspenden für Not leidende Antifaschisten im

Nachkriegsdeutschland und war ein Treffpunkt sozialistischer Emigranten und Anlaufstelle der ersten Besucher aus Westdeutschland. Er führte einen regen Briefwechsel mit den Empfängern der Hilfspakete, von denen 1946 ca. 100, 1948 ca. 400 zugestellt wurden.

Nach Jolas Tod übergab Erna Lang 600 Briefe an Helga Grebing.[68] Sie entdeckte darin unter anderem einen mir bis zur Lektüre ihres Buchs unbekannten frühen Kontakt Jolas mit Otto Brenner, Fritz Opel und Peter Blachstein. Sie schreibt darüber:

»Aus dem von Otto Brenner und Josef Lang geführten Briefwechsel geht hervor, dass Brenner 1948 mit … Peter Blachstein, Fritz Opel und anderen Anstrengungen unternahm, ein marxistisches Diskussionsorgan innerhalb des organisatorischen Rahmens der SPD zu schaffen. Josef Lang und Paul Fröhlich unterstützten dieses Unternehmen durch Ratschläge und Hinweise. Der SPD-Parteivorstand war darüber von Otto Brenner informiert worden, um Fraktionierungsvermutungen auszuschließen.«

Im August 1950 kehrten Josef und Erna Lang nach Deutschland zurück und richteten sogleich einen programmatischen Begrüßungsbrief an ihre Freunde. Auch darin kommt zum Ausdruck, was Helga Grebing in ihrer politischen Bewertung des IRRC schreibt, dass nämlich, »›die New Yorker‹ einen beträchtlichen Anteil an der Entscheidung gegen den real existierenden angeblichen Sozialismus der Sowjetunion gehabt haben.«[69] 1951 ließen sich die Langs in Frankfurt am Main nieder. Jola trat 1952 in die SPD ein. Von 1952 bis 1967 war er Leiter der Buchhandlung des DGB-eigenen Bund-Verlags im Frankfurter Gewerkschaftshaus. Er machte sie zu einer Diskussionsstätte von Gewerkschaftern, Politikern und Verlegern aus Frankfurt, Hessen und weit darüber hinaus.

Er zog auch mich in diesen Zirkel und wurde einer meiner bevorzugten Gesprächspartner. Bei ihm lernte ich viele außergewöhnliche Leute kennen und erfuhr rasch, dass er zum engsten Freundeskreis Otto Brenners gehörte.

Bis zu seinem Tod im Jahre 1973 spielte Jola »eine maßgebliche Rolle« in der SPD in Frankfurt und im SPD-Bezirk Hessen-Süd. Er war über Jahre Stellvertreter des späteren Frankfurter Oberbürgermeisters Walter Möller im Vorsitz der Frankfurter SPD.

---

[68] Helga Grebing: Lehrstücke der Solidarität, a.a.O., S. 27
[69] Ebd., S. 40

Jakob Moneta wurde 1914 im polnischen Blozowa, damals österreichisch verwaltet, geboren. Sein Vater war aus Frankfurt am Main zugewandert. 1919 erlebte Moneta, wie die Polen die Wiedervereinigung ihres Landes mit einer Judenverfolgung »feierten« – unter General Pilsudski. 1919 kam Moneta nach Köln, besuchte eine jüdische orthodoxe Schule, wurde Sozialist und Zionist und Mitglied im »Sozialistischen Jugendverband« (SJV). Erneute Judenverfolgung in Köln, aber auch Erfahrung mit Solidarität deutscher Jugendlicher.

Nach dem Abitur Auswanderung im November 1933 nach Palästina. Leben im Kibbutz. 1936 Mitglied der zionistischen Selbstschutzorganisation »Hagannah«. Eintreten für einen binationalen arabisch-jüdischen Staat. In Jerusalem fünf Jahre lang bei der einzigen jüdisch-arabischen Gewerkschaft beschäftigt, weil der offizielle Gewerkschaftsbund Histadruth keine arabischen Arbeiter aufnahm. Von den Briten zweieinhalb Jahre interniert, danach unter Polizeiaufsicht, 1948 über Frankreich Rückkehr nach Deutschland. Verfasser von »Aufstieg und Niedergang des Stalinismus« und einer Monografie über die Kolonialpolitik der französischen KP. Journalist bei der »Rheinischen Zeitung«. 1949 Eintritt in die SPD. Auf Vorschlag des DGB Sozialattaché an der deutschen Botschaft in Paris. Rat an Max Diamant, den Ruf der IG Metall nach Frankfurt anzunehmen. Ging nach dem Tod seiner ersten Frau selbst als Chefredakteur dorthin. Nach seiner Pensionierung gründete er mit Hilfe seiner zweiten Frau die »Jakob-Moneta-Stiftung«.[70]

Siggi Neumann (1907-1960)[71] wurde im damals österreichischen Tarnow geboren. Als die Eltern nach Berlin zogen, blieb er in der Obhut seiner Großeltern in Tarnow, weil, wie Gisela schreibt, man ihn »vom nichtjüdischen Milieu fernhalten wollte«.

Zu den Eltern kurz vor dem Ersten Weltkrieg nach Berlin gezogen, schloss er schnell Freundschaften und kümmerte sich mehr um Fußball als um die Schule. Bis 1915 besuchte er in Berlin das Kaiser Wilhelm-Gymnasium. Dann begann er eine Lehre als Elektriker, »weil man im jüdischen Jugendbund glaubte, für ein späteres Leben in Palästina seien manuelle Berufe sinnvoller.«

Nach langer Lehrzeit absolvierte er in einem jüdischen Verlag eine Ausbildung zum Buchhändler – der zweite Buchhändler unter meinen Wegge-

[70] Kurzbiographie Jakob Moneta, in: »Es steht noch viel aus«. Eine Begegnungstagung zum 85. Geburtstag Jakob Monetas, 26.-28. November 1999.

[71] Der folgende Text ist eine verkürzte Wiedergabe des von seiner Frau Gisela für mich verfassten Lebenslaufs von Siggi – ich danke ihr für ihre Mitarbeit.

fährten. Gewerkschaftlich aktiv wurde auch er im »Zentralverband der Angestellten«. Seinen Lebensunterhalt bestritt er, indem er mit Freunden mehrere Leihbüchereien einrichtete. 1928 trat er der KPD bei, aus der er 1934 als »Bucharinist« ausgeschlossen wurde. Nach dem Reichtagsbrand polizeilich gesucht, floh er über Dänemark nach Paris, sein Vater emigrierte mit seinen vier Schwestern nach Palästina.

Nach Ausbruch des spanischen Bürgerkriegs kämpfte Siggi als Freiwilliger in Spanien im »Bataillon Thälmann«, wurde verschüttet und an der Schläfe verwundet. Die Zerschlagung der POUM (Partido de Unification Marxista) durch die Stalinisten erschütterte ihn tief. Mit anderen Angehörigen seiner Gruppe der so genannten Versöhnler zog er nach Schweden und trat als Metallarbeiter der schwedischen Metallgewerkschaft bei.

Nach Erhöhung seiner Arbeitsproduktivität konnte er Geld sparen und die Fabrikarbeit aufgeben. Er schrieb ein kritisches Buch über die Sowjetunion – »Koloss auf stählernen Füßen« –, das auf Schwedisch bei Bermann-Fischer in Stockholm erschien. Zu der geplanten deutschen Ausgabe kam es wegen des Endes des Zweiten Weltkriegs nicht.

Siggi erfuhr erst nach Kriegsende, dass eine seiner Schwestern und der älteste Bruder mit seiner Familie der Judenvernichtung zum Opfer gefallen waren, während einige seiner Verwandten sich hatten retten können.

Anfang Februar 1946 ging er nach Hannover und arbeitete mit Gleichgesinnten, die die Nazizeit in Zuchthäusern und KZs überlebt hatten. Er lernte Kurt Schumacher und Willy Brandt kennen, wurde Redakteur der Gewerkschaftszeitung für die britische Besatzungszone und Mitgründer des »Marxistischen Arbeitskreises«, dem auch Otto Brenner und Josef Lang angehörten. 1947 beauftragte ihn der Parteivorstand der SPD mit dem Aufbau und der Leitung des SPD-»Ostbüros«, das die Verbindung zu den Sozialdemokraten in der sowjetischen Besatzungszone hielt. Noch im gleichen Jahr gab er jedoch diese Tätigkeit auf, nachdem zahlreiche ostdeutsche Sozialdemokraten verhaftet worden waren.

Danach arbeitete er aktiv im so genannten Zehnerkreis mit, der sich für die praktische Durchsetzung gewerkschaftlicher Forderungen einsetzte. Auch Otto Brenner, Hermann Beermann, Kuno Brandel, Werner Hansen, Hein Menius und Peter Michels, die in späteren Jahren bedeutende Funktionen in den Gewerkschaften übernahmen, gehörten dazu. Neumann befasste sich, wiederum im Auftrag des SPD-Vorstands, mit dem Referat »Gewerkschaften und SPD-Betriebsgruppen«. 1954 zog er nach Frankfurt und begann im Auftrag Brenners mit dem Quellenstudium zur Geschichte der IG Metall.

Er war außerdem als »Ghostwriter« für mehrere Vorstandsmitglieder der IG Metall tätig.

Mir war er ein väterlicher Freund und strenger Lehrmeister, dem ich heute noch nachtrauere.

Karl Fred Zander wurde 1934 in Köln geboren. Der Vater war von Beruf Dreher. Er erhielt von den Nazis Berufsverbot, weil er SPD-Ortsvereinskassierer war. Er wurde in »Schutzhaft« genommen und wieder entlassen. Anschließend arbeitete er als Lastwagenfahrer.

Zander bezeichnete es als charakteristisch für die »humane und politische« Einstellung seiner Eltern, dass sie während des Zweiten Weltkriegs polnische Zwangsarbeiter zu sich nach Hause zum Essen einluden und dass sein Vater den Grabstein eines von den Nazis erschossenen Försters rot anstrich.

Zanders Traumberuf war der eines Autoschlossers. Die Gesellenprüfung schloss er in praktischen Leistungen als Jahrgangsbester ab. Er betonte seine frühe Entdeckung der Freude am Essen, Trinken und Lesen. Besonders gern las er Tucholsky.

Mit 16 Jahren trat er auf Drängen des Vaters in die IG Metall ein, wurde Mitglied der IG Metall Ortsverwaltung, wo er den Gewerkschaftssekretär und späteren Bundesminister Hans-Jürgen Wischnewski – »Ben Wisch« genannt – kennen lernte. Mit ihm verband ihn »eine lebenslange Freundschaft«.

Mich verbindet mit Zander, lange bevor er mein wichtigster Mitarbeiter in der Pressestelle wurde, seine Beteiligung an der Frankfurter Algerien-Connection. In seinem Betrieb wurde Zander wegen gewerkschaftlicher Betätigung fristlos entlassen, prozessierte deswegen mit Hilfe der IG Metall und erhielt schließlich »sogar« von seinem Arbeitgeber »wegen anerkannter guter fachlicher Leistungen des Klägers« eine Abfindung. Dann nahm er an einem Lehrgang der Frankfurter »Akademie der Arbeit« (AdA) teil und wurde dort Assistent und später Sekretär für Wirtschaftspolitik beim DGB-Landesbezirk Hessen.

Als sich die Notwendigkeit ergab, die von mir seit 1962 geleitete Pressestelle personell zu verstärken, wurde auf meinen Vorschlag hin Fred Zander, Wirtschaftsreferent im DGB-Landesbezirk Hessen, eingestellt. Er erwies sich bald als der beste Mitarbeiter, den ich je hatte. Meine Frau bekundete ihre Wertschätzung durch die Erzählung einer wahren Geschichte: Eines Nachts war in einem Spitzengespräch mit Gesamtmetall frühmorgens ein wichtiges Verhandlungsergebnis erzielt worden. Die Metallzeitung befand sich aber bereits im Druck und musste deshalb gestoppt werden, um das Neueste zu berichten. Also bat ich Zander, die Druckerei anzurufen, die Maschinen zu stoppen und die neueste Nachricht einzusetzen. Er verstand, versprach es zu tun und fragte nur: »Sonst noch was?«

Zanders Talente blieben Otto Brenner nicht lang verborgen – er bestellte ihn zum persönlichen Referenten. 1969 wurde Zander zum Bundestagsabgeordneten gewählt. Als sich Bundeskanzler Willy Brandt entschloss, bei der Trauerfeier für Otto Brenner zu sprechen, regte Horst Ehmke an, Zander solle einen Entwurf schreiben. Er tat es und fiel damit Brandt angenehm auf.

In der SPD-Bundestagsfraktion wurde er als »Links-Abweichler« eingestuft. Man fürchtete ihn allerdings wegen seiner stets treffenden Zwischenrufe. Er wurde in den Ausschuss für Petitionen und Wirtschaft »abgeschoben«. Bei der Novellierung des Betriebsverfassungsgesetzes erhielt er im Wirtschaftsausschuss die Federführung für Mitbestimmung. Später wurde er ein anerkannter Fachmann im Haushaltsausschuss des Bundestags. Einer seiner engen Freunde war Klaus von Dohnanyi.

1990 schied Zander aus eigenem Entschluss aus dem Bundestag aus.

Robert Lung war zu meiner Zeit Justitiar der IG Metall. Sein Ideal wäre gewesen, wenn Brenner ihm alle in den verschiedenen Abteilungen der Vorstandsverwaltung beschäftigten Juristen unterstellt hätte. Aber das hielt nicht einmal Brenner für zweckmäßig – ganz abgesehen davon, dass die geschäftsführenden Vorstandsmitglieder »ihre« Rechtsexperten nicht hergeben wollten.

Im Zweiten Weltkrieg war Lung Offizier der Wehrmacht gewesen, aber er sprach nie von seinen Kriegserlebnissen, man merkte ihm jedoch an, dass er das Kommandieren gelernt hatte. Sein Stil war keineswegs preußisch, sondern englisch. Er hatte einen gepflegten Schnurrbart, kurz geschnittene Haare und trug Tweed. Auch seine Mäntel und Kopfbedeckungen waren englisch. Er wäre wohl gern ein englischer Landedelmann gewesen.

Stattdessen war er Syndikus bei der größten Gewerkschaft der Welt. Für manchen war er rätselhaft. Aber mir gefiel er und Brenner offenbar auch. Dazu trug seine ausgesuchte Höflichkeit bei, vor allem aber seine juristische Kompetenz. Seine Motive für seine Arbeit bei der Gewerkschaft kann ich nur vermuten – sie mögen mit seinen Kriegserfahrungen zusammenhängen. Wie die übrigen Mitglieder von Brenners »Braintrust« hatte auch er sich zur Lebensaufgabe gemacht, der Gewerkschaft als der Organisation der Benachteiligten zu dienen. Seine Kenntnisse, sein Scharfsinn und sein Urteilsvermögen verblüfften uns immer wieder. Nie wurde darüber gesprochen, dass Lung ein Konservativer war. Politische Diskussionen mit seiner Beteiligung gab es nicht. Auch wenn er anwesend war, nahm er daran nicht teil. Aber er wurde immer gefragt, wenn eine schwierige Rechtsfrage auftauchte. Außerdem teilte er die Einstellung aller Brenner-Berater, dass jeder von uns sein Bestes beizusteuern habe und dass der »Chef«, wie er Brenner stets in unseren internen Gesprächen nannte, zu entscheiden habe. Sowohl innerhalb wie außerhalb der Organisation genoss Lung großes Ansehen, von den Arbeitgebern wurde er geradezu gefürchtet. Das genügte ihm, und er wies die wiederholten Aufforderungen zurück, zu promovieren oder Anwalt zu werden. Zusammen mit einem Tarifpolitiker namens Weng schrieb er ein sehr verbreitetes Fachbuch. Es wurde in der IG Metall »Der Lung-Weng« genannt, und wenn Uneingeweihte fragten, was das denn sei, lautete die Antwort: »Das sind unsere chinesischen Weisen«.

Die beiden Friedrichs, Karl-Heinz und Günter, gehörten zum engen Kreis der Brenner-Berater und nahmen an den Sitzungen des »Braintrusts« teil. Karl-Heinz hatte im Krieg einen Arm verloren. Er schien aber durch die Amputation nicht sonderlich behindert. Als Leiter der Wirtschaftsabteilung der IG Metall hatte er eine gewichtige Stimme bei der Bemessung und Begründung der Forderungen der Gewerkschaft.
Obwohl er ein neoliberaler Ökonom war und mit den neo-marxistischen Mitgliedern des Brennerkreises so gut wie nie in der theoretischen Diskussion übereinstimmte, weil er »systemübergreifende« oder gar »systemsprengende« Forderungen kategorisch ablehnte, war er durchaus in der Lage, die Forderungen, auf die man sich geeinigt hatte, hieb- und stichfest zu begründen. Deshalb wurde ihm sein Konservativismus – ähnlich wie bei Robert Lung – nachgesehen. Was zählte, war die brillante fachliche Kompetenz. Was Karl-Heinz Friedrichs mit seinen Kollegen von der Wirtschaftsabteilung zur Begründung und Rechtfertigung aufschrieben, brachte die Arbeitgeber stets in Verlegenheit. Sie wurden dadurch gezwungen, ihre eigene Forschungskapazität zu erweitern.

Dr. rer. pol. Günter Friedrichs war ebenfalls ein rechter Sozialdemokrat, dessen Zugehörigkeit zu Otto Brenners Mannschaft nicht auf Sympathie für den politischen Kurs der IG Metall, sondern auf seinem Interesse und seiner Kompetenz in Sachen »technologischer Fortschritt« beruhte. Seine große Zeit kam mit der Erfindung der »Internationalen Arbeitstagungen der IG Metall« in Oberhausen. Im Gleichklang mit Willy Brandts und Hans Matthöfers innovativer Politik waren sie den Themen »Automation – Risiko und Chance«, »Automation und Angestellte«, »Automation und Kernenergie«

und »Qualität des Lebens« gewidmet und mit in- und ausländischen Wissenschaftlern von Rang besetzt. Die Protokolle erschienen in Buchform bei der Europäischen Verlagsanstalt in Frankfurt. Ihre Öffentlichkeitswirkung war groß und dem Prestige der IG Metall sehr nützlich.

Als Bundesforschungsminister versorgten Hans Matthöfer und das RKW die Abteilung Günter Friedrichs mit Aufträgen. Sie entwickelte sich zeitweise zur größten, personalreichsten in der ganzen Vorstandsverwaltung. 1982 verfasste Günter Friedrichs für den »Club of Rome« den Bericht »Auf Gedeih und Verderb – Mikroelektronik und Gesellschaft«.

Wie schon erwähnt ist G. Friedrichs auch der Autor des Entwurfs der IG Metall für ein Rationalisierungs-Schutzabkommen, das die Metallindustriellen vertraglich dazu bringen sollte, bei der Einführung arbeitssparender Technologien die Interessen der betroffenen Arbeitnehmer zu wahren.

Max Diamant, geboren in Lodz am 5. Mai 1908, gestorben in Frankfurt am Main, am 17.10.1985. Sein Vater hatte Lenin in der Schweizer Emigration kennen gelernt. Er war Metall-Facharbeiter in Mannheim und ging mit Max nach der Oktoberrevolution nach Sowjetrussland. Max machte dort eine Lehre, kehrte aber nach Mannheim zurück. Er trat in die SAP ein und bildete zusammen mit Willy Brandt und der Frau von Paul Fröhlich – sie war eine Zeit lang kommunistische Reichstagsabgeordnete gewesen – die letzte legale SAP-Führung in Deutschland nach dem Sieg der Nazis.

Max flüchtete nach Spanien und kämpfte auf Seiten der POUM, wo er von den Stalinisten verfolgt wurde. Nach dem Sieg Francos wanderte er nach Mexiko aus. Diamant kam bei der IG Metall ins Gespräch, als ein Kandidat für die neu einzurichtende Abteilung »Ausländische Arbeitnehmer« gesucht wurde. Dafür kam nur eine Person in Frage, die es vermochte, die in Massen in die deutsche Industrie strebenden und von den Unternehmern angeheuerten Italiener, Spanier, Jugoslawen, Griechen und Türken zum Eintritt in die Gewerkschaft zu bewegen und ihnen bei der Lösung der Probleme ihrer Integration zu helfen. Für die Führung der IG Metall stand von Anfang fest, dass sie in der Gesellschaft, im Betrieb und in der Gewerkschaft keinerlei Diskriminierung dulden würde. Uns erschien Max Diamant von vornherein der geeignete Mann für diese schwere Aufgabe, und ich kann nachträglich sagen, dass er alle an ihn geknüpften Erwartungen vollauf erfüllte.

Vom Inhaber eines Delikatessengeschäfts in Mexiko zum ersten Leiter der IG Metall-Abteilung für ausländische Arbeitnehmer war es für Diamant ein kurzer Weg.

Obwohl dies 40 Jahre zurückliegt, sind die Früchte seines Wirkens auch heute noch überall in der IG Metall spürbar: Fremdenfeindlichkeit ist verpönt und wird in ernsten Fällen mit Gewerkschaftsausschluss geahndet. Wenigstens in die IG Metall sind die Arbeitsmigranten und ihre Kinder integriert – aber von der großen Leistung, die die Gewerkschaft damit vollbracht hat, ist kaum die Rede. Mit einigen der ausländischen Mitarbeiter, etwa dem Griechen Elias Hadjiandreou, einst für die Betreuung griechischer Mitglieder zuständig, dann Lehrer an einer IG Metall-Schule und zuletzt Bezirkssekretär, bin ich noch heute befreundet.

Skandale im Gewerkschaftshaus

Gern hätte ich mein IG Metall-Kapitel mit dem Abschnitt »Weggefährten« abgeschlossen. Es ist zwar mit einer gewissen Wehmut geschrieben, weil darin von längst vergangenen Zeiten und – von zwei Ausnahmen abgesehen – von Toten die Rede ist. Aber um der Wahrheit willen muss ich am Ende von Ereignissen unrühmlicher Art berichten, in die ich verwickelt war, und die vor rund vierzig Jahren die IG Metall erschüttert und die veröffentlichte Meinung stark beschäftigt haben. Beide haben mit Politik zu tun – der Sturz Kuno Brandels mit dem Richtungsstreit in Gewerkschaften und Sozialdemokratie und die Entführung Heinz Brandts mit der deutschen Teilung und dem DDR-Regime.

Brandel, Chefredakteur der Zeitschrift »Metall«, trat Ende der 1920er Jahre der Kommunistischen Partei Opposition (KPO) bei und setzte sich nach der »Machtübernahme« der Nazis nach Frankreich ab. Im Spanischen Bürgerkrieg kämpfte er auf Seiten der Republikaner gegen Franco und emigrierte nach dem Sieg der Faschisten in die USA. Dort arbeitete er mit dem einflussreichen Funktionär des Gewerkschaftsbundes AFL und früheren Kommunisten, Jay Lovestone, zusammen.[72]

Beide wandten sich jedoch radikal von ihrer früheren Ideologie ab, sie wurden geradezu fanatische Antikommunisten. Die Politik Lovestones gegenüber der internationalen Gewerkschaftsbewegung war verhängnisvoll, besonders in Frankreich und Italien. Mit diesem Gepäck kehrte Brandel nach Deutschland zurück. Seinem Vorbild Lovestone gemäß suchte er ein Betätigungsfeld bei den westdeutschen Gewerkschaften und fand es in der IG Metall. Von 1949 bis 1956 prägte er das Pressewesen der IG Metall und rückte in den geschäftsführenden Vorstand auf.

---

[72] Vgl. Helga Grebing: Lehrstücke der Solidarität, a.a.O., S. 314ff.

Als »Pressechef« beauftragte mich Brenner, auf den Inhalt der Gewerkschaftspublikationen zu achten. Mir wurde bald klar, dass Brandel in Opposition zur Beschlusslage der Organisation stand. Ich versuchte ihm deutlich zu machen, dass er damit einen Missbrauch der von ihm geleiteten Zeitschriften trieb, mit dem er nicht durchkommen könne. Er war gebildet und intelligent, in gewisser Weise war es mir ein Vergnügen, mit ihm zu diskutieren. Aber er war unbelehrbar. Allen, die die Westintegration der Bundesrepublik kritisierten, sagte er offen den Kampf an. Sein Ziel war es, mit Hilfe führender SPD-Funktionäre, besonders Herbert Wehners, den Kurs der IG Metall zu »korrigieren«. Als dies in den IG Metall-Zeitschriften immer deutlicher wurde und sein Renegatentum Proteste hervorrief, war Brandels Schicksal besiegelt. Meine vertraulichen und immer noch freundschaftlichen Gespräche konnten ihn nicht zur Einsicht bewegen. Die Brücken zwischen Otto Brenner und ihm zerbrachen. Er war das einzige Vorstandsmitglied, das aus politischen Gründen aus dem Amt entfernt wurde.[73]

---

[73] Eine andere, Brandel Recht gebende Auffassung findet sich in einem Aufsatz der Historikerin Julia Angster. Zugespitzt lautet ihre These: »Brandel hatte von Anfang an Recht, die Entwicklung hat es bewiesen.« Die einseitige Quellenauswahl muss sie zu diesem falschen Ergebnis führen, es wird keine der ausführlichen öffentlichen IG Metall-Verlautbarungen zitiert. Immerhin macht Angster sehr deutlich, dass Brandel in engster Verbindung mit und im Auftrag rechter US-amerikanischer Gewerkschaftskreise gehandelt und die IG Metall-Zeitung für ihre Politik, die er sich zu eigen gemacht hatte, missbraucht hat. Nach seiner Verstoßung aus der IG Metall landete er konsequenterweise bei Georg Leber und beendete seine Laufbahn im Brüsseler Büro der AFL. Ein falscher Prophet endlich wieder am richtigen rechten Platz. Angster bewundert seine Standhaftigkeit, obwohl sie Brandel als Sektierer identifiziert. Einige handfeste Fehler disqualifizieren diese »Ehrenrettung«: 1. Es ist falsch zu behaupten, Brandel sei mit Willy Brandt befreundet gewesen. Wehner war Brandels »spiritus rector«. 2. Angster besitzt die Frechheit, von Otto Brenner und Siggi Neumann als den »Daheimgebliebenen« zu faseln: Brenner war im Zuchthaus (daheim?). Neumann kämpfte in Spanien, wurde an der Front schwer verletzt und emigrierte nach Schweden. 3. Brenners Einfluss auf den DGB soll 1963 im Schwinden gewesen sein? Noch eine Unwahrheit. In der aktiven Gewerkschaftspolitik bestand zwischen Brandel und Brenner überhaupt kein Gegensatz. Moral: Hier verteidigt eine rechte Historikerin einen gescheiterten, rechten Gewerkschaftsfunktionär. Mit Wissenschaft hat das nichts zu tun. Ich kann nur bedauern, dass ein solches Pamphlet veröffentlicht wurde. Legenden über die IG Metall gibt es im Überfluss. Vgl. Julia Angster: Parteipolitische Diskussionen gehören nicht in die Gewerkschaft. Kuno Brandel und die Gewerkschaftszeitung Metall 1949-1961, in: Krohn, Claus-Dieter/Schildt, Axel (Hrsg.): Zwischen den Stühlen? Remigranten und Remigration in der deutschen Medienöffentlichkeit der Nachkriegszeit, Hamburg 2002, S. 267-293.

Der Beirat der IG Metall, das höchste Organ zwischen den Gewerkschaftstagen, setzte ihn ab, nachdem ihm bereits im März 1961 die Zuständigkeit für die Gewerkschaftspresse entzogen worden war. Brandel sorgte dafür, dass dieser an sich interne Vorgang der Öffentlichkeit bekannt und damit zum Skandal wurde. Im Oktober erklärte der Vorstand der IG Metall, Brandel sei zurückgetreten. Bezeichnenderweise fand er danach Arbeit bei der Baugewerkschaft Georg Lebers, dem erbittertsten gewerkschaftspolitischen Gegner Otto Brenners und der IG Metall.

Ich lernte daraus erneut, dass mit Fanatikern keine erfolgreiche Politik zu machen ist. Sektierer können nur geduldet werden, wenn sie sich den Beschlüssen der Mehrheit unterwerfen.

1959 wurde Heinz Brandt[74] von der IG Metall als Redakteur ihrer Zeitschrift »Metall« angestellt. Brandt war ein Überlebender des Holocaust, dem andere Familienmitglieder zum Opfer gefallen waren. Er wurde dann selbst Opfer der deutschen Version des Stalinismus, obwohl er sich nach dem Zweiten Weltkrieg noch zum Kommunismus bekannte. Die SED machte ihn zum Bezirkssekretär, Brandt jedoch war und blieb kritisch, fiel der Partei unangenehm auf und entzog sich 1958 mit seiner Familie der drohenden Verhaftung durch die Flucht nach Westberlin.

Im Juni 1961 flog er nach Westberlin, um über eine Gewerkschaftstagung zu berichten. Unter nie ganz geklärten Umständen wurde er von Agenten des DDR-Staatssicherheitsdienstes nach Ostberlin verschleppt und in einem Geheimprozess zu 13 Jahren Zuchthaus verurteilt. Gustav Heinemanns Sozius, Diether Posser, ein berühmter Verteidiger in politischen Strafprozessen, ehemaliger Bundesrats- und Finanzminister von Nordrhein-Westfalen, war nach der Entführung Brandts von der IG Metall als Rechtsbeistand Brandts gewonnen worden. Er wurde jedoch bei Gericht nicht als Verteidiger zugelassen. Bereits Ende September, also noch vor dem Prozess, erfolgte die Vorverurteilung. Im SED-Zentralorgan wurde er als »eingefleischter Fa-

[74] Heinz Brandt wurde 1909 in Posen geboren. Er war Jude, wurde Kommunist und überlebte die Nazizeit trotz zehn Jahren Konzentrationslager. »Die Eltern und der jüngste Bruder Wolfgang Brandt sind von den Nationalsozialisten im Dritten Reich aus rassischen Gründen ermordet worden. Sein ältester Bruder Richard und die Schwester Lili sind in die Sowjetunion geflohen … Von beiden fehlte seit 1938 jede Spur, nachdem beide als deutsche Kommunisten in die Säuberungsprozesse Stalins geraten waren.« Richard Brandt wurde 1956 offiziell posthum rehabilitiert. »Die Schwester war – ebenso wie ihr Ehemann – auch 1962 noch verschollen.« (Vgl. Diether Posser: Anwalt im Kalten Krieg. Ein Stück deutscher Geschichte in politischen Prozessen 1951-1968, München 1991, S. 320)

schist und Revanchist« bezeichnet, »der unter dem Deckmantel eines Redakteurs der IG Metall im westdeutschen DGB Spionage und Wühlarbeit gegen die DDR betrieb.«[75]

So grotesk und frei erfunden diese Anschuldigungen auch waren, sie mussten von uns sehr ernst genommen werden. Neben der Verteidigung bedurfte es unserer Erkenntnis nach zur Befreiung Heinz Brandts einer großangelegten politischen Kampagne zur Erzeugung stärksten Drucks auf die Machthaber in der DDR. Brenner übertrug mir die Verantwortung dafür. Die IG Metall stellte alle erforderlichen Mittel zur Verfügung und brachte ihre Empörung wiederholt öffentlich zum Ausdruck. Wir gründeten ein Komitee »Freiheit für Heinz Brandt« und fanden Unterstützung bei anderen DGB-Gewerkschaften, beim IBFG, bei Amnesty International – Brandt wurde zum »Gefangenen des Jahres« erklärt –, beim Wirtschafts- und Sozialausschuss der Vereinten Nationen und bei namhaften in- und ausländischen Persönlichkeiten wie Lord Russel, Erich Fromm und Kanonikus Collins von der Londoner St. Pauls Kathedrale. Lord Russel gab unter Protest einen ihm von der DDR verliehenen Orden zurück. Wir zogen alle Register, und der SED wurde schließlich diese Mobilisierung selbst »linker« Kreise derart peinlich, dass Brandt im Mai 1964 frei kam. Posser brachte ihn nach Frankfurt zurück. Am Flughafen empfingen Brandt und Posser die Presse und das Fernsehen. Wir veranstalteten eine Pressekonferenz, auf der Otto Brenner und Brandt sprachen. Die Berichterstattung fiel so breit und qualifiziert aus, wie wir es gewünscht hatten. Selbstverständlich wurde Brandt wieder in seine alte Stellung gebracht. Er schrieb eine Autobiografie mit dem vielsagenden Titel »Ein Traum, der nicht entführbar ist«.

Der Fall Heinz Brandt war mit seiner Befreiung nicht beendet. Die IG Metall stellte fest, dass sich einer ihrer Mitarbeiter »abgesetzt« hatte. Er wurde als Mitschuldiger an der Entführung Brandts und Offizier des DDR-Staatssicherheitsdienstes entlarvt. Ein Skandal zog einen anderen nach sich. Die IG Metall war aufgewühlt. Das alles war schwer verdaulich, aber der Schaden für die DDR war größer als für uns.

[75] Ebd., S. 326

4. 18 Jahre im Dienst der Eisernen Internationale

Bevor ich mich auf Vorschlag Brenners, Vorsitzender der größten Mitgliedsgewerkschaft des IMB und Präsident der »Eisernen Internationale« auf dem IMB-Zentralkomitee in Lausanne im September 1971 als Kandidat für die Nachfolge des stellvertretenden Generalsekretärs Alfred Dannenberg vorstellte, war zwischen Brenner und mir eine wichtige Frage geregelt worden. Sie ergab sich aus dem ungeschriebenen Gesetz, dass die beiden Spitzenpositionen der Weltorganisation nicht von zwei Angehörigen der gleichen Nation besetzt werden konnten. Im konkreten Fall bedeutete dies: Wenn Brenner Präsident blieb, konnte ich nicht Generalsekretär werden. Meine Vorbedingung für die Annahme der Kandidatur zum stellvertretenden Generalsekretär war, dass ich später zum Generalsekretär aufrücken könnte. Die Voraussetzung dafür war, dass die IG Metall bei der nächsten Präsidentenwahl dieses Amt an eine andere Nation geben werde. Diese Wahl sollte 1974 stattfinden. Brenner erklärte mir, dass er zu diesem Zeitpunkt aus Altersgründen seine Funktionen sowohl bei der IG Metall wie bei der Internationale aufgeben, einen Kandidaten für die Präsidentschaft aus einem anderen Land vorschlagen und meine Kandidatur als Generalsekretär unterstützen werde. Darüber wurde zwischen uns zwar keine schriftliche Vereinbarung geschlossen, was möglicherweise den späteren Gang der Dingen zu meinen Gunsten beeinflusst hätte, aber es war eine feste Verabredung unter Männern, an deren Gültigkeit für keinen von uns der geringste Zweifel bestand. Wir konnten beide nicht voraussehen, dass Brenner schon wenige Monate nach Beginn meiner Arbeit in Genf sterben und sein Nachfolger Eugen Loderer unsere Vereinbarung einfach ignorieren würde.

Dass diese Gefahr der Illoyalität seitens Loderer bestehen könnte, ahnte ich sogleich nach der Nachricht von Brenners Tod. In einem Gespräch mit Loderer und Hans Mayr wurde es zur Gewissheit, dass man den Willen Brenners und unsere Vereinbarung nicht respektieren wollte.

Dagegen konnte ich nur erklären, wie in der Genfer IMB-Zentrale die Machtverhältnisse lagen: Der nicht anwesende Präsident war und ist eine Repräsentationsfigur, der in Genf residierende Generalsekretär mit seinem Apparat hält alle Fäden in der Hand. So hatte ich die Situation vorher gesehen und daraus meine Konsequenzen gezogen. Meine ersten Monate in Genf hatten diese Einschätzung bestätigt. Wäre sie von Loderer und Mayr geteilt worden, so hätten in einer außerordentlichen Zentralkomiteesitzung in den Monaten nach Brenners Tod beide Funktionen, wie von Brenner und mir geplant, neu besetzt werden können. Dies entsprach jedoch nicht der Auffassung der beiden Kollegen von der IG Metall.

Auf meinen Wunsch, darüber vor den geschäftsführenden Vorstandsmitgliedern der Gewerkschaft zu sprechen und die Entscheidung in diesem Kreis herbeizuführen, wollten sie ebenfalls nicht eingehen. Es blieb mir nur die Hoffnung, dass meine Freunde unter den geschäftsführenden Vorstandsmitgliedern eine solche Diskussion erzwingen würden. Warum sie das nicht taten, obwohl sie sich mir verpflichtet fühlten und die gewerkschaftspolitische Seite der Angelegenheit ebenso beurteilten wie ich, ist bis heute ungeklärt. Jedenfalls verliefen die Dinge zu meiner grenzenlosen Enttäuschung genau in die falsche Richtung. Auch im Jahr 2004 gibt es immer noch keinen deutschen Generalsekretär und seit meiner Pensionierung Ende 1989 auch keinen deutschen Stellvertreter. Dagegen liegt die IMB-Präsidentschaft immer noch bei der IG Metall. Die Folgen der falschen Weichenstellung von 1972 beurteile ich bis heute als nachteilig.

Nach meinem fehlgeschlagenen Versuch von 1972 startete ich einen neuen und letzten vor dem Stockholmer IMB-Kongress von 1974. Auch dieser führte nicht zum Erfolg – ich musste Stellvertreter bleiben. Die IG Metall gab und gibt sich im IMB mit dem repräsentativen Präsidentenamt zufrieden. Damit soll jedoch nicht gesagt sein, dass sie in der Weltorganisation der Metaller ohne Einfluss war. Dieser ergab sich schon daraus, dass sie über viele bilaterale Verbindungen zu ausländischen Metallgewerkschaften verfügt. Außerdem war und ist sie in den transnationalen Unternehmen mit Sitz in Deutschland aktiv, besonders dort, wo Euro- oder Weltkonzernbetriebsräte bestehen.

All das galt in der Vergangenheit und trifft heute genauso zu. Damit leistete und leistet sie der Internationalen wertvolle Dienste. Dennoch bleibe ich dabei, dass die IG Metall zur Wahrung ihrer internationalen und globalen Interessen keineswegs den Präsidenten zu stellen brauchte. Als größte Mitgliedsorganisation muss sie allemal im Exekutivausschuss vertreten sein, und dort hat sie nicht nur Sitz und Stimme, sondern das Gewicht, das ihr zukommt.

Der Aufstieg des IMB nach 1945

Die Nachkriegsperiode lässt sich am ehesten als erfolgreicher Neubeginn bezeichnen. Schon sechs Jahre nach Kriegsende überschritt die Mitgliederzahl die zuvor erreichten Rekorde um ein Mehrfaches (siehe Tabelle).

Dieses Phänomen hat fünf Ursachen: Es kehrten zunächst die Verbände zurück, die schon früher der Internationale angehört hatten, z.B. die Franzosen und Italiener. Die Metallindustrie stellte auf Friedensproduktion um und vergrößerte die Anzahl der Beschäftigten. Es erfolgte eine politisch klare Abgrenzung zum kommunistischen Weltgewerkschaftsbund (WGB). Als vierten Grund führe ich die größere Effizienz des IMB als Folge etlicher organisatorischer Neuerungen, vor allem die Bildung von Industrie-Abteilungen, an. Der gewaltige Sprung von 2,65 Millionen im Jahre 1947 auf sechs Millionen im Jahre 1951 ist auf die Aufnahme der Finnen, der Österreicher und der westdeutschen Metaller 1947/1948 zurückzuführen. Der fünfte Grund war die Öffnung des IMB gegenüber den USA, Lateinamerika, Japan und den dekolonialisierten Ländern in Afrika und Asien.

Das vom Sekretär des IMB, Konrad Ilg, beim Zentralkomitee 1949 in Zürich vorgelegte Programm zur politischen und organisatorischen Erneuerung des IMB wurde stark diskutiert. Beispielsweise wiesen die US-Vertreter darauf hin, dass es der Internationale nicht um die Alternative Kapitalismus oder Sozialismus ginge, sondern um den Aufbau des IMB und um die sozialen und wirtschaftlichen Probleme der Mitglieder. Zum ersten Mal wurde auch die Notwendigkeit erwähnt, in den Entwicklungsländern, in Lateinamerika und im Fernen Osten, freie Gewerkschaften aufzubauen. Der IG Metall-Vorsitzende unterstrich für Deutschland die Bedeutung des Kampfes um die Mitbestimmung der Arbeitnehmer und gegen die Massenarbeitslosigkeit. Ilg ergänzte seinen Vorschlag zur Bildung von Industrieabteilungen im IMB-Se-

Die IMB-Kongresse nach 1945

Kongress	*Jahr*	*IMB-Mitglieder*	*Tagungsort*
15. Kongress	1947	2.650.000	Kopenhagen
16. Kongress	1951	6.000.000	Bürgenstock
17. Kongress	1954	7.300.000	Zürich
18. Kongress	1957	7.900.000	Lugano
19. Kongress	1961	8.250.000	Rom
20. Kongress	1964	9.000.000	Wien
21. Kongress	1968	10.000.000	Zürich
22. Kongress	1971	10.700.000	Lausanne

kretariat mit dem Hinweis, dafür könnten als Präsidenten die Vorsitzenden interessierter Gewerkschaften gewählt werden.

Auf dem 16. IMB-Kongress in Bürgenstock (Schweiz) wurde dann die Bildung von Industrieabteilungen endgültig beschlossen, und zwar der Automobilabteilung mit dem Vorsitzenden der UAW, Walter P. Reuther, der Schiffbauabteilung mit dem schwedischen Verbandsvorsitzenden Arne Geijer, der Stahlabteilung mit dem Vorsitzenden der US-Stahlarbeiter Donald und für Europa mit dem Generalsekretär der britischen Stahlarbeiter (ISTC) Harry Douglas.

Es wurde vereinbart, dass die Interessen der Gießereiarbeiter auch ohne Bildung einer besonderen Abteilung wahrgenommen würden, woraufhin sich die Internationale der Gießereiarbeiterföderation auflöste.

Eine Industrieabteilung für die Maschinenbauindustrie wurde 1952 geschaffen und der Deutsche Wilhelm Petersen zum Vorsitzenden gewählt.

Die Stahlabteilung wurde später auch für Buntmetalle zuständig. 1982 folgte die Gründung der modernen Luft- und Raumfahrtabteilung, deren Vorsitz der IAM-Präsident Wimpisinger übernahm.

Alle Industriebabteilungen entwickelten sich erfolgreich. Es wurden für alle im IMB-Sekretariat Forschungsprogramme aufgelegt und regionale und weltweite Fachkonferenzen veranstaltet. Besonders die transnationalen Unternehmen wurden Gegenstand der Forschungsarbeit des IMB. Unter den zahlreichen Beiträgen, die Konrad Ilg zur Fortentwicklung des IMB lieferte, war die Anregung zur Bildung von Industrieabteilungen die fruchtbarste.

1951 wurde Ilg mit dem Titel »Generalsekretär« ausgezeichnet. Er hatte bis zu seinem Tod im Jahr 1954 ein Vierteljahrhundert dem IMB gedient, ihm seinen Stempel aufgedrückt, mit großem Geschick alle Belastungen gemeistert und den Neubeginn dirigiert. Sein Lebenswerk war bewundernswert, seine Qualitäten waren unvergleichlich.

Einen Nachfolger für diesen außergewöhnlichen Mann zu finden, musste schwer sein – so schwer, dass eine Findungskommission eingesetzt wurde. Als Interimslösung wurde der Schwede Henry Svensson mit der Leitung des Sekretariats beauftragt. Auf dem Züricher IMB-Kongress von 1954 wählte man dann den Schweizer Adolphe Graedl zum Generalsekretär, wiederum einen ganz hervorragenden Diplomaten, der das IMB-Sekretariat 17 Jahre lang leitete.

Später wurde entschieden, dass der IMB-Präsident ebenso wie der Generalsekretär vom Kongress zu wählen sei. Der Engländer Harry Douglas amtierte, ebenso unauffällig wie typisch britisch, von 1954 bis 1962 als IMB-

Präsident, bis ihn auf dem Kongress von Rom der IG Metall-Vorsitzende Otto Brenner ablöste.

Die IMB-Konferenz von 1955 im hessischen Oberursel sollte der Arbeitszeitverkürzung eine internationale Dimension verleihen. Das hatte weit reichende und lang andauernde Folgen. In Belgien konnte nach einem heftigen Kampf die wöchentliche Arbeitszeit 1956 von 48 auf 45 Stunden verkürzt werden. Der IMB leistete dabei solidarische Hilfe. Die Deutschen erreichten die 45-Stunden-Woche mit Lohnausgleich im gleichen Jahr, es folgten die Luxemburger mit der 44-Stunden-Woche, die Briten waren Vorreiter mit der Einführung der 42-Stunden-Woche, die Deutschen 1959 mit der 44- und 1965 mit der 40-Stunden-Woche.

Ein interessantes Beispiel für die Unterstützung eines Streiks durch Forschungsarbeit des IMB gab es 1959 bei den US-Stahlarbeitern. Sie traten trotz einer Rezession und weit verbreiteter Arbeitslosigkeit in den Streik. Die Arbeitgeber verbreiteten nachweislich falsche Zahlen mit der Behauptung, die Löhne in der US-Stahlindustrie seien die höchsten in der Welt. Der IMB erstellte daraufhin unter Mitarbeit des Leiters der Forschungsabteilung der amerikanischen Gewerkschaft eine Rentabilitätsstudie der 120 weltgrößten Stahlgesellschaften. Darin wurde nachgewiesen, dass die großen Stahlproduzenten in den USA über eine sehr zufrieden stellende Rentabilität verfügten, die eine weitere Verbesserung der Lohn- und Arbeitsbedingungen durchaus erlaubte. Die Verwertung dieser Studie in den Tarifverhandlungen trug erheblich dazu bei, die gewerkschaftliche Position zu stärken. Der 116 Tage dauernde Streik führte zu einem durchschlagenden Erfolg.

Im Jahr 1954 war zum ersten Mal im IMB die Rede von den Schwierigkeiten, die die Japaner mit dem Versuch hatten, mit dem IMB zusammenzuarbeiten. 1956 folgte ein mehrmonatiger Aufenthalt des stellvertretenden IMB-Generalsekretärs Alfred Dannenberg in Japan. Er stellte zwar große Entwicklungsmöglichkeiten fest, aber auch organisatorische und politische Hindernisse. Die japanische Gewerkschaftsbewegung war in zahllose, auf Betriebs- bzw. Unternehmensebene existierende Gruppen und in viele Industriebranchen zersplittert und außerdem noch an diverse politische Parteien gebunden. Der IMB ließ sich dadurch nicht abschrecken. Er eröffnete in Tokio ein Büro, dessen Leiter ein Englisch sprechender und vom IMB besoldeter Japaner, Ichiro Seto, wurde. Er war für die schwierige Aufgabe hervorragend geeignet und verstand es, den Japanern die Politik des IMB nahezubringen und sie allmählich zu einheitlicheren und effizienteren Organisationsstrukturen hinzuführen.

Im Mai 1964 versammelten sich zum ersten Mal 100 Delegierte verschiedener japanischer Metallgewerkschaften. Vertreten waren zehn Firmengewerkschaften, die vier unterschiedlichen Gewerkschaftsbünden angehörten, und fünf nationale Industriegewerkschaften.

Sie gründeten den japanischen IMB-Ausschuss (IMF Japan Council – IMF-JC) mit zusammen 540.000 Mitgliedern. Präsident des IMFJC wurde der Vorsitzende der Elektroarbeiter, Toshifumi Tatayama, Seto wurde zum Generalsekretär gewählt. Damit hatte der Leiter des Tokioter IMB-Büros gleichzeitig eine wichtige Funktion im Koordinierungsorgan der japanischen Metaller – eine Konstruktion, die in keinem anderen Land wiederholt wurde und ganz auf die japanischen Verhältnisse zugeschnitten war.

Später wurde Seto auch zu einem der stellvertretenden Generalsekretäre des IMB gewählt, was sein Gewicht in Japan noch verstärkte und eine der Ursachen für die großen Erfolge des IMB in diesem Land war.

Der japanische IMB-Ausschuss wurde zur Keimzelle diverser Fusionen japanischer Metallgewerkschaften, und das Büro in Tokio erhielt die Zuständigkeit für die Beziehungen zu den IMB-Mitgliedsgewerkschaften in ganz Südostasien und für die Auslandsbeziehungen der japanischen Metaller.

Nach japanischem Vorbild bildete der IMB im Jahr 1969 zwei weitere Regionalbüros in Hongkong und in New Delhi. Erster Leiter des Büros in Indien wurde ein Lehrer an der IBFG-Schule in New Delhi, Hriday Nat Nehru, das Büro in Hongkong wurde von dem Chinesen Lee Shing Chu geleitet.

Ein afrikanisches Regionalbüro in Nairobi wurde ebenfalls mit einem Lehrer besetzt, Paul Kanyago, er kam vom IBFG-College in Kampala, das Büro für die Karibik und Lateinamerika leitete Fernando Melgosa von Mexiko City aus.

Die Verantwortung für die starke Expansion des IMB lag bei Adolphe Graedl, dem IMB-Generalsekretär, und bei Otto Brenner, IMB-Präsident seit 1962. Beide, auch die stellvertretenden Generalsekretäre Alfred Dannenberg und Dan Benedict, genossen in der Internationale größtes Ansehen. Brenner und Dannenberg waren seit Jahrzehnten eng befreundet. Zwischen Brenner und Graedl herrschte uneingeschränktes Vertrauen.

Auf dem Wiener Kongress von 1964 wurde mit Genugtuung das Wachstum der Mitgliedschaft um eine weitere Million registriert und eine weitere Beitragserhöhung beschlossen. Walter P. Reuther plädierte leidenschaftlich für die Notwendigkeit der Einrichtung von weltweiten Automobilkonzernausschüssen im IMB. Otto Brenner hatte dagegen erhebliche Bedenken. Er befürchtete, daraus könne sich so etwas wie eine internationale Automobilarbeitergewerkschaft entwickeln, was zur Spaltung des IMB führen könne. In langen Gesprächen, die Adolphe Graedl, Victor Reuther,[76] Dan Benedict, Alfred Dannenberg, Fritz Opel und ich mit Brenner führten, gelang es, die Befürchtungen Brenners zu zerstreuen.

Das folgende IMB-Zentralkomitee nahm Walter Reuthers Vorschlag an, zunächst vier Ausschüsse zu bilden, und zwar für General Motors, Ford, Volkswagen und Mercedes-Benz. Für die Gruppe Chrysler-Simca, Roots, Fiat war ein weiterer Ausschuss geplant.

Im Anschluss and den 20. UAW-Kongress 1966 in Detroit wurde eine Tagung der Automobil-Konzernausschüsse abgehalten und eine grundsätzliche Erklärung angenommen.

Obwohl die dort gesetzten Ziele bisher nur annäherungsweise erreicht wurden, sind die Inhalte auch heute in den Köpfen aller lebendig, die in der gewerkschaftlichen Konzernarbeit tätig sind.

Trotz des kontinuierlichen Wachstums des IMB reichten die Mitgliedsbeiträge nie aus, um alle Aufgaben der Internationale zu bestreiten – nicht zuletzt deshalb, weil den Verbänden aus Entwicklungsländern spezielle Abschläge gewährt werden mussten. Auf dem Wiener IMB-Kongress 1964 berichtete Graedl: »Der IMB vertritt heute fast die Hälfte aller Metaller der freien Welt.« Jedoch war die finanzielle Deckung ungenügend. Daher wurde eine Beitragserhöhung in zwei Stufen bis 1968 von 200 auf 400 Schweizer

---

[76] Nachruf auf Victor Reuther an die Familie und die UAW, 5. Juni 2004: »Dear friends, I am shocked and deeply saddened by the news of Victor's death. He was my closest friend in the US labour movement for more than 40 years. When I first came to the States as a young official of the German Metalworkers' Union IG Metall, he introduced me to the organization and policy of the UAW, he took me along with a UAW delegation to the civil rights march in Washington where I met Martin Luther King and many other militants for equal rights. I also met his wife – we became friends, especially my wife Elisabeth and she. Her passing away was mourned by both of us, and we saw how Victor missed her. Victor was around in Germany e.g. at the first meeting of the world car auto councils in Frankfurt in 1966. We have a nice picture of Victor and my wife taken on this occasion. Later on, when I worked for the International Metalworkers' Federation as ass. General Secretary we met frequently, Victor representing the UAW at the IMF executive committee. After his and my retirement, we kept in touch by email and telephone – until I realized that Victor was getting weaker and weaker, yes – passing away at the age of 92 is no surprise, but there is nobody left like him – a champion of international solidarity, a warm and farsighted trade unionist and a good friend whom we'll never forget. Please convey our condolences to your union and let us know whom we can write to from victor's family. With fraternal greetings, Elisabeth and Werner Thönnessen.«

Franken pro 1.000 Mitglieder im Jahr beschlossen. Damit wurde die Tätigkeit auf den Gebieten der organisatorischen Unterstützung und der gewerkschaftlichen Bildung ausgeweitet.

Wechsel im Amt des Generalsekretärs und die Anfänge meiner Tätigkeit beim IMB

Ein Jahr vor dem 22. IMB-Kongress in Lausanne erklärte Adolphe Graedl aus Gesundheits- und Altersgründen seinen Rücktritt. Als Nachfolger Konrad Ilgs hatte er 15 Jahre lang erfolgreich amtiert, davon neun Jahre mit Otto Brenner als Präsident. Ein Versuch der italienischen Mitgliedsverbände, eine »Demokratisierung« der Führungsinstanzen des IMB zu erreichen, war bereits 1969 gescheitert. Die Reformdiskussion wurde mit der Wahl des Schweden Ivar Norèn zum neuen Generalsekretär abgeschlossen. Er galt als Übergangskandidat, weil er das Pensionsalter schon erreicht hatte. Frühere Stationen seiner Laufbahn waren: Redakteur der norwegischen Metallarbeiterzeitung, Lehrer an der IBFG-Schule in Uganda und zuletzt Sozialattaché an der norwegischen Botschaft in Washington. Norèn erwarb sich bald Ansehen und Einfluss und besondere Wertschätzung durch seine menschlichen Qualitäten. Außer Graedl schied auch Alfred Dannenberg, stellvertretender Generalsekretär, aus. Auf Vorschlag Brenners und der IG Metall wurde ich vom IMB-Zentralkomitee in Lausanne zu Dannenbergs Nachfolger gewählt. Brenner wurde als Präsident vom Kongress bestätigt.

Das Zentralkomitee wählte neue Mitglieder des Exekutivausschusses. Mit allen konnte ich in den folgenden Jahren gut zusammenarbeiten, mit einigen verband mich ein freundschaftliches Verhältnis. Das gilt in erster Linie für Norèn und Victor Reuther.

Für die IG Metall mit ihren zahlreichen Mitgliedern unter den Angestellten der Metallindustrie war wichtig, dass der IMB sich fortan nicht mehr Metallarbeiter-, sondern Metallgewerkschaftsbund nannte. Die Initialen der Organisation blieben allerdings unverändert.

Um mein neues Amt ausfüllen zu können, musste ich mir ein klares Bild von der formellen Struktur verschaffen, in der ich künftig als stellvertretender Generalsekretär arbeiten würde.

Verantwortlich war und ist in erster Linie der Generalsekretär. Er ist zuständig für die Koordinierung nach innen, die Vertretung des IMB nach außen, die Finanzen, das Personal, die Vorbereitung von Sitzungen und Tagungen und für die Beziehungen des IMB zu den anderen Gewerkschaftsinternationalen und zur Internationalen Arbeitsorganisation (IAO-ILO).

Zu meiner Zeit hatte der Generalsekretär zwei, davor sogar drei Stellvertreter. Der 3. Mann war mein Freund Charles Levinson. Er wurde nach seinem Ausscheiden aus dem IMB Generalsekretär der Chemiearbeiter-Internationale. Gleichrangig mit mir arbeitete der Kanadier Daniel Benedict. Mit ihm und seiner korsischen Frau Micheline waren wir eng befreundet. Dan ist hochbetagt und geehrt nach langer Krankheit im Frühjahr 2004 gestorben. Sein Sohn Stephen ist heute Leiter der Auslandsabteilung des kanadischen Gewerkschaftsbundes. Wir kennen und lieben ihn seit seinen Kindertagen! Benedict und ich hatten sowohl regionale wie funktionale Kompetenzen, die sich aber von Zeit zu Zeit ändern konnten. So war ich nacheinander für Südafrika, den mittleren Osten und das östliche Mittelmeergebiet, für Asien und Ozeanien, Presse- und Öffentlichkeitsarbeit, gewerkschaftliche Bildung, Automobil-, Elektro- und Elektronikindustrie, die IMB-Büros in New Delhi, Hongkong und Tokio, später auch in Nairobi zuständig.

Zum Sekretariat gehören Fachabteilungen für Wirtschafts- und Sozialforschung, Frauen – heute Gleichberechtigung –, Jugend, Angestellte, ausländische Arbeitnehmer, Gesundheit am Arbeitsplatz und in der Umwelt sowie Abteilungen, die den verschiedenen Zweigen der Metallindustrie – Eisen und Stahl, Nicht-Eisen-Metalle, Automobil, Luft- und Raumfahrt, Schiffbau, Metallverarbeitung und Werkzeugmaschinen – unter den jeweiligen Präsidenten dieser Abteilungen zugeordnet sind. Die Abteilungsleiter gehören nicht zum Sekretariat im engeren Sinn und nehmen an den Sekretariatskonferenzen nur bei Bedarf teil.

Die Beschäftigten haben eine gewählte Personalvertretung, die mit dem Generalsekretär ihre Gehälter und Arbeitsbedingungen aushandelt. Diese bedürfen der Zustimmung des Exekutivkomitees und werden in einem Finanzausschuss vorberaten, der aus einigen Exekutivkomitee-Mitgliedern und dem Generalsekretär besteht.

Als Weltorganisation mit 25 Millionen Mitgliedern ist der IMB verpflichtet, seine Publikationen, vor allem Tagungsunterlagen und Protokolle und seine Rundschreiben in verschiedenen Sprachen zur Verfügung zu stellen:

Englisch, Französisch, Spanisch, Deutsch, Japanisch, heute auch Russisch, das gilt auch für die Publikationen und selbstverständlich auch für die Sitzungen der IMB-Organe. Dafür war eine ganze Schar von teils beim IMB beschäftigten, teils freiberuflichen Übersetzern und Simultandolmetschern nötig. Bei Konferenzen im Ausland wurden und werden auch lokale Kräfte verpflichtet. Der finanzielle Aufwand dafür ist beträchtlich, aber unvermeidlich.

In jüngster Zeit erscheinen die IMF-Newsbriefs allerdings nur im Internet auf Englisch, das gleiche gilt für das IMB-Magazin »Metalworld«. Eine Neuerscheinung ist das Mitteilungsblatt in Spanisch. Der IMB verfügt auch über eine Website, die ständig aktualisiert wird. Zahlreiche Mitgliedsorganisationen besitzen ebenfalls E-Mailadressen und Websites, so dass die Kommunikation mit ihnen einfach und wenig kostspielig ist.

Nach 1975 entsprach die lange Jahre geltende Zahl von maximal fünf Exekutivkomitee-Mitgliedern nicht mehr dem Wachstum der Internationale, zum Beispiel war ja Lateinamerika nicht etwa dadurch angemessen vertreten, dass die Nordamerikaner einen Sitz im Exekutivkomitee hatten. Und selbst dies war nicht befriedigend, da dieser Sitz von den USA eingenommen und Kanada nicht berücksichtigt wurde. Es wurde deshalb den Lateinamerikanern und den Afrikanern ein Sitz eingeräumt, der im Rotationsverfahren besetzt wurde, worüber sich die Mitgliedsgewerkschaften der Kontinente zu verständigen hatten. Die Lösung für Asien bestand in der Einräumung eines Sitzes für Japan.

In der Vorstellung des Sekretariats sollten die Vertreter der Kontinente nicht nur die Interessen ihres jeweiligen Herkunftslandes wahrnehmen, sondern sich als Sprecher des ganzen Kontinents verstehen und betätigen. In der Praxis funktionierte dies jedoch zu meiner Zeit trotz vieler Ermahnungen aus Genf nicht perfekt, was zu beträchtlicher Unzufriedenheit führte, in der Region und in Genf.

Als Nachfolger des aus Altersgründen ausscheidenden Ivar Norèn wurde 1974 der US-Amerikaner Herman Rebhan gewählt, der zuvor Leiter des Büros der Automobilarbeitergewerkschaft in Washington gewesen war. Sein Nachfolger wurde 1989 der Schwede Marcello Malentacchi. IMB-Präsident wurde nach dem Tod Brenners der neue IG Metall-Vorsitzende Eugen Loderer. Auf ihn folgten seine Nachfolger Hans Mayr, Franz Steinkühler, Klaus Zwickel und Jürgen Peters. Seit 1966 ist also die Präsidentschaft des IMB an den Vorsitz der IG Metall gebunden.

Die Ziele des IMB sind langfristig in seiner Satzung und für einen begrenzten Zeitraum in einem Aktionsprogramm festgegelegt. Laut Satzung ist der IMB ein Bund von Metallgewerkschaften, die nach Verwirklichung der Menschenrechte, der Gewerkschaftsfreiheit, Demokratie und sozialer Gerechtigkeit streben. Die Mitgliedsgewerkschaften sind zwar in ihren Aktivitäten autonom, aber zur Erfüllung ihrer in der IMB-Satzung festgelegten Verpflichtungen und zur Einhaltung der Grundprinzipien des Bundes angehalten.

Es ist die Aufgabe des IMB, die Auffassungen der Gewerkschaften zu internationalen sozialen, wirtschaftlichen und politischen Fragen zu vertreten, die die Arbeitnehmer der Metallwirtschaft – Männer und Frauen, körperlich und geistig Schaffende – berühren. Der IMB ist bestrebt, durch Zusammenarbeit und Solidarität aller angeschlossenen Organisationen sichere Arbeitsplätze, bessere Lebens- und Arbeitsbedingungen und sozialen und kulturellen Fortschritt der Metallarbeitnehmer zu erreichen.

Im Ringen um sozialen Fortschritt der Arbeitnehmer in aller Welt setzt sich der IMB ein für Frieden, Freiheit und Selbstbestimmung aller Völker. Er ist bestrebt, das soziale und wirtschaftliche Gefälle zwischen den industrialisierten und den sich entwickelnden Ländern zu überwinden ebenso wie alle Arten von Imperialismus und wirtschaftlicher Ausbeutung von Nationen. Er ermutigt und unterstützt die angeschlossenen Gewerkschaften in ihrem Bemühen, feudale Strukturen, militärische Herrschaft und alle Arten von Diktaturen zu überwinden.

Der IMB wahrt seine Unabhängigkeit, arbeitet aber im Geist der Einheit und Solidarität in allen Fragen von gemeinsamem Interesse mit anderen gewerkschaftlichen Berufsinternationalen und dem Internationalen Bund Freier Gewerkschaften zusammen. Er unterhält einen Internationalen Solidaritätsfonds zur Verwirklichung seiner Zeile in den Entwicklungsländern und zur praktischen Solidarität mit seinen Mitgliedsverbänden bei wirtschaftlichen und sozialen Konflikten. (Zitiert aus der englischen Fassung der Satzung, die 1997 vom Kongress in San Francisco unverändert angenommen wurde.)

Vom IMB-Kongress 2001 in Sydney wurden zwei Ergänzungen der Ziele und Aufgaben vorgenommen, die mir bemerkenswert erscheinen.

Es wird nun ausdrücklich auf das Eintreten des IMB für die Anerkennung und Anwendung der internationalen Arbeitsnormen verwiesen, die von der Internationalen Arbeitsorganisation aufgestellt werden, speziell auf den Gebieten der Arbeitssicherheit und der Gesundheit am Arbeitsplatz, der Überwindung aller Formen von Diskriminierung, der Vereinigungsfreiheit, des Rechts auf Kollektivverhandlungen, des Verbots der Kinderarbeit und der Zwangsarbeit.

Der IMB versteht sich heute als Anwalt der gesamten unterdrückten Menschheit, nicht nur der in Lohn und Brot stehenden Arbeitsplatzbesitzer. Er ist zur Opposition gegen Unterdrückung schlechthin geworden und lässt sich deshalb nicht mit Lobbies vergleichen, die stets nur partikulare Interessen vertreten. Damit geht er weit über traditionelle gewerkschaftliche Ziele und Aufgaben hinaus, die im Amerikanischen als »Bread and Butter Trade-unionism« bezeichnet werden. Er ist Bestandteil der unter dem gleichen Banner formierten »Global Unions«, d.h. der Zusammenfassung aller internationalen freien Gewerkschaften, die bereit und offen sind für Bündnisse mit allen ähnlichen Nichtregierungsorganisationen. Die Global Unions treten deshalb immer stärker als Fürsprecher der Unterprivilegierten und Verfolgten bei den Organisationen der Kreditvergabe, des Welthandels, der Entwicklungshilfe und als Gegenmacht zu den transnationalen Konzernen in Erscheinung. Sie haben immerhin erreicht, dass man sie anhört, dass man mit ihnen diskutiert, in gewissen Bereichen sogar mit ihnen Verträge schließt.

Das alles reicht gewiss nicht aus, die gegenwärtigen Missstände und Ungerechtigkeiten der politischen, wirtschaftlichen und »sozialen« Ordnung zu beseitigen – und niemand im Gewerkschaftslager würde etwas anderes behaupten. Aber es ist doch eindeutig ein großer Forschritt gegenüber 1848, als Marx und Engels zum ersten Mal forderten: »Proletarier aller Länder, vereinigt Euch« – ich ziehe die englische Version vor, die unpathetisch lautet: »Workers of the World – unite!« So steht es auch auf dem Grabstein von Marx auf dem Friedhof Highgate in London, den ich vor langer Zeit als Begleiter von Eugen Loderer, Willy Bleicher, seiner Frau und Ernst Schäfer besucht habe. Das Foto hängt als ständige Mahnung in meinem Arbeitszimmer.

Highlights aus 18 Jahren IMB

Hier zu lesen, was im Einzelnen von anderen und mir in den 18 Jahren meiner Tätigkeit für die »Eiserne Internationale« veranlasst – oder unterlassen – wurde, wäre eine Zumutung für den Leser. Wer es wissen will, möge in die Dokumente hineinsehen, die in großem Umfang produziert wurden – und werden. Ich betätige mich im Rahmen dieser Autobiografie nur insoweit als Historiker, als ich es für nötig halte, Vorgänge von Bedeutung zu schildern, die nach meiner Kenntnis nicht – oder nur unzureichend – an anderer Stelle, vor allem aber nicht aus meiner Perspektive bereits beschrieben wurden. So entsteht eine gewiss subjektive Darstellung und Selektion, die ich gerade deswegen verfasse, weil ich meine Wahrnehmungen und Erfahrungen für berichtens- und überlieferungswert halte. Ob ich dafür Widerspruch oder Beifall erhalte, interessiert mich erst in zweiter Linie – die Hauptsache ist für mich, mein Text wird überhaupt beachtet – ich erinnere an meine pädagogische Absicht, von der in der Einleitung die Rede war.

Die Verantwortung für das östliche Mittelmeergebiet hatte ich geerbt. Es bestand aus Malta, Zypern, Griechenland, der Türkei, dem Libanon und Israel. In allen diesen Ländern gab und gibt es Mitgliedsorganisationen. Dass ich ihnen bei der Lösung ihrer gewerkschaftlichen Probleme zu helfen hatte – und sie waren ziemlich komplex –, war eine Selbstverständlichkeit. Darüber hinaus aber gab es politische Konflikte zwischen verschiedenen Ländern, die mich mehr reizten als die Routine.

Da war – und ist bis heute – das Problem der türkischen Okkupation des Nordteils von Zypern. Die Mittelmeer-Diktaturen in Griechenland und der Türkei sind »verschwunden«, die Spannungen zwischen der Türkei und Griechenland gemildert, aber der Kampf um das Selbstbestimmungsrecht der Palästinenser dauert an.

Ich war verwegen genug, den IMB zumindest als Plattform für die Diskussion dieser explosiven Fragen anzubieten. Nur im Fall Israel-Palästina wurde mir das vom Generalsekretär untersagt – aus welchen Gründen auch immer! In den übrigen Fällen jedoch konnte – durfte – ich etwas tun. In Genf fanden also auf meine Initiative hin Gespräche zwischen griechischen, türkischen und zypriotischen Vertretern unserer Mitgliedsorganisationen statt, die ich moderierte.

Dabei wurden die zwischen der Türkei und Griechenland bestehenden Streitigkeiten sachlich aufgelistet und Stück für Stück in friedlicher Weise besprochen. Die »Gegner« kamen zu der Auffassung, dass kein einziges der strittigen Probleme ein unübersteigbares Hindernis für eine Verhandlungslösung darstelle. Sie versprachen einander, in ihrer Heimat in diesem Sinn auf die Machthaber einzuwirken und sich miteinander über diese Punkte, jedenfalls innerhalb des IMB, nicht mehr zu entzweien. Man mag das gering schätzen, aber ich bin auch heute noch der Überzeugung, dass eine derartige Verständigung auf »unterer« Ebene eine wichtige Voraussetzung für die Lösung regionaler Konflikte ist.

Bei meinen »Friedensbemühungen« erwies sich die Zypernfrage als besonders schwierig. Aus meinen Gesprächen mit griechischen, türkischen und zypriotischen Gewerkschaftern beider Lager gewann ich die Erkenntnis, dass durchaus gegensätzliche Tatsachenbehauptungen die Haltung jeder Seite bestimmten. Aber wie konnte ich erfahren, was wahr war?

Türkischer Ministerpräsident war zu dieser Zeit der Sozialdemokrat Ecevit. Er hatte den Befehl zur Invasion Zyperns persönlich gegeben. Dieser Dichter, Literat und Übersetzer deutscher Literatur ins Türkische (und umgekehrt) wurde als Soldat mit Stahlhelm auf türkischen Postkarten dargestellt. Ich war entsetzt und fasziniert zugleich. Das Phänomen der Militarisierung von Sozialdemokraten war mir aus der Parteigeschichte bekannt, aber ich wollte der Sache auf den Grund gehen. Nicht zuletzt bewegte mich die Mitgliedschaft von Ecevits Partei in der Sozialistischen Internationale.

Türkische Freunde vereinbarten eine Zusammenkunft mit dem »Genossen« Ecevit in seiner Wohnung in Ankara. Sein Gesicht hatte ich oft genug gesehen, um ihn gleich zu erkennen. Ich war mehr als gespannt, was ich zu erwarten hatte. In der im westeuropäischen Mittelklasse-Stil möblierten Wohnung in einem modernen Viertel Ankaras empfing mich Ecevit mit seiner Frau. Er und sie sprachen Deutsch und waren offenherzig und ausgesprochen gastfreundlich. Es gab Tee und Kekse. Bevor ich auf Zypern zu sprechen kam, erzählte er von seiner Tätigkeit als Schriftsteller, Übersetzer und Dichter. Ich gewann von ihm und Frau Ecevit den Eindruck, sie seien beide kultivierte, aufgeklärte Leute, mit denen sich gut reden ließe.

Schließlich musste ich zur Sache kommen und bat ihn, mir zu erklären, was ihn zu seiner kriegerischen Entscheidung bewogen hatte. In großer Ruhe erzählte er mir Folgendes: Er habe von seinen Geheimdiensten erfahren, dass nationalistische griechische Zyprioten unter Führung von Makarios nicht nur die Vereinigung der Insel mit Griechenland, die »Enosis«, sondern ein Massaker unter den türkischen Inselbewohnern planten. Dies habe ihn gezwungen, seine Landsleute in Zypern mit militärischen Mitteln vor dem beabsichtigten Massenmord zu retten.

Ich konnte im Augenblick nichts anderes tun als diese Erklärung des türkischen Regierungschefs zur Kenntnis zu nehmen, und ich erzählte jedem, der es wissen wollte, was ich erfahren hatte. Die meisten Gesprächspartner brachten nur ein ungläubiges Kopfschütteln auf und warnten mich davor, auf den »aalglatten Türken« hereinzufallen. Ich behielt mir ein abschließendes Urteil vor, bis ich Jahre später in Zypern eine andere Begegnung hatte.

In einem Schallplattengeschäft wurde ich von einer attraktiven, intelligenten Dame fachkundig beraten und fragte, ob sie schon immer Platten verkauft habe. Sie verneinte. Sie sei zuvor Polizeibeamtin gewesen, ihr Mann sei es immer noch. Sie habe Dienst getan, als die Polizeitruppe noch gemischt aus Vertretern der griechischen und türkischen Volksgruppen zusammengesetzt gewesen sei. Auch jetzt habe sie noch viele Freunde auf der »anderen« Seite, und an diesem Abend werde sie zusammen mit ihrem Mann ehemalige türkische Kollegen am Grenzübergang abholen und mit ihnen den Abend verbringen.

Darauf sagte ich, sie ginge wohl mit den Türken in ihre Wohnung, um keinen Ärger zu bekommen. »Oh nein«, war die Antwort, »wir essen zusammen in einem Restaurant.« Ich fragte, ob das nicht riskant sei, und in welcher Sprache sie sich unterhalten werde. »Türkisch oder Griechisch abwechselnd – und falls sich jemand darüber aufregt, sage ich, wir sind von der Polizei.«

Nach diesem Bekenntnis erzählte ich von meinem Gespräch mit Ecevit. Sie erwiderte, alles, was er mir gesagt hatte, sei wahr, bei der Polizei habe das jeder gewusst. Bei der ganzen Unterhaltung, die keineswegs hinter vorgehaltener Hand geführt wurde, waren andere Verkäuferinnen anwesend, vor denen sie sich nicht genierte. Diese Erfahrung war für mich Grund genug, Ecevit zu glauben. Auch andere griechisch-zypriotische Gesprächspartner, die es wissen mussten, bestätigten, was ich gehört hatte.

Während des »Bürgerkriegs« im Libanon besuchte ich die beiden dem IMB angeschlossenen Gewerkschaften. Vom Flughafen wurde ich durch beschossene Gänge zu ihrem Hauptquartier geleitet. Nach Erledigung des professionellen Teils erhielt ich zu meiner Überraschung die Einladung, an einer christlichen Hochzeit teilzunehmen. Die kirchliche Zeremonie war anders als die von der katholischen Kirche gewohnte. Ich war ergriffen. Danach wurde ich auch zur Hochzeitsparty in einer Wohnung gebeten. Ich fühlte mich geehrt und aufgenommen. Man stelle sich vor: Eine (klein-)bürgerliche Hochzeit und Feier mitten im Krieg!

Unvergessen bleiben mir auch zwei andere Erlebnisse: Nach dem Ende der Obristenherrschaft in Griechenland war ich Mitglied einer internationalen Gewerkschaftsdelegation, die der neuen Regierung erklären sollte, welche Schritte zur Demokratisierung der Gewerkschaften zu unternehmen waren. Unser Verbindungsmann aus der Illegalität, Costas Lascaris, war Arbeitsminister geworden. Er sorgte für den Empfang durch die Spitzen des Staates. Wir trafen Karamanlis und Papandreou, wir verbeugten uns und brachten unsere Forderungen zur Reform des Gewerkschaftswesens vor – vor allem die Beendigung der Finanzierung der Gewerkschaften durch den Staat und die Arbeitgeber. Es sollten Mitgliedsbeiträge die einzige Quelle der Gewerkschaftsfinanzen werden, um die gewerkschaftliche Autonomie zu garantieren. Die hohen Herren, Lascaris eingeschlossen, hörten zu und versprachen alles – aber so viel ich weiß, hat sich nicht das Geringste geändert.

In Ankara fand ein »Prozess« gegen türkische Gewerkschafter statt, zu dem internationale Beobachter zugelassen wurden. Ich war einer von ihnen und erlebte Gespenstisches: Das »Gericht« aus lauter uniformierten Offizieren tagte in einem Hochsicherheitsgefängnis. Nach Bodycheck wurden wir mit freundlichen Worten und Tee empfangen, dann durften wir den »Gerichtssaal« betreten. Verhandlungssprache war Türkisch, wir verstanden kein

Wort – außer dass es um Tod oder lange Gefängnisstrafen ging. Die Anklage beruhte auf nichts anderem als der Wahrnehmung gewerkschaftlicher Interessen – ein schweres Verbrechen, fürwahr!

Von den Türken habe ich noch einige andere Geschichten zu erzählen: Neben der von uns sehr geschätzten Metallgewerkschaft Maden-Is und dem Gewerkschaftsbund DISK, die links, d.h. sozialdemokratisch tendierten, gab es den regierungstreuen und islamistisch orientierten Gewerkschaftsbund Türk-Is. Zwischen beiden herrschte nicht nur Rivalität, sondern Todfeindschaft. Das ist keine Übertreibung, denn die Rechten, deren bewaffneter Arm die »Grauen Wölfe« waren, brachten den Vorsitzenden von Maden-Is, meinen Freund Kemal Türkler, um und besorgten auch das Verbot von Maden-Is. Der Generalsekretär der Rechten übernahm nach dem Militärputsch von 1980 sogar das Amt des Arbeitsministers.

Vom IMB zur Verurteilung des menschen- und gewerkschaftsrechts-feindlichen Putsches aufgefordert, antworteten die Rechten, der Putsch sei notwendig gewesen, um die türkische Demokratie zu retten. 1982 wurde die Metallgewerkschaft von Türk-Is vom IMB ausgeschlossen. Noch ein Jahr später befanden sich laut Amnesty International 136 Funktionäre des linken Gewerkschaftsbundes in Haft. 21.046 türkische Staatsbürger wurden illegal in Gefängnissen gehalten.

Für den Gipfel der Unverschämtheit halte ich bis heute den Wunsch der Rechten, von der Verpflichtung zur Beitragszahlung an den IMB entbunden zu werden, um stattdessen einen neuen islamischen Gewerkschaftsbund in den der Türkei benachbarten kleinasiatischen Ländern zu gründen.

Verwirrung herrschte jedoch auch bei unseren linken Freunden: Sie wollten neben ihrer Mitgliedschaft im IMB auch dem kommunistischen Weltgewerkschaftsbund angehören und konnten oder wollten nicht begreifen, dass wir das nicht zulassen durften.

Zum Abschluss meiner türkischen Reminiszenzen erwähne ich zwei Vorfälle, die sich in meiner Gegenwart auf dem Flughafen von Istanbul zugetragen haben: Ich begleitete eine Delegation der IG Metall zum Gewerkschaftskongress von DISK. Einer der Delegierten war Yilmaz Karahasan, beim Vorstand der IG Metall für türkische Mitglieder verantwortlich.

Bei der Passkontrolle wurde er festgehalten und vor unseren Augen verhaftet. Uns wurde mitgeteilt, er stehe auf der Fahndungsliste. Im Hotel angelangt, setzte ich sogleich alle Hebel in Bewegung, um Yilmaz' Freilassung zu bewirken. Das Hotelpersonal sympathisierte offen mit mir und ließ mir jede technische Hilfe zukommen. Nach etwa 24 Stunden wurde Yilmaz aus dem

Gefängnis entlassen. Man entschuldigte sich mit der Begründung, die Fahndungsliste stamme noch vom vorigen Regime. Als Yilmaz auf dem DISK-Kongress erschien, wurde er wie ein Held gefeiert, und die Delegierten ließen die internationale Solidarität hochleben.

Aber die überholte Fahndungsliste hatte noch nicht ausgedient. Auf dem Rückflug nach Frankfurt begleitete uns ein Vorstandsmitglied von DISK. Bei der Passkontrolle wurde auch er festgehalten, weil sein Name ebenfalls auf dem ominösen Papier stand. Wir erklärten der Polizei, dass es sich um eine Wiederholung des Falles Karahasan handeln müsse. Es wurde hektisch telefoniert, während ich mit dem Lufthansa-Piloten über die Notwendigkeit einer Verzögerung des Abflugs verhandelte. Als ich ihm wahrheitsgemäß mitteilte, der zurückgehaltene Türke sei ein Jagdflieger-Pilot, war er bereit, eine Weile zu warten. Nach etwa 30 Minuten erschien unser Freund im Flugzeug und bedankte sich überschwänglich bei seinem Kollegen von der Lufthansa. Ich schrieb kurz danach an die Direktion und lobte das verständnisvolle Verhalten des Flugkapitäns.

Ein pikantes Detail, meinen Freund Karahasan betreffend, bleibt nachzutragen: Er wurde auf dem IG Metall-Gewerkschaftstag in Hamburg 1999 auf Vorschlag der Delegierten, nicht des Vorstandes, zum geschäftsführenden Vorstandsmitglied gewählt. Er war der erste »ausländische« Arbeiter, dem diese Ehre erwiesen wurde – aber der IG Metall-Vorstand goutierte seine Anwesenheit in höchsten Kreisen nicht. Als die Zahl der Geschäftsführenden aus »Rationalisierungsgründen« reduziert wurde, war er als an Jahren Ältester an der Reihe. Ich kann darüber nur den Kopf schütteln. Dies passte schlecht zu dem ansonsten untadeligen Verhalten der IG Metall in Fragen der Arbeitsmigration.

Südafrika – ein Exempel gewerkschaftlicher Solidaritätsarbeit

Dieses Land an der Südspitze des afrikanischen Kontinents gehörte zu dem regionalen Aufgabengebiet, das ich von meinem Vorgänger Alfred Dannenberg übernahm. Es brachte die größte Herausforderung mit sich, der ich mich in den 18 Jahren meiner IMB-Tätigkeit stellen musste.

Als ich meine Arbeit im Januar 1972 begann, hatte ich die naive Vorstellung, die beste Einarbeitung bestünde für mich darin, ein halbes Jahr die vorzüglich geordneten Akten meines Vorgängers zu studieren. Davon konnte jedoch in puncto Südafrika keine Rede sein. Zur Hinterlassenschaft Dannenbergs gehörte nämlich das Projekt der Entsendung einer IMB-Delegation nach Südafrika im März 1972, das heißt zweieinhalb Monate nach meinem

Amtsantritt. Natürlich wehrte ich mich gegen diese »Zumutung« und versuchte, dem Generalsekretär klar zu machen, dass ich nicht in der Lage sei, diesen Plan zu verwirklichen.

Ivar Norèn hörte mich geduldig an, wie es seine Art war. Dann sagte er, er habe Verständnis für meine Befürchtungen, aber ich werde das schon schaffen. Er ermutigte und belastete mich zugleich, ich hatte mich mit der vorgegebenen Situation zurechtzufinden. Aber wie? Was wusste ich schon von dem Land, in das ich mit hochrangigen IMB-Kollegen reisen sollte? Eigentlich nur, dass dort eine weiße rassistische Minderheit die »Schwarzen« mit allen Mitteln unterdrückte. In kürzester Zeit las ich alles, was in den Akten und in der IMB-Bibliothek zu finden war. Ich lud die Mitglieder der Delegation zu einer Vorbesprechung ins IMB-Büro nach Genf ein, legte ihnen ein Dossier mit wichtigsten Informationen, einem Katalog der von der Delegation zu untersuchenden Probleme und einem Reise- und Zeitplan vor. Mein Projekt wurde eingehend diskutiert, dann machten wir uns auf den Weg.

Zur Delegation gehörten ein Holländer, Dr. Fritz Opel von der IG Metall und eine Deutsche, die bei der amerikanischen Stahlarbeitergewerkschaft tätig war. Der norwegische Delegierte musste im letzten Moment absagen. Die Delegation hielt sich vom 12. bis zum 27. März in Südafrika auf. Es war die dritte Mission dieser Art. Die vorangegangenen Besuche hatten 1962 und 1966 stattgefunden. In dem von mir verfassten und nachträglich von den anderen Delegationsmitgliedern gebilligten Bericht sind die Stationen unserer Reise verzeichnet: Betriebsbesichtigungen, Gespräche mit südafrikanischen Gewerkschaftern aller »Rassen«, mit Firmenleitungen, der Presse und eine Safari in den Krüger-Nationalpark. Im Haus des US-Sozialattachés trafen wir mit dem Häuptling Mantanzima und in dem »schwarzen« Township Soweto mit einem Prominenten zusammen. Unser Reisebericht umfasste 37 Seiten und enthielt neun Empfehlungen an den IMB:

1. Die Apartheid muss vom IMB und seinen Mitgliedsorganisationen energisch bekämpft werden.
2. Die beste Lösung des »Rassenproblems« ist die Schaffung großer gemischtrassiger Industriegewerkschaften.
3. Die Folgen der Apartheid im gewerkschaftlichen und betrieblichen Leben müssen Schritt für Schritt überwunden werden. Der IMB hat diese Auffassung gegenüber seinen südafrikanischen Mitgliedsverbänden mit Entschiedenheit zu vertreten.
4. Die Bildung »schwarzer« Gewerkschaften erscheint demgegenüber nicht als zweckmäßig.

5. Dennoch soll die Unterstützung des IMB für seine drei »nichtweißen« Mitgliedsorganisationen fortgesetzt werden.
6. Auf den Gewerkschaftsbund TUCSA soll mit dem Ziel eingewirkt werden, seine aufgelöste Koordinierungsstelle für »nichtweiße« Arbeiter wieder zu eröffnen.
7. Ebenso sollte die Unterstützung für die Bildungsarbeit unter »nichtweißen« Gewerkschaftsmitgliedern weitergehen.
8. Besonderer Wert soll auf die Bildung gewerkschaftlicher Betriebskomitees in Großbetrieben gelegt werden. Diese ist legal und auch praktisch möglich, vor allem in den Tochtergesellschaften multinationaler Konzerne. Dabei sollen die Gewerkschaften, die die Muttergesellschaften organisieren, mitwirken. Die südafrikanischen Gewerkschaften sollen derartige Komitees durch Tarifverträge absichern.
9. Die Delegation empfiehlt die Entsendung einer weiteren Studiengruppe in einigen Jahren, um festzustellen, welche Fortschritte bei der Umsetzung vorstehender Empfehlungen erzielt wurden und ob sich die südafrikanischen Mitgliedsorganisationen an die vom IMB beschlossene Politik gehalten haben.[77]

Die Leitungsorgane des IMB stellten sich voll und ganz hinter diese Empfehlungen. Sie bestimmten in den folgenden Jahren die Arbeit des IMB in Südafrika. Vergleicht man den Bericht meines Vorgängers aus dem Jahr 1966 mit dem von 1972, so wird ein bedeutender Unterschied sichtbar: 1966 stellte mein Vorgänger ausführlich die ethnische, politische, rechtliche, wirtschaftliche und gewerkschaftliche Situation dar. Die Absicht war, den IMB und seine Mitglieder mit den enormen Problemen des Apartheid-Staates bekannt zu machen.

Es fällt auf, dass im Text die im Inhaltsverzeichnis angegebene »Prüfung der Möglichkeiten von IMB-Hilfsprogrammen in der Metall – und besonders in der Automobilindustrie« nur insoweit vorkommt, als es am Schluss, nach einer Betrachtung der von multinationalen Unternehmen geprägten Automobilindustrie heißt, es müsse versucht werden, die Apartheidpolitik im Betrieb zu schwächen oder anzuprangern. Von einer umfassenden Südafrikapolitik des IMB kann 1966 noch nicht gesprochen werden.

Dem IMB war bewusst, dass mit der Definition seiner Ziele und Methoden zwar eine wichtige Entwicklung für die Tätigkeit in Südafrika eingeleitet

[77] Bericht der IMB-Delegation über ihren Besuch in Südafrika, 11.-17. März 1972, hrsg. vom IMB, Genf.

war, dass, wie es in den Empfehlungen heißt, Erfolge nur Schritt für Schritt erreichbar waren. Keiner von uns hatte jedoch eine Vorstellung davon, dass bis zur Befreiung vom Apartheidregime 22 weitere Jahre vergehen würden und unter welchen Umständen diese sich vollziehen würde.

Eine unserer Schwierigkeiten bestand darin, dass sich der Internationale Bund Freier Gewerkschaften dem von der UNO gegen Südafrika verhängten Boykott angeschlossen hatte. Darunter verstand man in Brüssel die Vermeidung aller Kontakte, selbst denen zu den Gewerkschaften des Landes. Nach unserer Analyse, die von anderen internationalen Gewerkschaftssekretariaten geteilt wurde, war das eine falsche und kontraproduktive Entscheidung des IBFG. Wie sollte oder konnte bei einem Kontaktverbot die Lage der vom Regime unterdrückten Bevölkerung verbessert werden? Wo, wenn nicht in Südafrika selbst, und hier in erster Linie, sollte der Kampf geführt, unsere Solidarität mit den Unterdrückten unter Beweis gestellt werden? Wir mussten anders handeln, als es von Brüssel gefordert wurde, und vertraten im dortigen Koordinierungsausschuss nachdrücklich unsere Überzeugung.

Ein anderes Problem ergab sich aus unserer Einschätzung, dass es unzweckmäßig sei, separate Gewerkschaften für »nichtweiße« Arbeiter zu gründen und dass von der legalen Möglichkeit Gebrauch gemacht werden sollte, so genannte »Umbrella«-Gewerkschaften zu fördern, das heißt Abteilungen für nichtweiße Arbeiter innerhalb der legalen Organisationen für Weiße oder Farbige. Wir verkannten die Stärke des »schwarzen« Selbstbewusstseins, für das eine solche Lösung unzumutbar war. Wir überschätzten andererseits die Bereitschaft der legalen Gewerkschaften, sich auf die Bildung dieser »Umbrella«-Organisationen einzulassen.

Zur Revision unserer Einschätzung trug die Kritik, die wir dafür ernteten, erheblich bei. Dass etwa die uns angeschlossene Boilermaker-Gewerkschaft keine Probleme mit dem »Schirm« für ihre »schwarze« Unterorganisation hatte, war ein schwacher Trost. Wir änderten jedenfalls unsere Generallinie und unterstützten ausschließlich »schwarze« Gewerkschaften, wo immer wir sie in der Metallindustrie fanden. Dadurch konnten wir das zunächst entstandene Misstrauen gegen den IMB wieder abbauen. Man nahm uns ab, dass wir guten Glaubens gehandelt hatten.

Die unerwartet geringen Schwierigkeiten seitens der südafrikanischen Regierung bestanden, genau genommen, nur darin, dass uns zwei Mal das Einreisevisum verweigert wurde. Bei mir geschah dies 1978. Als der IMB-Präsident und Vorsitzende der IG Metall, Eugen Loderer, dagegen beim südafrikanischen Botschafter in Bonn protestierte, wurde er sogleich zu einer Südafrika-Reise eingeladen.[78] Allerdings begleitete ihn dabei nicht ich, dem man das Visum abgelehnt hatte, als der zuständige IMB-Vertreter, was ich für die einzig richtige Entscheidung gehalten hätte, sondern der IMB-Generalsekretär Hermann Rebhan. Ich empfand das als Brüskierung, konnte aber nichts daran ändern.

Auch heute noch finde ich es erstaunlich, dass die Apartheid-Regierung uns keine anderen Steine in den Weg legte. Unsere Einstellung zum Regime war bekannt und wurde bei jeder Gelegenheit wiederholt und praktisch unter Beweis gestellt. Wir gingen stets davon aus, dass unsere Aktivitäten von der Geheimpolizei überwacht wurden und sagten unseren südafrikanischen Freunden, sie sollten immer mit dieser Überwachung rechnen. Für uns sei gewerkschaftliche Betätigung eine völlig legale, durch internationale Konventionen geschützte, wir seien keine Untergrund-, sondern eine demokratische Massenbewegung. Andererseits wussten wir nur zu gut, in welcher Gefahr die südafrikanischen Gewerkschafter selbst sich permanent befanden. Wir unterstützten Familien von inhaftierten Kollegen, bezahlten ihre Verteidiger und überwiesen völlig offen große Summen für unsere Programme zur Förderung gewerkschaftlicher Arbeit. Auch gegen diesen Transfer wurde von der Regierung nie etwas unternommen.

Bei meinen Besuchen kontaktierte ich wiederholt das Arbeitsministerium, wurde höflich von hohen Beamten empfangen, erhielt Antwort auf meine Fragen. Der mit der Reform des Arbeitsrechts beauftragte Professor Wiehan ging in unserem Genfer Büro ein und aus und studierte mit unserer Hilfe eingehend die industriellen Beziehungen in Deutschland. Er erwarb sich bei der Liberalisierung der südafrikanischen Arbeitsgesetzgebung große Verdienste, obwohl er bei unseren dortigen Mitgliedsverbänden umstritten war, weil man von ihm mehr als nur gewisse, wenn auch wichtige und richtige Vorschläge zur partiellen Überwindung der Apartheid im Arbeitsleben erwartet hatte. Weitaus größerer Widerstand gegen die Politik des IMB wurde von einigen unserer weißen Mitliedsgewerkschaften geleistet. Sie weigerten sich beharrlich, bei ihren tariflichen Forderungen und bei ihren Verhandlungen in den so genannten »Industrial Councils« die Interessen der schwarzen Metallarbeiter zu berücksichtigen oder gar zu vertreten. Die dadurch ausgelösten Spannungen wurden im Lauf der Zeit so groß, dass der IMB vor die

[78] Eugen Loderer (Hrsg.): Metallgewerkschaften in Südafrika, Schriftenreihe der Otto-Brenner-Stiftung, Nr. 34, Frankfurt am Main 1983, S. 132f.

Alternative gestellt wurde, entweder die rassistisch eingestellten und handelnden Mitglieder aus seinen Reihen auszuschließen oder die schwarzen Mitglieder durch ihren Austritt zu verlieren.

Vor einem derartigen Dilemma hatte der IMB noch nie gestanden. In seiner Satzung gab es nur die Möglichkeit des Ausschlusses nach dreijähriger Nicht-Erfüllung der Verpflichtung zur Beitragszahlung. Es bestanden auch keine Bestimmungen über ein Untersuchungsverfahren, falls ein Mitgliedsverband schwere Vorwürfe gegen einen anderen erheben sollte. Also musste ich nach geeigneten Mitteln und Wegen forschen.

Eindeutig war, dass die rassistischen Mitgliedsverbände gegen die Satzung des IMB verstießen, allein dadurch, dass sie die schwarzen Metallarbeiter bei den Tarifverhandlungen vor der Tür stehen ließen. Dadurch verletzten sie das Gebot der Solidarität. Um eine für das Zentralkomitee des IMB beschlussreife Vorlage daraus zu machen, bedurfte es gründlicher Vorarbeit. Zunächst unternahm der IMB mehrere vergebliche Versuche, die Einstellung dieser Gewerkschaften zu verändern.

Der IMB-Delegation vom Dezember 1980 wurde von den schwarzen Mitgliedsverbänden bereits angekündigt, dass sie auf den Ausschluss ihrer Gegner aus dem IMB drängen würden. Im Juni 1981 erfolgte die Aufforderung des IMB-Generalsekretärs an die schwarzen Mitgliedsverbände, ihre Vorwürfe gegen die beiden weißen Gewerkschaften und die unter ihrem Einfluss stehenden »rassenübergreifenden« Gewerkschaften schriftlich und detailliert einzureichen, falls sie vom IMB erwarteten, dass er sich offiziell damit befasste.

Zwei der vier angeschriebenen Gewerkschaften, die MAWU und die NAAWU, entsprachen dem Wunsch des Generalsekretärs und übersandten dem IMB ihre Vorwürfe gegen die beschuldigten Gewerkschaften schriftlich.

Beschuldigt bzw. angeklagt wurden die

- South African Electrical Workers' Association (SAEWA), 27.000 Mitglieder, davon 8.000 farbige und 2.200 schwarze, Generalsekretär Ben Nicholson;
- Amalgamated Engineering Union (AEU), 32.000 (weiße) Mitglieder, Generalsekretär Tom Neethling;
- Radio-, Television-, Electronic- und Allied Workers' Union (RTVEAWU), etwa 5.000 farbige und schwarze Mitglieder, Generalsekretär Steven Scheepers;
- Engineering Industrial Workers' Union (EIWU), Generalsekretär Archibald Poole.

Um ihre Anklagen zu erhärten, haben die beiden Klägergewerkschaften ausführliches Beweismaterial vorgelegt. Dieses wurde den angeklagten Gewerkschaften anschließend mit der Bitte um Information und Kommentare zugesandt. Alle vier Gewerkschaften reagierten darauf mit Stellungnahmen, die wiederum den Klägergewerkschaften zugestellt wurden, die dann ihre endgültige Antwort schickten.

Alle Einzelheiten wurden vom IMB, soweit möglich, genau geprüft. Der IMB-Exekutivausschuss befasste sich hiermit aufgrund der Dokumente des Sekretariats und hörte beide Seiten. Erst danach beantragte der Exekutivausschuss am 9. Juni 1982 in Rom die Durchführung nachstehender Sanktionen gegen die vier angeklagten südafrikanischen Mitgliedsverbände:

1. Amalgamated Engineering Union (AEU)
   Aus dem IMB auszuschließen wegen Aufrechterhaltung einer ausschließlich »weißen« Gewerkschaft, obgleich die neue südafrikanische Arbeitsgesetzgebung »rassenübergreifende« Gewerkschaften ermöglicht. Angesichts des konsequenten Kampfes des IMB gegen alle Formen der Apartheid kann Apartheid in einem IMB-Mitgliedverband nicht geduldet werden.
2. South African Electrical Workers' Association (SAEWA)
   Aus dem IMB auszuschließen wegen fehlender Zusammenarbeit mit den schwarzen IMB-Mitgliedsverbänden, wegen der Aufrechterhaltung »rassisch« getrennter Gewerkschaften unter dem Dach eines Verbandes, wegen Einwänden gegen die amtliche Registrierung der schwarzen IMB-Mitgliedsverbände und wegen ihrer negativen Einstellung gegenüber dem IMB.
3. Den beiden anderen angeklagten Gewerkschaften, der Engineering Industrial Workers' Union (EIWU) und der Radio-, Television-, Electronic- und Allied Workers' Union (RTVEAWU) wurde eine Frist von zwölf Monaten gegeben, um ihre immer noch »rassisch« getrennte Gewerkschaftsstruktur vollständig zu beseitigen und »rassisch« voll integrierte Organisationen zu bilden. Bei Nichtbefolgung dieses Beschlusses sollten auch sei aus dem IMB ausgeschlossen werden.

Über diese Beschlussfassung hinaus erklärte das IMB-Zentralkomitee in Rom, dass es von allen IMB-Mitgliedsverbänden in Südafrika erwartet, dass sie nun eine Epoche der Zusammenarbeit einleiten. Das ZK bestätigte nachdrücklich die Entschließung des IMB-Kongresses in Washington, die »alle IMB-Mitgliedsverbände auffordert, sich zusammenzuschließen und sich mit ihrer gemeinsamen Stärke für die volle Realisierung der Gewerkschaftsrechte, gegen Apartheid und für eine starke, unabhängige, nicht nach »Rassen« getrennte Gewerkschaftsbewegung aller südafrikanischer Metallarbeitnehmer einzusetzen.« Das Zentralkomitee wiederholte auch die in der Entschließung enthaltene Verpflichtung von allen IMB-Mitgliedsverbänden in Südafrika, die IMB-Beschlüsse über Südafrika bedingungslos, uneingeschränkt und voll durchzuführen und hob hervor, »dass weder Zuwiderhandlungen noch Passivität mit Bezug auf ihre volle Realisierung vom IMB geduldet werden.«[79]

Nach der Verweigerung des Einreisevisums für mich besuchte der IG Metall-Vorsitzende und IMB-Präsident Eugen Loderer Südafrika vom 1. bis 15. Januar 1978. Für die deutschen Medien war das eine Sensation. Sämtliche deutsche Zeitungen, Rundfunk- und Fernsehstationen haben über diese Reise berichtet. Dabei stützten sie sich auf insgesamt fünf lange Berichte der Deutschen Presse-Agentur, sowie auf Berichte der die Delegation begleitenden Journalistin Gertraut Witt und eines ebenfalls nach Südafrika gereisten ZDF-Teams.

Bereits vor Weihnachten stand in zahlreichen Zeitungen aufgrund eines Metall-Pressedienstes eine kurze Ankündigung der geplanten Reise. Am 2. Januar, dem Tag nach der Abreise, brachten alle deutschen Zeitungen nochmals eine Meldung der Deutschen Presse-Agentur über die Abreise der Delegation, den Sinn und Zweck des Aufenthaltes in Südafrika sowie die Zusammensetzung der Delegation in kurzer Form. Ab 3. Januar berichteten die Medien dann unmittelbar aus Südafrika in Form von zwei- und dreispaltigen Artikeln. Im Verlauf der Woche gab es auch erste Interviews und Hintergrundberichte von Frau Witt in Hörfunk und Presse. Die Nachrichten waren zum Teil verquickt mit Meldungen über Willy Brandt, der zur gleichen Zeit in »Schwarzafrika« war. Dabei versuchte besonders die Springer-Presse, einen Gegensatz zwischen Äußerungen von Eugen Loderer und Willy Brandt zu konstruieren. Da jedoch Eugen Loderer unmittelbar nach Erscheinen entsprechender Berichte in einem Live-Interview mit dem Norddeutschen Rundfunk klarstellte, dass es zwischen Brandt und ihm keinerlei Widersprüche in dieser Frage gebe, und auch Willy Brandt dies noch am gleichen Tag bekräftigte, wurden solche Spekulationen und Fehleinschätzungen von der übrigen Presse nicht übernommen. Schwerpunkt all dieser Berichte aus Südafrika waren Fragen eines möglichen Wirtschaftsboykotts.

In der zweiten Besuchswoche verlagerte sich der Schwerpunkt der Berichterstattung auf die Besuche der IMB-Delegation in deutschen multina-

---

[79] Werner Thönnessen: Der IMB und die Metallgewerkschaften in Südafrika 1951-1962, in: Eugen Loderer (Hrsg.), ebd., a.a.O.

tionalen Firmen. Durchgängig fanden sich dabei Überschriften mit dem Tenor: »Eugen Loderer fordert Reformen in Südafrika«. Neben weiteren Hintergrundberichten und Interviews erschienen in dieser Woche auch erste Kommentare, in denen die Haltung der IMB-Delegation zur Boykottfrage und zur Apartheid allgemein begrüßt wurde.

Nach Rückkehr der Delegation berichteten alle Zeitungen der Bundesrepublik über eine Pressekonferenz, in der Eugen Loderer und Hans Mayr die Ergebnisse der Reise zusammengefasst hatten. Außerdem erschienen jetzt zahlreiche Interviews und Hintergrundberichte. Darüber hinaus gab es in großer Zahl Kommentare, in denen die Auffassungen der IMB-Delegation begrüßt wurden. Kritik an der Reise und ihren Ergebnissen wurde besonders von Kommunisten und radikalen Christen geübt. In Interviews (Vorwärts) und eigenen Beiträgen (stern, Frankfurter Rundschau) trat Eugen Loderer dieser Kritik entgegen. Besonders prägnant und ausführlich äußerte er sich in einem Interview mit der »Mitarbeiterzeitschrift der VW AG, Wolfsburg« vom 20. Januar 1978.

Die einzige mir bekannte wissenschaftliche Darstellung der IMB-Politik in und für Südafrika und ihrer Probleme, besonders in dem von mir gegründeten multiethnischen Koordinierungsausschuss (IMF-SACC) findet sich bei Roger Southall.[80] Abgesehen von meinen fast jährlichen Reisen nach Südafrika gab es nach dem Besuch Loderers im Januar 1978 weitere internationale Delegationen während meiner Amtszeit in den Jahren 1979, 1980 und 1984. Im Bericht der IMB-Mission von 1984 werden seit 1972 nicht weniger als 12 Besuche des IMB erwähnt. Allein diese Zahl zeigt, welche Aufmerksamkeit der IMB diesem Problemland widmete. Die Beratungen und Beschlüsse der IMB-Leitungsorgane – Exekutivausschuss, Zentralkomitee, Weltkongress – zogen aus den Berichten und Empfehlungen die Konsequenzen für die IMB-Politik. Eine der wichtigsten war die Gründung eines südafrikanischen IMB-Koordinierungsrates schon im Jahr 1974.

Seit langem war es die Politik des IMB, in Ländern mit mehreren Mitgliedsgewerkschaften eine Koordinierungsstelle zu schaffen. Sie sollte nicht der Verhinderung weiterer Zersplitterung, sondern im Gegenteil der Vorbereitung einer Fusion dienen. Zunächst kam es aber darauf an, dieses Fernziel nicht mit erhobenem Zeigefinger anzupreisen, sondern die faktische Pluralität zu akzeptieren, den Mitgliedsorganisationen klar zu machen, wie nahe sie

[80] Roger Southall: »Imperialism or Solidarity – International Labour and South African Trade Unions«, Cape Town 1995.

alle dem IMB standen, dass es aber in ihrem eigenen wie im Interesse des IMB sei, miteinander bei Anerkennung aller Differenzen sowohl im Land selber, gegenüber der Regierung und den Arbeitgebern zusammenzuarbeiten und auch dem IMB gegenüber möglichst mit einer Stimme zu sprechen.

Die Anwendung dieser Praxis des IMB in Südafrika war wegen der Apartheid problematischer als in jedem anderen Land. Trotzdem begann ich bei meinem Besuch 1974 zu sondieren. Nach meinen Gesprächen mit allen in Frage kommenden Gewerkschaften entwarf ich eine Satzung, legte meinen Entwurf wiederum allen Beteiligten vor, änderte Einzelheiten und berief dann eine Sitzung ein. Sie entwickelte sich zur Gründungsversammlung des südafrikanischen Koordinierungsrates. Sein erster Vorsitzender wurde der Präsident der »rassenübergreifenden« Boilermaker-Gewerkschaft, Ike van der Watt, der sich im Lauf der Jahre große Verdienste um die Gewerkschaftseinheit der südafrikanischen Metaller erwarb.

Weitere wichtige Schritte waren die Einstellung eines Sekretärs, der zunächst als Teilzeitkraft, später hauptamtlich tätig war und von Genf bezahlt wurde. Brian Fredericks kam von einer »farbigen« Autoarbeitergewerkschaft und bewährte sich so gut, dass er 1991 nach Genf ins IMB-Sekretariat berufen und später zum stellvertretenden IMB-Generalsekretär gewählt wurde.

Die Spannungen, die in der südafrikanischen Gewerkschaftsbewegung aufgrund der Apartheidpolitik bestanden, führten den Koordinierungsrat des öfteren an den Rand des Scheiterns, aber er überstand alle Krisen und erwies sich, besonders nach dem Ausschluss der rassistischen weißen Gewerkschaften, als Motor der Verständigung und der Gewerkschaftseinheit der Metaller.

Das IMB-Mitgliederverzeichnis weist im Jahr 2003 nur noch vier südafrikanische Mitglieder des IMB auf, von denen die »rassenübergreifende« NUMSA (National Union of Metalworkers of Southafrica) 232.009 Mitglieder zählte. Damit war NUMSA die größte Metallgewerkschaft und die zweitgrößte Gewerkschaft der Republik Südafrika.

Im Jahr 1972, als ich mit meiner Arbeit begann, blickte die südafrikanische Arbeiterbewegung bereits auf eine lange Geschichte blutiger Unterdrükkung zurück. Der größte Teil der weißen Gewerkschaften stand auf Seiten des rassistischen Polizeistaates, der mit seinen Mordkommandos, Folterknechten, Todesurteilen und mit seiner alle Lebensbereiche der schwarzen Bevölkerungsmehrheit erfassenden repressiven Gesetzgebung die Privilegien der Weißen zu bewahren suchte. Die Position der kleinen Schar offen opponierender schwarzer und weißer Südafrikaner schien völlig hoffnungslos.

Die Apartheidfestung war so betoniert, dass der frontale Angriff tödlich verlaufen musste.

Aber das Regime hatte eine Schwachstelle, in die wir hineinstoßen mussten: Die trotz oder gerade wegen des internationalen Boykotts stark wachsende Industrie bedurfte solcher Mengen von Arbeitskräften, dass es unausweichlich wurde, die große Reserve schwarzer Menschen in den Produktionsprozess einzugliedern. Diesen Arbeitern den Sinn gewerkschaftlicher Betätigung, der solidarischen Aktion zu vermitteln, war unser Ziel. Die Trumpfkarte war die Entwicklung und Stärkung schwarzer Gewerkschaften. Ich konnte schon 1972 Stimmen aus dem Arbeitgeberlager hören, die von der Regierung die Lockerung oder sogar Aufhebung der restriktiven Arbeitsgesetzgebung forderten, weil diese die Expansion der Wirtschaft behinderte. Besonders aufschlussreich war für mich in diesem Zusammenhang eine Unterhaltung mit dem Eigentümer eines der größten südafrikanischen Wirtschaftsimperien, Harry Oppenheimer, dem Präsidenten von Anglo-American. Seine Kritik am Apartheid-Regime stand unserer eigenen nicht nach. Sein Berater für Gewerkschaftsfragen, Bob Godsell, kam selbst aus der Gewerkschaftsbewegung und ist heute »Chief Executive Officer« der »Gold Division« von »Anglo«. Mir wurde ganz deutlich, dass die multinationalen Großunternehmen Südafrikas unsere besten Verbündeten im Kampf um die Rechte der schwarzen Arbeiter werden könnten. Also setzten die Bemühungen um gewerkschaftliche Organisierung dort an.

Die Wahl Nelson Mandelas zum Präsidenten Südafrikas und der Wahlsieg des African National Congress im Jahr 1994 war auch die Krönung unseres Kampfes. Der Beitrag der internationalen Gewerkschaftsbewegung zum gewaltlosen Triumph der Menschenrechte ist bisher kaum gewürdigt worden, selbst in Südafrika scheint der schwarze Nationalismus wenig geneigt, zuzugestehen, dass er Bundesgenossen in unserem Lager hatte.

Das Gewicht der südafrikanischen Metaller kommt am deutlichsten darin zum Ausdruck, dass das IMB-Verbindungsbüro für den ganzen afrikanischen Kontinent sich heute in Johannesburg befindet. Die Vertretung der afrikanischen Mitgliedsorganisationen im IMB-Exekutivausschuss wird abwechselnd von Südafrika, Ghana und Kenia wahrgenommen.

Weitere regionale Aktivitäten und Perspektiven des IMB

Die im südafrikanischen Zusammenhang erwähnten Koordinierungsräte des IMB in Ländern mit mehreren IMB-Mitgliedsverbänden wurden auch in Griechenland, Indien, Thailand, Malaysia, Singapur und Australien ins Leben gerufen und arbeiten bis heute erfolgreich. Vom japanischen Koordinierungsrat war bereits die Rede.

Zu den »Problemländern« des IMB in meiner Region gehörten alle, die nicht demokratisch regiert wurden, also in Asien besonders Südkorea, Malaysia, Pakistan und Bangladesh – die Türkei und Griechenland ebenfalls, bis zum Sturz der dortigen Militärregierungen. Heute konzentriert sich die internationale Kritik auf Burma (Myanmar), China, Indonesien, Belaruss, Kamerun, Nigeria, Zimbabwe und Kolumbien.

Von 1969 bis 1988 wurden vom IMB in der asiatischen Region große Fortschritte erzielt und auf den Regionalkonferenzen registriert. 1969 zählten die Metallgewerkschaften in Asien 1,5 Millionen Mitglieder in 12 Ländern, 1986 waren daraus 3,7 Millionen in 14 Ländern geworden. Und die Zahlen des jüngsten IMB-Berichts an den Weltkongress in Sydney Ende 2001 sprechen für die Fortsetzung dieses Trends.

Im Bereich meiner industriellen Verantwortung – Elektro- und Elektronikindustrie – wurden ebenfalls regionale Fachkonferenzen und Weltkongresse von mir organisiert. Der IMB hatte eingesehen, dass er als weltweit operierende Internationale des regionalen Unterbaus bedurfte, sowohl wegen der regionalen Differenzierung aller Probleme, als auch um möglichst nahe an den Mitgliedern zu operieren.

Zur Bestimmung seiner Nahziele hat sich der IMB neuerdings drei »Aktionsprogramme« gegeben. Die letzte Fassung wurde auf dem Kongress in Sydney 2001 beschlossen. Sie ist umfangreich und detailliert. Sie gilt für die Zeit 2001 bis 2005. Ich zitiere daraus nur die »Aussage zur Aufgabe des IMB«:

»Die wesentliche Aufgabe der Gewerkschaftsbewegung besteht darin, Arbeits- und Lebensbedingungen der Abreitnehmer zu verbessern und sicherzustellen, dass Arbeitnehmerrechte geachtet werden ... Heute besteht die Herausforderung an die Gewerkschaften darin, dafür zu sorgen, dass die wirtschaftliche Globalisierung den Menschen auf der Welt dient ... Deshalb müssen die Gewerkschaften in der Metallindustrie weiterhin Gewerkschaften aufbauen, die ... über politischen Einfluss und die Ressourcen verfügen, um bedeutende Beiträge zur Erfüllung unserer globalen Aufgaben zu leisten...«

An der Verwendung des wichtigen Begriffs »Ressourcen« mache ich eine weitere Betrachtung fest. Darunter verstehe ich, dass der IMB seine Mitgliederzahl erhöhen und seine finanziellen Mittel vermehren muss. Wie die Aussichten dafür stehen, ist zunächst nach der Mitgliederentwicklung zu messen. Seit seiner Gründung veröffentlicht der IMB in den Berichten an seine Weltkongresse entsprechende Zahlen. Daraus ergibt sich, dass die Metallinternationale in den letzten 30 Jahren ihre Mitgliedschaft mehr als verdoppeln konnte. Sie stieg von 10,7 auf fast 25 Millionen. Nur zwischen 1977 und 1981 sowie zwischen 1985 und 2001 gab es Rückgänge, im übrigen Zeitraum ist ein kontinuierlicher Zuwachs zu verzeichnen. Diese Tatsache widerspricht allen Legenden über eine andauernde Schwächung der Gewerkschaften, das Gegenteil ist der Fall, und zwar trotz Wirtschaftsflaute und Massenarbeitslosigkeit.

Die Verteilung der IMB-Mitgliedschaft auf die verschiedenen Weltregionen zeigt ein differenziertes Bild. Es befinden sich:

In Afrika	2,5% der Mitglieder
In Lateinamerika und der Karibik	9% der Mitglieder
In Nordamerika	11% der Mitglieder
In Asien und Ozeanien	19% der Mitglieder
In Zentral- und Osteuropa je	29% der Mitglieder

Daraus ergibt sich, dass in allen Regionen noch ein erhebliches Reservoir existiert, selbst wenn der IMB sich rühmen kann, mehr als ein Drittel der 70 Millionen organisierbaren Metaller bei sich zu haben. Andererseits wissen wir, dass es Länder gibt, in denen der Organisationsgrad um 50% oder darüber liegt, das heißt, dass es bei ausreichender Anstrengung noch erhebliche weitere Wachstumsmöglichkeiten gibt. Nur wenn diese auch ausgeschöpft werden, stehen die erwähnten »Ressourcen« für die Wahrnehmung der vom IMB selbst gestellten Aufgaben auch zur Verfügung.

Besonders interessant ist es zu beobachten, was in den Metallgewerkschaften in Osteuropa nach dem Zusammenbruch des sowjetischen Imperiums geschehen ist. Die früher staatlich kontrollierten Arbeitnehmerorganisationen haben sich größtenteils emanzipiert und demokratisiert. Der IMB hat dieser erfreulichen Entwicklung Rechnung getragen, indem er Metaller aus 17 Ländern des ehemaligen Ostblocks in seine Reihen aufgenommen hat, darunter Weißrussland, Bulgarien, die Tschechische Republik, Russland, Serbien-Montenegro, Slowenien, Slowakei, Estland, Lettland, Litauen, Kroatien, Ex-Jugoslawien, Rumänien und Polen.

Der Mitgliederzuwachs aus dieser Region betrug Mitte der neunziger Jahre fast 1,6 Millionen, von denen allerdings wegen der Wirtschaftsflaute fast 700.000 wieder verloren gingen. Immerhin blieben für den IMB 1,3 Millionen Mitglieder mehr aus Osteuropa.

Die zweite mit den »Ressourcen« zusammenhängende wesentliche Frage betrifft die finanziellen Mittel des IMB. Ginge es strikt nach der Satzung, so müsste die Internationale bei dem ab 1999 festgelegten Mitgliedsbeitrag von

1,10 Schweizer Franken pro Mitglied im Jahr und bei einer Mitgliederzahl von 25 Millionen ca. 27,5 Millionen SFR an jährlichen Einnahmen haben. Tatsächlich ist der Betrag viel kleiner, weil die Internationale auf ihre schwachen Mitgliedsorganisationen Rücksicht nehmen muss, die keine Vollbeiträge zahlen können. Klare und positive Aussagen über die praktische Tätigkeit des IMB sind auf den Feldern »Interne Kommunikation« und Solidaritätsaktionen erkennbar. In einer IMB-Broschüre heißt es dazu (meine Übersetzung aus dem Englischen):

»Der IMB kommuniziert mit seinen angeschlossenen Gewerkschaften, deren Mitgliedern und der übrigen Welt auf verschiedenen Kanälen: Die Web-Site wird täglich aktualisiert. Der wöchentliche Informationsdienst in Englisch und Spanisch wird den Abonnenten per E-Mail oder Fax zugestellt. Das vierteljährliche Magazin erscheint in Englisch, Japanisch und Russisch. Für Lateinamerika wird eine eigene Ausgabe redigiert.

Außerdem werden Berichte zu wichtigen Fragen herausgegeben. Der Bericht über ›Kaufkraft der Arbeitsstunde‹ im internationalen Vergleich ist ein Klassiker geworden. Andere Berichte behandeln die weltweite Situation der Automobil- und Schiffbauindustrie. Diese Publikationen sind in mehreren Sprachen erhältlich und finden auch außerhalb des IMB Beachtung. Die Veröffentlichungen des IMB können aus dem Internet herunter geladen werden.«[81]

Ein umfangreicher Katalog der weltweiten IMB-Solidaritätsaktionen ist in den »IMF News Briefs« enthalten. Seine vollständige Darstellung würde den Rahmen sprengen. Ich beschränke mich deshalb auf jene Aktionen, die der IMB selbst in einer Broschüre herausgestellt hat. Dabei werden drei asiatische Länder erwähnt.

Beispiel Indonesien: PT Sony Electronics Indonesia wollte im Juli 2000 rund 2.000 ArbeiterInnen entlassen. 900 von ihnen, meistens Frauen, befanden sich in einem Proteststreik. Nach Scheitern der Tarifverhandlungen wurden von der Firma gewalttätige Streikbrecher eingesetzt. Der IMB-Generalsekretär in Genf schrieb an die Sony-Direktion in Japan. Im folgenden September wurde ein Vertrag zwischen Sony Indonesia und der zuständigen Gewerkschaft unterzeichnet, der die Wiedereinstellung der Streikenden regelte und denjenigen, die das ablehnten, eine Entschädigung zusagte.

Beispiel Malaysia: Mit der Einschränkung der Gewerkschaftsrechte (ILO-Konventionen 87 und 98) hatte ich schon vor mehr als 40 Jahren zu tun. Die

---

[81] What is the IMF, ed. by International Metallworkers Federation, Geneva 2002.

Regierung wendet die repressiven Gesetze aus der Kolonialzeit an, um ausländische Elektro- und Elektronik-Konzerne »gewerkschaftsfrei« zu halten.

Dieser Zustand dauert bis heute an, obwohl es mir bei der Radiofabrik von SEL-ITT in Penang gelang, einen Tarifvertrag mit der zuständigen malaysischen Gewerkschaft herbeizuführen. Malaysia steht seit mehr als 40 Jahren am Pranger der ILO – ohne sich sonderlich lernwillig zu zeigen. Im Mai 2000 weigerte sich das lokale Management der schwedischen Firma Ericsson, in neue Verhandlungen mit der zuständigen Gewerkschaft einzutreten, obwohl zuvor 25 Jahre lang entsprechende Tarifverträge abgeschlossen worden waren.

Die Gewerkschaft ersuchte den IMB um Unterstützung. Im September/Oktober 2000 unterzeichneten schließlich beide Seiten ein Abkommen, in dem der Gewerkschaft das Recht zuerkannt wurde, die dort Beschäftigten zu vertreten. Auch im Bericht von Amnesty International und des Experten-Komitees der IAO werden zahlreiche Fälle von Verletzungen der Gewerkschafts- und Menschenrechte angeprangert.

Beispiel Südkorea: Seit dem Sturz der südkoreanischen Militärdiktatur im Jahre 1987 beschäftigt die Unterdrückung und Schikanierung der dortigen Metaller den IMB. Im November 2001 nahm der Vorsitzende der Mitgliedsgewerkschaft KMWF (170.000 Mitglieder) am IMB-Kongress in Sydney teil. Nach seiner Rückkehr wurde er verhaftet und zu drei Jahren Gefängnis verurteilt. Im folgenden Januar begann der IMB mit einer weltweiten Kampagne für seine und die Freilassung weiterer 50 inhaftierter südkoreanischer Gewerkschafter. Zahlreiche Metallgewerkschaften und Tausende von Mitgliedern schlossen sich an. Die Proteste wurden in Form von Petitionen, Pressekonferenzen und auf andere Art geäußert.

Eine andere vom IMB unterstützte Aktion betraf den früheren Präsidenten der Automobilfirma DAEWOO: Dieser war unter Mitnahme der Firmenkasse untergetaucht, hatte das Unternehmen dadurch in eine schwere Krise gestürzt und wurde von der Gewerkschaft KMWF mit einer Art Steckbrief gesucht. Darauf war sein Foto zu sehen sowie eine Beschreibung seiner Verbrechen. Für Hinweise, die zu seiner Ergreifung führten, war eine Belohnung von 500 US-Dollar ausgesetzt. Das Plakat erschien in Koreanisch, Englisch und Französisch und wurde an vielen Orten ausgehängt.

Zum Erfolg führte es nicht, weil die versprochene Belohnung viel zu gering war. Verständlicherweise verfügte die südkoreanische Gewerkschaft nicht über eine größere Summe, aber der IMB hätte sie aufstocken können und sollen, um die Suche attraktiver zu machen. Mit den von ihm unterschlagenen Millionen konnte der Verbrecher jedoch jeden fürstlich belohnen, der ihn hätte anzeigen wollen.

Den vorangegangenen Beispielen aus der IMB-Broschüre ließen sich viele andere anfügen, die belegen, dass der IMB in allen Teilen der Welt aktiv an der Verteidigung von Gewerkschafts- und Menschenrechten mitwirkt und jede seiner Mitgliedsorganisationen auf die internationale Solidarität zählen kann. Da die Verletzung der Arbeitnehmerrechte eher zu- als abnimmt, wird der IMB in Zukunft noch mehr als bisher gefordert werden, obwohl die IAO ein optimistisches Bild malt.

5. Nach der Pensionierung – Leben in Frankreich

Familiäres

Meine Frau lernte ich 1948 in der Aula der Saarbrücker Universität kennen. Diese »Aula« war in der Nazizeit in einen Reitstall und die Universität in eine Kaserne umfunktioniert worden. Es wurde ein Konzert gegeben. Man spielte ein Violinkonzert von Mozart, das mich ganz in seinen Bann zog. Ich bemerkte, dass meine Nachbarin ebenso enthusiastisch reagierte wie ich. Ich drehte mich zu ihr um und sah ein schönes Mädchen.

Sie sagte, als ich sie ansprach, sie studiere Betriebswirtschaftslehre. Ihr Anblick traf mich wie der berühmte »coup de foudre« – es war Liebe auf den ersten Blick, allerdings nur meinerseits! Sie war liiert mit einem anderen Studenten, und ich musste zwei Jahre um sie werben. Erst vor meiner Abreise zum Studium nach Paris gab sie mir ihr Jawort. Überglücklich bestieg ich meinen Zug im Herbst 1950. Es sollte noch fünf Jahre dauern, bis wir heiraten konnten – gegen den Widerstand beider Elternpaare, aber schließlich doch mit ihrer Unterstützung. Wir bezogen eine unseren Ansprüchen völlig genügende Mansardenwohnung, direkt neben meinem Frankfurter Studentenzimmer.

Von Elly erfuhr ich, dass sie ihr Musikstudium im von Bomben zerstörten Köln wegen der Hungersnot 1947 hatte aufgeben und zu ihren Eltern im Saarland zurückkehren müssen. Ihr Berufsziel, Schulmusikerin zu werden, ließ sich im Saarland nicht realisieren. So war sie, nach einem Familienrat, zur vermeintlich nützlicheren, aber ungeliebten Betriebswirtschaftslehre gekommen. Das bedeutete aber keineswegs den Abschied von der Musik, umso weniger, als in ihrem Elternhaus immer musiziert wurde. Ihr Bruder spielte Gitarre, mit ihrer Schwester spielte sie vierhändig, alle sangen. Ich war hingerissen.

Ellys Vater war, wie meiner, Ingenieur bei den Saargruben. Die beiden begegneten sich beruflich, bevor ich im Hause Groß als Freund der Tochter, dann als Verlobter willkommen geheißen wurde. Ellys Mutter, eine geborene Poncelet, kam aus Lothringen und teilte das Schicksal der Menschen im deutsch-französischen Grenzgebiet. Ellys Großvater hatte fünf Mal die Nationalität wechseln müssen. Ihre Frankophilie war also familienbedingt, die meine dagegen ein Produkt des Nachdenkens über die deutsche Katastrophe. Eine ausführliche Darstellung dieser Geschichte haben Elly und ich 1995 für die Familienmitglieder verfasst.

Nach dem frühen Tod von Ellys Vater nahmen wir ihre Mutter zu uns in unsere Dachwohnung. Maria Groß, geborene Poncelet, blieb mehr als 20 Jahre bei uns. Sie war eine rührende Großmutter und wurde von unseren Söhnen – der zweite, Fedor, wurde 10 Jahre nach Patrick geboren – innig geliebt. Sie nahm Elly einen Teil der schwierigen Erziehung ab, um die ich mich wegen meines anspruchsvollen Berufs kaum kümmern konnte. Erst viel später wurde mir bewusst, dass die »vaterlose« Kindheit und Jugend für beide Söhne ein Problem gewesen war, nicht zu reden davon, dass Elly sich oft von mir allein gelassen fühlte.

Sie wurde mit allem fertig, hatte Ämter als Elternbeiratsvorsitzende in der Gesamtschule und als Schöffin in Frankfurt. Als wir Ende 1971 nach Genf wechselten, machte ich mir keine Gedanken über die damit für meine Frau und die Söhne verbundene Entwurzelung. Am leichtesten fiel der Umzug noch meiner Schwiegermutter. Sie konnte ihre Rolle in der Familie weiter ausfüllen und war frankophon. Patrick war damals 16, Fedor sechs Jahre alt. Beide lernten rasch französisch, Patrick dank seiner ersten Liebe zu Antoinette, der Tochter eines Arztes und einer Engländerin. Mit ihnen sind wir noch heute eng befreundet.

Fedor hatte es anfangs in der Schule nicht leicht. Wegen seines Vornamens wurde er gehänselt, man rief ihn »Fedor-Medor« – ein Hundename –, bis sich meine Frau darüber beschwerte und die verständnisvolle Lehrerin Abhilfe schaffte. Um Fedor die Muttersprache zu erhalten, bewegte Elly ihn, die Schulaufgaben nicht nur auf Französisch, sondern anschließend auf Deutsch zu machen – und das jahrelang. Dank ihrer Anstrengung ist er, genau so wie Patrick, in Französisch und Deutsch perfekt. Beide beherrschen auch das Englische, was im multinationalen Genf nichts Außergewöhnliches ist, sondern eine Bedingung dafür, in diesem Milieu zu reüssieren.

Erfreulicherweise haben sie unsere Liebe zur Musik geerbt. Patrick spielt Saxophon, Fedor Klavier, er singt und gibt ab und zu mit seiner Band ein Konzert. Nach dem Abitur am traditionsreichen Collège Calvin hielt es sie nicht lange an der Universität. Patrick machte ein Diplom als Fotograf, Fedor als Buchhändler. Der Ältere baute sich eine Agentur für Werbung und Design auf, der Jüngere arbeitet als Bibliothekar an der Genfer Universität. Er ist noch unverheiratet, Patrick geschieden.

Patrick bescherte uns 1992 eine reizende Enkelin, Pauline, Ellys Sonnenschein, intelligent, charmant, begabt mit vielem, auch mit gutem Charakter.

Sie ist an die Stelle der Tochter getreten, die wir nicht haben konnten. Ein Tag in der Woche ist bei uns für sie reserviert. Während unserer seit fast einem halben Jahrhundert bestehenden Ehe bot Elly unseren Frankfurter Freunden und Gesinnungsgenossen, danach über 18 Jahre in Genf stets ein offenes Haus, beste Küche und herzliche Gastfreundschaft. Dies war mir nicht nur angenehm, sondern auch beruflich förderlich – ein weiterer Grund, ihr dankbar zu sein – »Chapeau, ma chère Elly!«

Schlussbetrachtung

In der Schule lernte ich lateinische Sprüche wie *memento mori* oder *mors certa – hora incerta* oder *media vita in morte sumus*. Das konnte ich zwar übersetzen, verstand aber trotzdem nicht die Bedeutung. Ich hatte keine Ahnung vom Tod, bis mein Vetter mit elf Jahren starb. Ich weinte und trauerte, zum ersten Mal war das Unwiderrufliche in mein Leben getreten.

Seitdem ist mir die Fragilität und Endlichkeit der menschlichen Existenz immer bewusster geworden, ebenso wie die der Zugehörigkeit zur Gattung homo sapiens, die seit Hunderttausenden von Jahren die Erde bevölkert. Sie hat phantastische politische, kulturelle und wissenschaftliche Leistungen vollbracht und schreckliche Verbrechen gegen sich selbst begangen. Immer gab es Unterdrücker und Unterdrückte, Hochkultur der Herrschenden und Elend der breiten Massen und den utopischen Traum der Erlösung – auf Erden oder im Jenseits.

Unser heutiges Leben beruht auf dieser teils glorreichen, teils schrecklichen Vergangenheit. Im Boden liegen die Skelette von Milliarden unserer Vorfahren. In ihrer materiellen Hinterlassenschaft sind sie uns gegenwärtig, viele ihrer frühen Schriften sind überliefert, und wir können uns damit auseinandersetzen. So ist der Tod vergangener Generationen in gewisser Weise überwunden, weil sie ein Erbe hinterlassen haben, das wir fortentwickelt und in die Welt von heute integriert haben. Wir besitzen die Möglichkeit, aus der Vergangenheit zu lernen anstatt sie zu wiederholen.

Immer noch stellen wir uns die uralten Fragen: Wer sind wir? Woher kommen wir? Wohin gehen wir? Nur für die Gläubigen ist der Tod kein schmerzliches, unwiderrufliches Ereignis. Ich gehöre seit langem nicht mehr zu ihnen und bin jedes Mal, wenn jemand stirbt, den ich gut kannte, erschüttert. Ein Dreivierteljahrhundert lebe ich nun. Viele Menschen, die mir nahe standen, habe ich verloren, seit mein Vetter gestorben ist. Manche sind im hohen Alter friedlich gestorben, einer, den wir noch vor wenigen Monaten in Indien besuchten, wurde Opfer eines Verkehrsunfalls. Andere hat der Krebs qualvoll dahingerafft, einige sind ermordet worden, weil sie für die Sache der Unterdrückten stritten.

Das Ende liegt auch vor mir, wenn ich aus dem Fenster sehe. Dort befindet sich der Dorffriedhof, dort wartet ein Doppelgrab auf uns. Ich lebe also – ohne all zu große Beunruhigung – buchstäblich mit dem Tod vor Augen, in der Hoffnung, die verbleibenden Jahre in körperlicher und geistiger Gesundheit verbringen zu können. Meine Frau, meine Söhne, meine Freunde sind in diese Hoffnung eingeschlossen.

An meinem 60. Geburtstag war ich Gast am Gewerkschaftstag der IG Metall in Berlin und veranstaltete eine Feier im Kreis meiner Mitarbeiter, Mitarbeiterinnen und Freunde. Vorangegangen war eine Gratulation auf dem Kongress. Ich wurde vom Präsidium aufgerufen, eine Kollegin überreichte mir einen Rosenstrauß, der 1. Vorsitzende, Franz Steinkühler, stieg vom Podium herab, kam zu mir und gratulierte mit einem langen Händedruck und freundlichen Worten, die er bei meiner Party wiederholte. Die geplante Laudatio hielt mein Freund Karl Heinz Janzen. Damit war ich sehr zufrieden.

Als ich siebzig wurde, war ich bereits zehn Jahre pensioniert und fragte mich, ob ich vielleicht in Vergessenheit geraten war. Es reizte mich, den Test zu machen, indem ich ein wahres Fest veranstaltete. Den Rahmen dafür gab das Schlosshotel in dem nahe gelegenen Badeort Divonne. Dort hatten wir im gleichen Jahre wohnen können, weil die Kasse die Kosten für unsere Kur trug.

Mein Plan gelang über Erwarten gut. Es war alles perfekt – die alten und neuen Freunde fanden sich ein, die nächsten Verwandten kamen, das Essen und die Weine waren vorzüglich, ich wurde so reich beschenkt und geehrt, besonders in der Festrede meines Freundes Michael Schumann, dass es mir fast peinlich wurde. Das Ständchen, das mir meine Söhne Patrick (Saxophon) und Fedor (Klavier) brachten, rührte mich zu Tränen. Am nächsten Tag luden wir diejenigen, die nicht zurückfahren mussten, in unser Haus nach Cuvat ein. Auch dieses Fest war gelungen.

Nun steht der 75. Geburtstag bevor. Ich weiß nicht, was dann geschehen wird, nur, dass es eine Wiederholung des siebzigsten nicht geben kann.

Beim Nachdenken über mein Leben, das ich hier geschildert habe, kann ich einige bittere Erfahrungen nicht übergehen – wer wäre frei davon? Auf dem IMB-Kongress in Kopenhagen 1989 kandidierte der bisherige Generalsekretär Herman Rebhan aus Altersgründen nicht mehr. Zu seinem Nachfolger wurde Marcello Malentacchi gewählt, ein Schwede italienischer Herkunft, der Automobilarbeiter und Funktionär von Svenska Metal gewesen

Michael Schumann:

Laudatio zum 70. Geburtstag von Werner Thönnessen (Genf, 30.10.1999)

»Die beste Art, Lebende und Verstorbene zu loben, ist, ihre Schwachheiten zu entschuldigen und dabei alle mögliche Menschenkenntnis anzuwenden.

Nur keine Tugenden angedichtet, die sie nicht besessen haben, das verdirbt alles und macht selbst das Wahre verdächtig. Entschuldigung von Fehlern empfiehlt den Lobenden.«

Den Ratschlag des großen Göttinger Philosophen Georg Christoph Lichtenberg, sich in einer Geburtstagsrede vor allem auf das Entschuldigen von Schwachheiten zu kaprizieren, will ich nicht befolgen. Denn ich kann mich der sehr besonderen Beziehung zu Werner Thönnessen, die mir das Loben nahe legt, anlässlich des 70. Geburtstages nicht entziehen.

Heute ist die Altersdifferenz zwischen Werner und mir kaum noch der Rede wert. 1960, als ich dich in Frankfurt kennen lernte, war ich ein junger Student, auf der Suche nach wissenschaftlicher, politischer und auch menschlicher Orientierung und Anlehnung. Du warst bereits in einer anderen Lebensphase:

- Promoviert in Soziologie und Philosophie, also meinen Fächern;
- verheiratet mit einer schönen, begehrenswerten Frau, mit der du einen liebenswerten Sohn hattest.
- Ihr wohntet in einer großzügigen, elegant eingerichteten Wohnung jenseits aller studentischen Improvisationen;
- und du warst nicht nur Mitarbeiter der IG Metall, sondern durftest ihren 1. Vorsitzenden, den damals bedeutendsten Gewerkschaftsführer in Deutschland, Otto Brenner, beraten.

Wie konnte es ausbleiben, dass ich dir zunächst ausschließlich in einer Mischung aus größtem Respekt und höchster Bewunderung begegnete. Freunde wurden wir erst später. Das Seltsame ist: Solche lebensgeschichtlich eingestanzten Spuren haben oft dauerhaften Bestand. Mein Urteil über Werner Thönnessen und meine Gefühle ihm gegenüber bleiben gebunden an diese Antrittsgesetze unserer Beziehung.

Ich konzentriere mich weitgehend auf die Phase des Lebensweges, in der ich ihn aus des Nahsicht erlebte: Die Zeit als Brenner-Berater und Pressechef der IG Metall. Auf einen Werner Thönnessen also, der voll Elan und Aktivität für seine sozialistische Überzeugung einstand und sie in politische Praxis umzusetzen versuchte – und diese Haltung verband mit viel menschlicher Wärme und Hilfsbereitschaft für seine Freunde.

Aus deiner Autobiographie entnehme ich wichtige Hinweise auf deine Vorgeschichte:

- Welche Bedeutung das Elternhaus mit seiner uneingeschränkten Liebe und vielfältigen Unterstützung für dich immer hatte.

- Welche Kraft du zur Überwindung deiner frühen Kinderlähmung entwikkeln musstest.
- Wie sich vor diesem Erfahrungshintergrund eine zentrale Eigenschaft von dir aufbaute: Helfen zu wollen, Miseren nicht zu akzeptieren, sondern zu überwinden – es war wohl konsequent, dass deswegen dein Berufsziel zunächst das des Arztes wurde.
- Dass du dich gerade in Auseinandersetzung mit der Nazi-Zeit und in Abwehr von Entwicklungen, die Rassismus, Extremismus und Irrationalität in der Nachkriegszeit immer noch Raum gaben, während deines Medizinstudiums in der katholischen Aktion für eine radikal-reformerische Theologie engagiertest.
- Dass Elly deine große Liebe war, die du schon früh kennen lerntest und dann auch noch als Student geheiratet hast.
- In welchem schmerzhaften Prozess du dich vom Berufsziel des Arztes und von der glaubensvermittelten Lebensperspektive trenntest, dich für das Studium der Soziologie und Philosophie in Frankfurt am Institut für Sozialforschung bei Adorno und Horkheimer entschiedest und dein gesellschaftlich kritisches Engagement in den Sozialistischen Deutschen Studentenbund (SDS) und in die SPD einbrachtest.
- Und wie du schließlich enttäuscht warst, dass der von dir so hoch geschätzte Adorno Deine Dissertation über »Politik und Literatur der deutschen Sozialdemokratie – Zur Frauenbewegung 1863 bis 1933« nicht gut bewertete. Bei aller von mir geteilten Verehrung für Adorno – wen wundern seine Schwierigkeiten mit Deiner Arbeit? Schließlich hat Adorno sowohl mit der Arbeiterbewegung wie mit Frauen seine Probleme gehabt. Dennoch wurde aus der Dissertation ein in Wissenschaft und Politik beachtetes Buch, das in den 1970er Jahren vor allem die Frauenbewegung als frühsichtiges Pionierwerk ihrer Anliegen feierte. Auch ein Erfolg: als Wiedergutmachung gegen das Adorno-Verdikt von Feministinnen zu einem ihrer Klassiker erkoren zu werden!

Damit bin ich schon fast bei unserer gemeinsamen Zeit. 1957 hast du in Frankfurt promoviert – ich startete gerade mein erstes Semester – und du trafst deine Berufsentscheidung: Du wähltest nicht den im Bergwerks-Unternehmen, also in der Tradition des Vaters vorgestanzten Karrierestart, sondern den Einstieg bei der IG Metall. Für 400 DM im Monat in der Bücherei folgtest du deinem selbst gesetzten politischen Auftrag. Für uns im SDS erschien die IG Metall unter Brenner als das Größte: das Herz der noch unverfälschten Arbeiterbewegung. Der Sohn des Arbeitgeberpräsidenten stellt sich in den Dienst der gemeinsamen Sache, begeht gleichsam individuellen Klassenverrat. Was für eine überwältigende Perspektive.

Für dich selbst war die Entscheidung damals sicher etwas komplizierter. Auch in den 1950er Jahren hatten die Gewerkschaften zwar schon einen wachsenden Bedarf an wissenschaftlicher Beratung und strategischer Hilfestellung. Dafür benötigten sie von außen Unterstützung. Die Gefahr bestand aber, dass man »außen« blieb, weil einem gleichermaßen das Mandat wie der proletarische Stallgeruch fehlte. Und ein Intellektueller wie du, der zudem seinen bürgerlichen Habitus und seinen kulturorientierten Lebensstil sehr bewusst nie aufgab, hatte es da besonders schwer.

Dir musste bei deinem Eintritt in die IG Metall klar sein: Gewicht und Status des »eingesetzten« Stabs waren abgeleitet vom gewählten und damit legitimierten Funktionsträger, hingen ganz an Personen, an persönlichen Vertrauensbeziehungen; selbst in die Position eines »gewählten« Funktionärs, also in die eines Vorstandsmitgliedes aufzurücken, war für einen »Zuarbeiter«, noch dazu mit akademischem Titel, damals fast unmöglich. Das alles konnte dich nicht abschrecken. Du wolltest dir mit deiner Entscheidung für die IG Metall selbst treu bleiben: Dein Beruf sollte es dir ermöglichen, das nach Deinem Verständnis richtige Leben zu führen.

Dass du dann Blitzkarriere machen konntest und innerhalb von fünf Jahren zum Pressechef einer eigenständig aufzubauenden Abteilung avanciertest, spricht für deine außerordentliche politische und organisatorische Begabung. Otto Brenner hat dich und deine Fähigkeiten früh erkannt und dir Vertrauen gegeben. Man könnte auch sagen: Er suchte und brauchte dich als Bündnispartner seiner Arbeit.

In enger Zusammenarbeit habt ihr Euch gleichermaßen darum bemüht, in der internen Auseinandersetzung eine radikal-demokratische, sozialistische Gewerkschaftspolitik zu entwickeln und soweit wie möglich zu praktizieren. Und im allgemein-politischen Raum habt ihr dann auf gewerkschaftliche Gegenmachtposition bestanden, wenn es um die Bewahrung der Grundrechte unserer Demokratie ging. Denken wir nur an die Notstandsdebatte, in der Jürgen Seifert einer der wichtigsten Mitstreiter im universitären Umfeld war.

Du hast in dieser Zeit einiges in der Sache bewegt und damit ein Stück der Geschichte der deutschen Arbeiterbewegung mitgeschrieben. Als Pressechef hast du auch in der damaligen Presselandschaft viel Gegenmacht aufgebaut – auch durch Einfluss auf manche Personalentscheidungen und durch Unterstützungen.

Für uns im SDS und für mich als zeitweiligem SDS-Vorsitzenden hast du von dieser Position aus eine außerordentlich wichtige Rolle gespielt. Gerade mit dem Unvereinbarkeitsbeschluss der SPD erwiesen sich der Schutz und die Unterstützung der IG Metall als lebenswichtig für unseren Verband. Nicht nur materiell, sondern auch ideell: Wir blieben einbezogen in die Arbeiterbewegung, wurden nicht heimatlos. Viele haben sich damals, zum Teil aus höchst opportunistischen Gründen, für die Partei und gegen den SDS entschieden. Du bliebst ein verlässlicher Bündnispartner und hast nie den geringsten Zweifel daran aufkommen lassen, wem deine politische und menschliche Sympathie galt und bei wem du deine eigenen Grundvorstellungen vertreten sahst.

Du bist dann zum IMB gewechselt. Damit nahmst du 1972 dein erstes gewerkschaftliches Wahlamt als stellvertretender Generalsekretär des IMB an. In Absprache mit Brenner und in der gemeinsam entwickelten Perspektive, später dann in der Position des Generalsekretärs die internationale Arbeiterbewegung mit mehr Nachdruck voranzubringen. Auch wenn dieser Plan durch den unerwartet frühen Tod von Otto Brenner nicht aufging: Soweit ich sehe, hast du auch in diesem Politikfeld deutliche Spuren hinterlassen. Wenn ich nur an Südafrika denke: Die Früchte deines aufopferungsvollen Kampfes für die Befreiung dieses Landes reiften – freilich erst später, sodass du sie im Amt nicht mehr ernten konntest.

Auch wenn dir die Gestaltungsspielräume im IMB von der Position des Stellvertretenden Generalsekretärs zu eng blieben: Du hast auch entsprechend jenem Lebenscredo, das du bereits als 18-Jähriger entworfen hattest, deine »Pflicht getan«. Du bist deinen Werten mit einer hohen Authentizität von Denken und Handeln ein Leben lang gefolgt. Wem dies gelingt, hat allemal viel erreicht.

In Gedanken an Lichtenbergs Mahnung kann ich allerdings nicht darauf verzichten, diese Lebensdarstellung mit einigen Fragen zu konfrontieren. Fragen, von denen ich sicher bin, dass du sie dir selbst auch stellst.

Was hieß die weitgehende Zentrierung deines Lebens auf Politik und Beruf für dich selbst, für deine Gesundheit und für deine Familie? Kann sich eine solche Schwerpunktsetzung, jedenfalls im nachhinein, der Kritik ganz entziehen, im Klammergriff des allgemeinen Ideals häufig zu wenig Rücksicht auf die persönlichen, auch familiären Ansprüche genommen zu haben? Diese Frage gewinnt Gewicht, wenn du nicht nur überprüfst, ob du dir selbst treu geblieben bist, sondern auch danach schaust, was bewirkt werden konnte? Dabei ist mir freilich durchaus bewusst: Eine solche Bilanz darf sinnvoll nicht mehr nur für den Einzelnen, sondern muss von unserer ganzen Generation, die wir als Sozialisten angetreten sind, gezogen und gerechtfertigt werden.

Michael Schumann, Jahrgang 1937, Wissenschaftlicher Mitarbeiter am Institut für Sozialforschung in Frankfurt a.M. (1962-1964), Geschäftsführender Direktor des Soziologischen Forschungsinstituts (SOFI) Göttingen (1969-1996), seit 1997 Präsident des SOFI.

war und danach lange dem IMB-Sekretariat in Genf als ausgezeichneter Fachmann für Gesundheit am Arbeitsplatz angehört hatte. Wegen der völlig ungetrübten Beziehung zu ihm erwartete ich gerade von ihm nicht Böses. Aber kurz nach seiner Wahl eröffnete er mir, ich könne mein Programm bis Ende des Jahres abwickeln, danach sei Schluss, was ich für 1990 geplant habe, sei für ihn ohne Interesse.

Ich wollte das zunächst nicht glauben. Ich war in mein Amt gewählt und konnte nicht entlassen werden. Als ich mich deswegen an die IG Metall wandte, wurde bestätigt, dass ich ausscheiden müsse. Nach den Gründen brauchte ich nicht viel zu fragen. Mir war durchaus bewusst, dass ich im Laufe von 18 Jahren diesen und jenen Spitzenfunktionär vor den Kopf gestoßen hatte, dass ich kein bequemer Typ war. Loderer hatte mich einmal in Wien bei einem Festabend leicht angeheitert erlebt. Na und? Ich war nicht in mein Amt gewählt worden, weil ich den Ruf hatte, ein Konformist zu sein. Und abgesehen von meinen erbitterten jahrelangen Streitigkeiten mit Herman Rebhan, von denen ein Ordner mit seinen berüchtigten, mit blauem Filzstift auf gelbem Papier geschriebenen Zurechtweisungen in stets beleidigendem Ton zeugt, hatte ich nie zu Ärger oder Klagen Anlass gegeben. Dennoch waren die Machtverhältnisse so klar, dass ich keinerlei Aussicht auf erfolgreiche Gegenwehr hatte.

Mit der Aussicht auf die bevorstehende Trennung ging ich im zweiten Halbjahr 1989 meiner Arbeit nach. Meine Frau und ich hatten geprüft, was aus uns und unserem Haus in einem Genfer Vorort werden könne. Klar wurde, dass wir dort nicht bleiben konnten. Also begab sie sich auf die Suche nach einer neuen Bleibe. Wie schon zuvor beim Umzug von Frankfurt nach Genf wollten wir nicht schlechter leben, als wir es gewöhnt waren. Wir wollten keine Wohnung und kein Mietverhältnis, sondern unser eigenes Haus. Dabei war uns behilflich, dass wir immer noch das Frankfurter Haus besaßen, das seit unserem Unzug nach Genf vermietet war und für das wir 33 Jahre eine Hypothek abgetragen hatten. Wir verkauften es, sobald meine Frau etwas Geeignetes gefunden hatte, und wir erzielten dabei einen Preis, der haargenau dem entsprach, was wir für das neue Objekt auf den Tisch legen mussten. Es liegt in einem Dorf mit 600 Einwohnern, jenseits der Schweizer Grenze im französischen Departement Hoch-Savoyen. Genf ist von dort über die Autobahn in 35 Minuten zu erreichen, wir wohnen also nicht zu weit entfernt von unseren Söhnen.

Der Wechsel von Genf nach Frankreich fiel uns leicht. Mit diesem Land sind wir seit frühester Jugend eng verbunden – so stark, dass wir unseren

Umzug als Heimkehr empfanden. Mit der Sprache haben wir kein Problem, und anfängliche Befürchtungen, wir könnten als »Fremde«, dazu noch als Deutsche, missliebig sein, zerstreuten sich rasch. Wir nehmen am dörflichen Leben Anteil und sind völlig integriert. In der einzigen ortsansässigen Kneipe mit Hotel treffe ich auf Bekannte, die mich duzen und zu einer Runde einladen, die ich erwidere, wie es hier Brauch ist. Über meine Beziehungen zu Frankreich habe ich eine längere, noch unveröffentlichte Monografie in Französisch verfasst, die ich gern jedem Interessenten zukommen lasse.

Bei den letzten Kommunalwahlen sprach ich mit dem Bürgermeister über eine Kandidatur für den Gemeinderat. Er war bereit, mich auf seine überparteiliche Liste zu nehmen. Sobald ich aber hörte, dass es fünf weibliche Kandidatinnen gab, nahm ich davon Abstand. Alle fünf Frauen wurden gewählt. Dies war mein einziger Ausflug in die Kommunalpolitik.

Die Umstellung auf das Rentnerdasein war für meine Frau und mich nicht einfach. Im Gegensatz zu unserem Zusammenleben während der 33 Jahre meiner Berufstätigkeit war ich nun den ganzen Tag zu Hause, wir mussten uns damit arrangieren. Anfangs fehlte mir meine Arbeit. Sie war ja nicht nur Berufstätigkeit, sondern Lebensinhalt gewesen. Ich hatte viele Pläne aufgeschrieben, wie und womit ich meine gewonnene Freiheit und Freizeit ausfüllen wollte, aber meine Traurigkeit war lange Zeit zu stark, irgendetwas zu unternehmen. Allmählich überwand ich diesen Zustand und begann, mein neues Leben in die Hand zu nehmen.

Elly und ich unternahmen zusammen Reisen: nach Japan und Indien, nach Zypern und Südafrika – überall gab es Freunde wieder zu sehen. Wir fuhren nach Metz zu Ellys mehr als 100 Jahre alter Tante und zu Familientreffen nach Deutschland. Gelegentlich nahm ich an politischen Konferenzen teil (IBFG, IG Metall, Otto Brenner Stiftung, Sozialistische Internationale, »Loccumer Initiative«). Wir praktizieren ausgiebig die schon früher erlernte Kunst des »savoir vivre«, gehen mit unseren Söhnen und mit Freunden essen, haben Gäste oder sind eingeladen, gehen in Konzerte und Ausstellungen.

Ich lernte mit dem Computer umzugehen, ich musste es, weil meine Handschrift schwer zu lesen ist. In drei Jahren habe ich ein umfangreiches Netz aufgebaut, zu den Söhnen und zu Freunden in aller Welt, täglich absolviere ich über Internet ein großes Informationsprogramm. Manchmal schreibe ich Beiträge für das Magazin der Internationalen Arbeitsorganisation (ILO) und für die Hamburger Zeitschrift »Sozialismus«.

Sonstige Versuche, mich als freier Journalist zu betätigen, verliefen nur frustrierend. Ich habe das ganz aufgegeben. Die Themen, die ich behandele und die Akzente, die ich setze, sind den Redaktionen, gleich welcher Richtung, nicht willkommen. Selbst wenn es sich nur um die Richtigstellung einer erwiesenen Falschmeldung handelt, erfolgt keine Reaktion, ganz zu schweigen von Erwiderungen auf einseitige Kommentare. Auch die Leserbriefspalten sind mir verschlossen – ganz im Gegensatz etwa zu meiner Zeit als IG Metall-Pressechef, als ich stets zu Wort kam, wenn ich es verlangte. Einen begonnenen Dialog mit dem »Gewerkschaftsexperten« der FAZ habe ich wegen dessen totaler Verblendung rasch wieder beendet.

Nach einer nur für den Familienkreis bestimmten Chronik war ich seit Anfang 1999 – bei großen Unterbrechungen – mit dieser Autobiografie beschäftigt. Sie wurde im September 2004 fertig. Nach nochmaliger Lektorierung durch einige Freunde, an erster Stelle nenne ich Jens Becker, wird sie hoffentlich bald das Licht der Öffentlichkeit erblicken.

Dann werde ich mehr Zeit haben für alles Mögliche, das ich nicht als Pflicht, sondern als Vergnügen empfinde. Langeweile kenne ich nicht, eher schon die »Qual der Wahl« zwischen den so genannten Hobbies. Fast immer begleitet mich Musik – Vivaldi, Purcell, Telemann, Bach, Mozart, Schubert, Schumann, Brahms, Beethoven, Chopin, Débussy und Jazz aus den fünfziger und sechziger Jahren. Meine Frau spielt die Komponisten auf dem Flügel – und manchmal singen wir Bachs »Willst Du Dein Lieb' mir schenken«.

Zweimal wurde allerdings meine »Ruhe« als Pensionär im letzten Jahr unterbrochen, und das kam so:

Ein bei der ILO in Genf arbeitender Freund gab mir im Juni 2002 einen Brief mit der Bemerkung, in diesem Fall könne die ILO nichts tun – ob ich mich dafür interessiere? Ich begann zu lesen und sagte spontan: »Ja, das übernehme ich«. Es ging um die Beschwerde eines Österreichers, der im Sudan gearbeitet und dort Bleivergiftungen unter seinen sudanesischen Gehilfen festgestellt hatte. Er fand heraus, dass die Vergiftungen von bleihaltigem Staub herrührten, der bei der Arbeit freigesetzt wurde. Er berichtete dies seinen Vorgesetzten und forderte die Anwendung eines Nass-Verfahrens, bei dem der Staub niedergeschlagen worden wäre, anstatt sich in der Atemluft auszubreiten. Die Antwort der Firma war zunächst eine Verwarnung, dann die fristlose Entlassung. Nach Hause zurückgekehrt, begann der Österreicher, die von ihm festgestellten Missstände öffentlich anzuprangern. Die Firma antwortete mit einer Schadensersatzklage, verlor aber den Prozess. Ich setzte mich mit dem Augenzeugen in Verbindung, er besuchte mich, wir arbeiteten einen Schlachtplan aus und drohten der Firma mit erneuter Publikation ihrer menschenfeindlichen Praktiken.

Das einzig greifbare Ergebnis war die Veröffentlichung eines ausführlichen Artikels in der »Zeit« im Januar 2003. Auch dieser löste keinerlei Reaktion aus, was um so erstaunlicher ist, als es sich um Europas größten Touristik-Konzern TUI mit Sitz in Hannover handelt. Zu diesem Unternehmen gehörte eine inzwischen verkaufte Tochtergesellschaft, die im Sudan tätig gewesen war. Vorstandsvorsitzender der verantwortlichen Firma war ein Dr. Michael Frenzel, der nun an der Spitze von TUI steht und mit der schmutzigen Vergangenheit nichts zu tun haben will. Diese Kampagne kostete mich Zeit und Geld, und das Ergebnis war trotz des »Zeit«-Artikels höchst unbefriedigend, vor allem für die erkrankten Sudanesen.

Nach diesem Ereignis, mit dem mich meine berufliche Vergangenheit wieder eingeholt hatte, musste ich mir eingestehen, dass ich als pensionierter Einzelkämpfer gegen die Macht multinationaler Konzerne wenig ausrichten kann.

Am Ende will ich nur das Positive in meinem Leben hervorheben. Meine Entscheidung, für die Verbesserung der Lebensverhältnisse der Benachteiligten, neuerdings der durch den globalen Kapitalismus um ihre Lebenschancen Betrogenen, mich einzusetzen, habe ich nie bedauert – im Gegenteil!

Ich finde das Schauspiel der nur auf ihren Gewinn und Lifestyle Versessenen so widerlich, dass ich mich gern mit den bescheideneren Verhältnissen, die der Kampf für eine gute Sache mit sich bringt, zufrieden gebe, im vollen Bewusstsein dessen, dass ich damit dennoch zum privilegierten Teil der Menschheit gehöre. Das einzugestehen, gebietet die Ehrlichkeit.

In der solidarischen Gemeinschaft der nationalen und internationalen Arbeiterbewegung habe ich einen lebenswerten Ort gefunden, den ich gegen nichts eintauschen würde. Dort habe ich nach bestem Wissen und mit allen meinen Kräften gearbeitet. Dabei habe ich die Licht- und Schattenseiten der menschlichen Existenz kennen gelernt und glaube, keine Illusionen zu haben. Ich habe »Mein Tor zur Welt« gefunden und bin hindurch gegangen. Fest steht für mich, dass die Welt veränderbar, verbesserungsbedürftig und -fähig ist. Gewiss waren meine Erwartungen und Hoffnungen größer als meine praktischen Möglichkeiten – aber das ist eine Lektion, die jeder lernen muss, der sich auf die Aktion, auf Politik einlässt.

An der Überwindung bedrückender Verhältnisse konnte ich mitwirken – zu einem, aufs Ganze gesehen, gewiss bescheidenen Teil. Oft bin ich gescheitert, weil der Gegner zu stark war – und immer noch ist.

Ich bin und bleibe Optimist, überzeugt, dass es mit vereinten Kräften den Benachteiligten gelingen wird, die richtigen Antworten auf die falschen Verhältnisse zu finden.

Das den Jüngeren zu vermitteln, ist die Absicht dieser Darstellung. Gelingt mir auch das, so habe ich nicht vergeblich gelebt, gewirkt und geschrieben.

6. Ausgewählte Bibliographie

Abendroth, W. (1965): Sozialgeschichte der europäischen Arbeiterbewegung, Frankfurt am Main.

Anderson, E (1948): Hammer oder Amboss. Zur Geschichte der deutschen Arbeiterbewegung, Nürnberg.

Beier, G. (1981): Geschichte und Gewerkschaft, Frankfurt am Main.

Benz, B./Georgi, K./Mahlei, L./Schmidt, W. (1983): Willi Bleicher, Frankfurt am Main

Bergmann, J./Jakobi, O./Müller-Jentsch, W. (1975): Gewerkschaften in der Bundesrepublik, Frankfurt am Main/Köln.

Brandt, G. (1975): Gewerkschaftliche Interessenvertretung und sozialer Wandel. Eine soziologische Untersuchung über die Entwicklung der Gewerkschaften in der britischen Eisen- und Stahlindustrie 1886-1917, Frankfurt am Main.

Brandt, W. (Hrsg.) (1980): North-South, A programme for survival, London.

Horné, A. (Hrsg.) (1965): Zwischen Stillstand und Bewegung. Eine kritische Untersuchung über die Gewerkschaften in der modernen Industriegesellschaft, Frankfurt am Main.

Brenner, O. (1966): Gewerkschaftliche Dynamik in unserer Zeit, Frankfurt am Main.

Ders. (1970): Für eine bessere Welt, Frankfurt am Main 1970.

Ders. (1997): Visionen lohnen, Köln.

Breidenstein, G. (1974): Internationale Konzerne, Reinbek/Hamburg.

Brock, A. (1992): Gewerkschaften am Kreuzweg, Berlin.

Briefs, G. (1952): Zwischen Kapitalismus und Syndikalismus, Bern.

Crossmann, R.H.S. (1952): Neue Beiträge sozialistischer Autoren, Frankfurt am Main.

Crusius, R./Wilke, M. (1971): Elemente einer Theorie der Gewerkschaften im Spätkapitalismus, Berlin.

Descamps, E. (1971): Militer – Une vie ou un engagement collectif, Paris.

Enderle; A./Schreiner, A./Walcher, J./Weckerle, E. (1972): Das rote Gewerkschaftsbuch, Frankfurt am Main.

Flechtheim, O.K. (1968): Die KPD in der Weimarer Republik, Offenbach.

Ders. (1967): Bolschewismus 1917-1967, Wien/Frankfurt/Zürich.

Fourastié, J. (1954): Die große Hoffnung des 20. Jahrhunderts, Köln.

Freud, S. (1970): Zur Psychologie des Gymnasiasten, in: Studienausgabe Band IV, Frankfurt am Main, S. 237-240.

Freud, S. (1972): Untergang des Ödipus Komplexes, in Studienausgabe Band V, Frankfurt am Main, S. 245-251.

Fromm, E. (1961): Marx' concept of man, New York.

Ders. (1965): Socialist Humanism, New York.

Ders. (1971): Escape from Freedom, Holt, Rinehart and Winton, New York.

Gay, P. (1954): Das Dilemma des demokratischen Sozialismus. Eduard Bernsteins Auseinandersetzung mit Marx, Nürnberg.

Gorz, A. (1967): Zur Strategie der Arbeiterbewegung im Neokapitalismus, EVA, Frankfurt am Main.
Gorz, A. (1970): Die Aktualität der Revolution, Frankfurt am Main.
Gorz, A. (2000): Arbeit zwischen Misere und Utopie, Frankfurt am Main.
Gottfurcht, H. (1962): Die internationale Gewerkschaftsbewegung, Köln.
Grebing, H. (1993): Lehrstücke in Solidarität – Briefe und Biografien deutscher Sozialisten 1945-1949, Stuttgart.
Hoffmann, P./Langwieler, A. (1974): Noch sind wir da – Arbeiter in multinationalen Konzernen, Reinbek/Hamburg.
Hyman, R. (1972): Strikes, Fontana/Collins, London.
Jungk, R. (1952): Die Zukunft hat schon begonnen, Stuttgart.
Kern, H./Schumann, M. (1970): Industriearbeit und Arbeiterbewußtsein, 2 Bde, Frankfurt am Main.
Kracauer, S. (1959): Die Angestellten, Verlag für Demoskopie, Allensbach und Bonn.
Krasucki, H. (1972): Syndicats et socialisme, Paris.
Lefèbvre, H. (1968): Probleme des Marxismus heute, Frankfurt am Main.
Lewitzky, B. (1970): Die Gewerkschaften in der Sowjetunion, Frankfurt am Main.
MacShane, D. (1981): Solidarnosz – Poland's independant Trade Unions Spokesman, Nottingham.
Ders. (1992): International Labour and the origins of the cold war, Oxford.
Maire, R. (1975): La CFDT d'aujourd'hui, Paris.
Mandel, E. (1968): Die EWG und die Konkurrenz Europa-Amerika, Frankfurt am Main.
Martens, R. (1981): 1-2-3 – jetzt kommen wir – der Arbeitskampf im Frühjahr 1963 usw., Landesinstitut Sozialforschungsstelle, Dortmund.
Marx, K./Engels, F. (1953): Über die Gewerkschaften, Tribüne Verlag, Berlin.
Matthöfer, H. (1993): Agenda 2000, Bonn.
Merve-Kollektiv: Zur Geschichte und Theorie der italienischen Gewerkschaftsbewegung, Bd. 1, Berlin seit 1945 o. J.
Mills, C.W. (1962): The Marxists, Dell Publishing Co., New York.
Mureau, A. (1984): L'Europe communautaire dans la négotiation Nord Sud, Paris.
Neumann, S. (1946): Ist die Sowjetunion sozialistisch? Hamburg-Wandsbek.
Newhouse, R. (1981): International Trade Secretariats, Bonn.
Nolle, G. (1959): Die Internationale, Verlag für Politik und Wirtschaft, Köln.
Oertzen, P. v. (Hrsg.) (1962): Festschrift für Otto Brenner. Zum 60. Geburtstag, Frankfurt am Main.
Olle, W. (Hrsg.) (1976): Einführung in die internationale Gewerkschaftspolitik, 2 Bde., Berlin.
Opel, F. (1980): Der deutsche Metallarbeiterverband, 4. Aufl., Otto Brenner Stiftung, Frankfurt am Main.
Ders./Schneider, D. (1966): 75 Jahre Industriegewerkschaft, Frankfurt am Main.
Dies. (1968): 75 ans de l'Internationale du Fer 1893-1968, o.V., Genève.
Papcke, S.G. (1969): Anpassung oder Widerstand? Die Gewerkschaften im autori-

tären Staat, Frankfurt am Main.
Parvus/Luxemburg, R. (1987): Die Massenstreik-Debatte, Frankfurt am Main.
Pirker, T. (1965): Die SPD nach Hitler, München.
Pollock, F. (1929): Die planwirtschaftlichen Versuche in der Sowjetunion 1917-1927, Leipzig.
Ders. (1964): Automation – Materialien zur Beurteilung ihrer ökonomischen und sozialen Folgen, Frankfurt am Main.
Ramm, T. (1959): Die großen Sozialisten, Stuttgart.
Reuther, V. (1976): The Brothers Reuther and the story of the UAW, Boston. (deutsch bei Otto Brenner Stiftung, Frankfurt am Main 1989)
Riemann, C. (1964): Der Kommunikationsfluss von einer Gewerkschaftsleitung zu ihren Funktionären, o.V., Köln.
Rosenberg, A. (1962): Demokratie und Sozialismus, Frankfurt am Main.
Schabedoth, H.J./Scherer, K.J. (Hrsg.) (1990): Ende oder Wende?, Marburg.
Scharpf, F.W.: Autonome Gewerkschaften und staatliche Wirtschaftspolitik, Otto Brenner Stiftung, Frankfurt am Main, o. J.
Schneider, D. (1971): Zur Theorie und Praxis des Streiks, Frankfurt am Main.
Schellhoos, H. (1967): Apathie und Legitimität, München.
Schmidt, E. (1970): Die verhinderte Neuordnung 1945-1952, Frankfurt am Main.
Schubert, P. v. (1967): Antigewerkschaftliches Denken in der BRD, Frankfurt am Main.
Schwenger, H. (1974): Das Ende der Bescheidenheit, Frankfurt am Main.
Seefeld, H. (Hrsg.) (1963): Programme der deutschen Sozialdemokratie, o.O.
Sehring, P. (1957): Jenseits des Kapitalismus, Nürnberg.
Sörgel, W. (1969): Konsens und Interessen, Stuttgart.
Spöhring, W. (1983): Streiks im internationalen Vergleich, Otto Brenner Stiftung, o. O.
Thönnessen, W. (1969): Frauenemanzipation – Politik und Literatur der deutschen Sozialdemokratie zur Frauenbewegung 1863-1933, Frankfurt am Main (englisch bei Pluto Press London, 1973).
Vetter, H.O. (Hrsg.): Aus der Geschichte lernen, die Zukunft gestalten, Köln, o.J.
Vilmar, F. (1971): Mitbestimmung am Arbeitsplatz, Neuwied-Berlin.
Ders. (1973): Menschenwürde im Betrieb, Reinbek/Hamburg.
Weber, H. (Hrsg.) (1966): Die kommunistische Internationale, Hannover.
Weber, M.: Politik als Beruf (1919), in: Ders.: Soziologie. Weltgeschichtliche Analysen hrsg. v. J. Winckelmann, Stuttgart 1968, S. 167-185.
Zedwitz v. A./Volkmar, G. (1961): Tue Gutes und rede darüber, 2. Auflage, Berlin/Frankfurt/M.
Zoll, R. (1976): Der Doppelcharakter der Gewerkschaften, Frankfurt am Main.